전라도 전주

동학농민혁명

동학총서
012

전라도 전주 동학농민혁명

이윤영 임형진 성강현 안외순 채길순 장세길 최민자 임상욱

동학학회 엮음

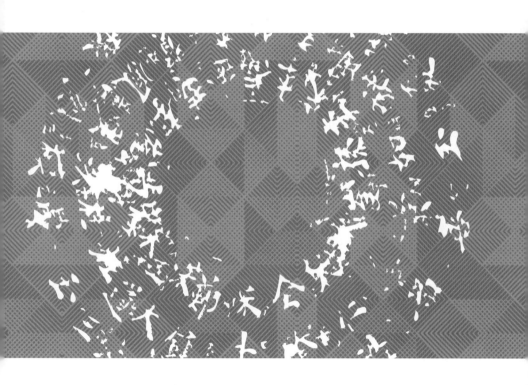

도서 모시는사람들

머리말

　1998년 창립 이래 동학학회는 동학에 대한 학제적 연구를 통하여 한국사상의 정체성을 확립하는 데 기여해 왔습니다. 동학 연구의 범위도 협의의 동학에만 국한시키지 않고 근대사와 근대사상을 포괄하는 것은 물론 동서고금의 사상 및 현대 과학의 사상과도 비교하는 광의의 동학으로 그 외연을 확대하였습니다. 그동안 동학학회는 서울과 지역을 순회하며 44차에 걸친 학술회의를 개최함으로써 동학의 글로컬리제이션(Glocalization)에 총력을 기울여 왔습니다. 지역 순회 학술대회는 2011년 경주 추계학술대회를 시작으로 2012년 정읍 춘계학술대회와 고창 추계학술대회, 2013년 보은 춘계학술대회와 예산 추계학술대회, 2014년 영해 춘계학술대회와 남원 추계학술대회, 2015년 대구 춘계학술대회와 홍천 추계학술대회, 2016년 구미 춘계학술대회와 김천 추계학술대회, 2017년 청주 춘계학술대회와 수원 추계학술대회, 2018년 영동 춘계학술대회와 원주 추계학술대회를 개최하였습니다. 그리고 2019년 전주 춘계학술대회를 개최하였으며, 여주 추계학술대회를 개최할 예정입니다. 또한 연 2회 단행본 발간과 더불어 등재학술지인 동학학보를 연 4회 발간함으로써 학회지의 질적 제고와 양적 성장의 기틀을 마련하였으며, 홈페이지 개편 및 온라인 논문투고시스템도 구축함에 따라 동학학보가 명실공히 권위 있는 학술지로 발돋움하게 되었습니다.

　2019년 5월 10일 동학농민혁명 제125주년을 맞이하여 동학농민혁명의 전개 과정에서 매우 중요한 위치를 차지하는 전주에서 「동학의 글로컬리제 이션: 1894년 동학농민혁명과 전라도 전주」를 대주제로 춘계학술대회가 개최되었습니다. 학술대회에서 발표된 다섯 편의 논문과 기조강연, 두 편의 추가 논문, 그리고 유관 자료들을 부록으로 정리하여 단행본으로 발간하게 된 것을 매우 뜻깊고 또한 기쁘게 생각합니다. 전주시 주최, 동학학회 주관, 그리고 동학농민혁명기념재단과 동학학회 후원회가 후원한 전주 춘계학술 대회는 전주 일대를 중심으로 활동한 전주 동학농민군의 활약상을 밝히고 그 역사적 문화적 의의를 성찰하며 그 성과를 학술대회를 통해 공론화함으로써 전주 지역의 진취적인 정체성 확립과 문화적 역량 제고의 계기를 마련하였습니다. 특히 동학농민혁명사에서 전주가 차지하는 역사적 위상을 사료 연구를 통해 실증적으로 규명함으로써 한국 근대사의 전환기에 전주 일대의 주민들이 기여한 실상을 밝혀낸 뜻깊은 학술대회였습니다.

동학농민혁명이 발발한 전라도의 심장 격인 감영이 위치했던 전주는 근대사회로 전환하는 과정에서 변혁운동의 중심지로서 역할을 했던 지역입니다. 조선왕조의 본향이며 발상지인 전주는 풍패지향(豊沛之鄕)이라 일컬어지는 영지(靈地)로서 당시 조정이나 동학농민군에게는 상징적인 의미를 지니는 곳이었습니다. 1894년 4월 시작된 1차 봉기에서 전주성을 점령한 동학농민군은 청군(淸軍) 및 일본군 철수와 폐정개혁을 조건으로 정부와 전주화약(全州和約)을 체결하였으며 전라도 일대에 집강소를 설치하여 치안과 폐정개혁을 단행했습니다. 지금까지 동학농민혁명사에서 전주성을 중심으로 한 역사 연구는 다양하게 이루어졌으나 전국으로 전개된 동학농민혁명사 속에서 전주가 차지하는 역사적 위상에 대해서는 체계적인 연구가 수행되지 못하였습니다. 따라서 이번 학술대회에서는 새로 발굴된 사료 분석을 통해 전주 일대에서 동학이 전파된 실상과 그 의미를 밝히고 전주 출신의 동학농민군 및 동학지도자들과 그 활동상을 종합적으로 검토함으로써 전주 동학의 실상에 대한 새로운 연구 성과를 학계에 제공하는 계기를 마련하였습니다. 또한 전주 일대 동학농민혁명의 의의와 가치를 21세기 글로컬 시대의 시각으로 재조명함으로써 전주 지역 문화의 세계화에 기여함과 동시에 발전적 과제에 대한 통찰을 통해 미래적 전망을 할 수 있게 하는 뜻깊은 학술대회였습니다. 역사학, 정치학, 철학, 종교학, 국문학 등 다양한 분야의 동학 전문가들이 모여 개최한 전주 추계학술대회는 경주, 정읍, 고창, 보은, 예산, 영덕, 남원, 대구, 홍천, 구미, 김천, 청주, 수원, 영동, 원주에 이어 열여섯 번째로, 전라도 전주에서 지역민들과 전문 연구자 및 대학생들의 참여를 통해 학문적 교류와 소통의 장을 마련하고 후속연구를 촉발시키며, 지역적 정체성과 애향심을 고취시켜 애국・애족・애민의 정신을 함양하고, 동학정신과 동학혁명의 가치를 후속세대에 전승하며, 아울러 국내외 전문가를 포함한 인적 인프라 구축을 통해 동학의 글로컬리제이션에 기여할 수 있었다는 점에서 그 의의가 크다 하겠습니다.

동학은 진정한 의미에서의 인간학이고, 동학학회는 이러한 진정한 인간학을 연구하고 그것을 삶 속에 투영시키는 학회입니다. 동학은 상고시대 이래 면면히 이어져 온 민족정신의 맥을 살려 주체적으로 개조・통합・완성하여 토착화시킨 것으로 전통과 근대 그리고 탈근대를 관통하는 '아주 오래된 새것'입니다. 동학의 즉자대자적(卽自對自的) 사유체계는 홍익인간・광명이세의 이념을 현대적으로 구현하는 원리를 제공하고 나아가 평등하고 평화로운 세계를 창조하는 토대가 될 수 있게 한다는 점에서, 백가쟁명의 사상적 혼란을 겪고 있는 오늘의 우리에게 그 시사하는 바가 실로 크다 하겠습니다. 문명의 대전환이라는 맥락에서 볼 때 동학은 새로운 문명의 패러다임, 즉 전일적인 새로운 실재관을 제시함으로써 데카르트-뉴턴의 기계론적 세계관의 근저에 있는 가치체계의 한계성을 극복할 수 있게 한다는 점에서 서구적 근대를 초극하는 의미가 있다 하겠습니다. 특수성과 보편성, 지역화와 세계화, 국민국가와 세계시민사회의 유기적 통일성을 핵심 과제로 안고 있는 오늘의 우리에게 이번에 발간하는 단행본이 해결의 단서를 제공해 주기를 기대해 봅니다.

끝으로, 전주 춘계학술대회 개최와 이번 단행본 발간을 위해 지원과 배려를 아끼지 않으신 전주시 김승수 시장님께 충심으로 감사드립니다. 그리고 이 책을 발간해 주신 '도서출판 모시는사람들'에도 감사의 마음을 전합니다.

2019년 7월
동학학회 회장 최민자

차례

전라도의 동학농민혁명
전개과정과 전주성의 역사적 위상*

이 윤 영
동학혁명연구소장

* 이 글은 동학농민혁명 제124주년 기념 학술대회 "동학의 글로컬리제이션 1894년 동학농민혁명과 전라도 전주(2019.5.10, 동학학회·전주시 공동 주최)"에 발표된 기조강연을 수정한 내용이다.

1. 서론

먼저 전라도 즉 호남의 역사를 살펴보기로 한다. 호남이란 전라남북도를 통틀어 가리키는 지명이다. 호남(湖南)은 호(湖)의 남쪽이란 뜻으로 금강(錦江) 이남 지역을 가리킨다. 금강의 옛 이름이 호강(湖江)이었던 것에서 호남의 유래를 찾을 수 있다. 또 백제시대 벽골제라는 큰 저수지를 만든 이래로, 벽골제 호수의 남쪽 지역을 가리키는 말이라는 유래도 전해진다. 조선시대 역사서를 살펴보면 호남과 호서(湖西)를 가리켜 양호(兩湖)라고 부르는 호칭이 나온다. 호서는 현재 충청도를 가리킨다.

호남은 원래 공주, 부여 등 충청도 일부와 전라도 지방을 가리키는 말이었다. 오늘날에 이르러 호남은 행정구역상 전라북도와 전라남도(광주포함)를 가리키는 말로 굳어졌다. 따라서 현재 전라도를 호남이라 칭하며, 금강의 남쪽 지역인 공주, 부여 등 충남 일부 지역은 호남에 포함되지 않는다. 역사를 돌이켜볼 때 일제강점기를 지나 해방 후 정치 지도자들이 영호남이란 지역 대결 구도를 만들어, '호남' 하면 '영남'이 떠오르는 지역감정의 불편한 역사 이력도 존재한다.

또한 조선 역사에서 호남의 가치를 말해주는 상징적인 말이 전해온다. 바로 충무공 이순신 장군의 어록에 나오는 '약무호남 시무국가(若無湖南 是無國家)' 즉 "만약에 호남이 없으면 그대로 나라가 없어진다."는 말이다. 임진왜란 시기 호남은 곡물 생산의 핵심 지역으로서, 식량 보급에 큰 역할을 하였다. 또한 한반도 서남 해안을 끼고 있어 서해를 거쳐 북상하는 왜군을 차단하는 역할도 있었다. 이러한 전략 요충을 고수함으로써 호남지역을 일본군에게 빼앗기지 않았고, 전국에서 의병이 제일 강성하게 활동했다. 당시 호남은 호남평야라는 병참기지, 백성의 저항정신, 그리고 이순신 장군의 지혜로운 처신 등으로 역사에 길이 남을 호남의 의미를 형성하였다.

현재 호남은 전라도라 칭한다. 전라도는 전주와 나주의 첫 글자를 합친 지역 명칭이다. 2018년은 전라도(全羅道)가 생긴 지 1천 년이 되는 해이다. 고려사에 의하면 1018년 고려 현종 때 전주목과 나주목의 첫 글자를 딴 전라도라는 행정구역이 탄생하였다. 당시 행정구역의 최초이자 유일한 전라도 1000년을 맞이한 것이다. 올해는 새로운 천년을 시작하는 첫해라는 역사적 의미가 있다. 조선시대에는 물론 동학혁명 당시에도 전라도는 오늘날의 전라북도, 전라남도, 제주도를 포함하였다. 그 행정구역의 중심지가 전주였다. 당시 전주성 안에는 전라관찰사 즉 전라감사가 근무하는 감영이 있어 명실상부하게 전라도의 행정 중심지이자 지방정치를 총괄하였다.

그래서 호남제일성, 호남제일문 등 역사적 건물에도 전라도 상징의 명칭이 따라 붙었다. 바로 그 전라도 행정의 중심이자 조선왕조 즉 이씨조선의 본향인 전주성을 동학혁명군이 점령하고 전라도 일대를 호령했다는 것은 엄청난 사건이었다. 특히 조선정부와 동학혁명군이 전주화약을 통해 집강소에 의한 민주자치시대를 열었다는 것은 조선은 물론 동아시아 최초의 역사적 사건이었다. 동학혁명이 일어난 지 올해로 125년이다. 그동안 많은 학자와 연구가들의 노력으로 학술적 성과가 축적되었고 역사의 왜곡이 상당 부분 정립되었다고 본다. 그러나 아직도 부분적인 일제의 식민사관을 극복하지 못했고, 지역주의에 갇혀 전체적인 역사를 조명하는 데 부족함이 있다고 본다. 또한 동학혁명에 있어 동학의 사상과 조직의 역할을 과소평가하는 경향이 여전하여 역사왜곡이 근본적으로 개선되지 못한 점도 있다.

이 글은 동학혁명의 전체 전개 과정을 1차 반봉건, 2차 반외세로 나누어, 1차 기포를 중심으로 서술한다. 동학혁명 1백주년(1994) 전에는 주로 전북을 중심으로 동학혁명의 연구가 진행되어 왔다. 다행히 1백주년 이후 새로운 문헌과 자료들이 발견되면서 전남, 충청도, 경상도, 강원도, 황해도 등 전국 각 지역에 대한 연구들이 활발하게 진행되어 새로운 평가와 방향을 제시하고 있다.

특히 5년 전, 동학혁명120주년을 기점으로 새롭게 내걸었던 슬로건이 '전국화, 세계화, 미래화'이다. 동학혁명은 어느 특정 지역을 중심으로 전개된 것이 아니라 전국적으로 전개되었으며, 또한 세계혁명사에 비추어보더라도 손색없는 위대한 혁명이었다. 이러한 동학혁명의 의의를 함께 선양하고, 세계사에 견주면서 미래를 열어가는 자세로 함께 노력했으면 한다.

2. 본론

1. 동학의 창도와 혁명의 기원

동학은 1860년 4월 5일(음력) 수운 최제우 대선생(대신사)에 의해 경주 용담정에서 창도되었다. 수운 선생의 득도 전후로 추정되는 혁명적인 유명한 이야기가 전해온다. 당시 엄격했던 신분차별의 계급사회에서 여자 노비 두 명 중 한 명은 자신의 친아들과 결혼시켰고, 한 명은 양녀로 맞이하였다. 이는 실로 조선왕조라는 양반 중심 사회에서 놀라운 일이었다.

수운 선생의 결단은 자신이 득도한 사상적 배경에서 비롯된다. 한울님(하느님)이 자신을 비롯한 모든 사람의 마음과 몸에 모셔져 있다는 시천주(侍天主)의 자각에 의한, 사람이 곧 하늘이라는 인즉천(人卽天) 사상이 봉건사회를 무너트리며, 빠르게 확산된다. 모든 사람을 한울님 섬기듯 하라는 사인여천(事人如天)은 사대부와 양반 그리고 상민과 천민의 불평등을 혁파하고 백성이 곧 하늘로서 고귀하고 또 평등하다는 개벽이자 혁명적 사상이었다.

당시 천자(天子)로 이르던 왕 즉 군주보다 백성이 더욱 존엄하다는 파천황적(破天荒)인 사상으로 새 세상을 예고했고, 백성이 나라의 주인이 되는 민본과 민권의 혁명적 세계의 기틀을 마련하게 되었다. 위기를 느낀 조선 정부와 양반 사대부들의 탄압에 수운 선생은 결국 좌도난정의 죄목으로 순도(순교)한다. 수운 선생의 희생적 죽음은 훗날 교조신원운동과 동학혁명의 기원이 된다. 동학도들은 신원운동의 대규모 집회를 통해 길러진 자신감과 조직력과 행정력을 바탕으로 동학혁명에 나서게 된다. 또한 동학의 만민평등사상과 사람이 하늘이라는 자각에 민중들은 역사의 주체로 등장하게 된다.

2) 동학혁명 발생의 배경

1894년 1월 10일(음력 2월 15일) 전봉준이 이끄는 동학도인과 농민 500여 명(문헌에 따라 수십에서 1천 명)은 죽창 등으로 무장한 채 고부관아를 습격했다. 고부에서 수탈을 일삼다가 전보되었던 조병갑이 고부군수에 다시 임명된 다음 날이다. 이것이 혁명의 도화선이 됐다.

동학혁명의 발생 원인은 여러 갈래로 제시할 수 있다. 1894년 갑오년에 일어났던 혁명 자체를 중심으로 보면, 사회경제적 측면에서 정치 세력의 부패와 외세의 경제적 침탈, 그리고 봉건적인 신분 차별 문제 등으로 볼 수 있다. 농민 주체의 자발적 봉기로서 동학 조직을 이용한 민중 혁명이라는 해석도 있다. 이에 따라 사건의 명칭에 있어, 농민전쟁과 농민혁명이라는 주장이 있어 왔다.

동학혁명, 동학농민혁명 등으로 부르면서 이 사건이 동학의 사상적 조직적 배경과 농민 즉 민중의 결합으로 일어났다는 해석도 있다. 이 글에서는 동학농민혁명을 시대적 배경과 동학의 개벽 즉 새로운 세상을 향한 비전에 민중들의 지지와 참여 그리고 주체적인 농민들의 희생적 결단이 결합된 것으로 보고 그 전개 과정을 분석함으로써 보다 정확한 내용을 알 수 있다는 입장으로 분석에 임하고자 한다. 이 글에서는 '동학농민혁명'을 '동학혁명'이라 명칭한다.

19세기 초 조선 농촌사회는 직파법을 대신한 이앙법 발달로 노동력은 줄이는 대신 생산량은 증대시키는 농촌경제의 변화가 일어났다. 보리와 벼농사를 번갈아 지을 수 있는 이모작도 가능하게 됐다. 또한 수리시설 발달과 농기구 개량으로 농업생산이 증대하기 시작했다. 문제는 이 같은 상황이 농사를 짓는 농민들에게 이익이 돌아가는 게 아니라 지주나 대농, 상인들에게 이익이 집중되는 결과가 빚어진 점이다. 소작농민은 몰락하고 대다수 농민은 무척 어려운 상황에 직면하게 된다. 이에 따라 빈농은 유랑민으로 전락하고 궁핍한 노동자 신세를 벗어나지 못하게 된다. 양극화로 인하여 대다수 농민은 파탄에 직면하게 된다. 수취(세금)의 기강해이도 농촌사회를 더욱 어렵게 만들었다. 수취제도 모순은 18세기 중반 이후 가혹한 농민 수탈로 이어져 조병갑 고부군수와 같은 관리를 배출한다. 춘궁기에 두드러지는 농민의 약점을 이용하여 환곡제도가 더욱 기승을 부려 최소한의 생계유지도 힘든 지경이었다. 또 19세기 초(순조) 왕실과 연결된 소수 권세가가 권력을 장악하고 세도정치를 일삼았다.

고종이 즉위하고 대원군이 권력을 장악하면서 세도정치가 끝나는가 싶었으나, 10년 뒤 대원군이 퇴장하고 민씨 집안이 다시 집권해 조선은 위기에 빠진다. 민씨 정권은 취약한 권력 기반을 유지하기 위해 일본에 굴욕적인 개항을 허용하고 만다. 또한 임오군란과 갑신정변을 거치면서 조선을 청나라의 속국으로 전락시키는 과오를 범한다. 안으로는 관직을 팔아 사익을 취하는 매관매직이 성행했으며 지방 관리들의 농민 수탈은 극에 달한다. 1890년대 일본은 생활필수품을 위주로 팔아먹고 농업생산물을 가져가 조선의 농촌 사회를 더욱더 도탄에 빠트렸다. 많은 쌀이 일본에 들어가면서 당시 쌀이 부족했던 조선사회는 쌀값 폭등 등으로 지주 대농들에게는 많은 이익이 되었지만 소농 등 농촌사회는 붕괴되어 갔다. 이는 당시 조선의 제조업 등 산업 기반도 뿌리째 흔들게 된다. 이것은 극단적인 양극화를 불렀고 영세한 수공업, 상업자본까지도 외국 자본에 넘어갔다. 쌀 생산이 주로 호남에서 이뤄졌으므로 전라도 농민에 대한 수탈과 이로 인한 생활고는 그 어느 지역보다 심했다.

농민 대중들의 삶을 위협하는 환경은 농민들을 투쟁의 길로 내몰았다. 농민들의 민란이 집중적으로 일어난 시기는 철종 13년(1862)부터다. 동학이 창도되는 시기가 1860년이므로 동학 발생도 당시 사회 상황과 맞물리는 것을 알 수 있다. 고종 25년(1888) 민란은 전국적으로 일어났으며 1894년 동학혁명이 일어나기 전까지 전국에서 60여 차례 대규모 농민봉기가 발생했다. 고종 때에는 일반 봉기와 달리 수령을 살해하고 왕조에 반기를 드는 병란 성격의 봉기가 일어나기도 했다.

1871년 경상도 영해에서 일어난 동학의 교조신원운동인 이필제난은 동학 교조 수운 최제우의 억울한 죽음을 풀어달라는 신원운동에서 출발하지만, 결국 지방 수령을 죽이는 병란 성격의 혁명운동으로 전개된다. 이때 동학 2세 교조인 해월 최시형 선생과 동학의 접주들이 적극 가담했지만 결국 참혹한 동학의 탄압으로 이어진다. 이후 지하로 숨어 들어간 동학은 최시형의 노력으로 대중적으로 포교되어 재건되고 종교 정치 세력으로 1880년대 이후 급성장한다. 1892~1893년 공주, 삼례, 광화문, 보은, 원평 등으로 연결되는 교조신원과 동학 포교의 자유를 위한 운동은 곧 보국안민의 기치를 내걸고 척양척왜 · 제폭구민을 주장하는 운동으로까지 발전돼 갑오년 동학혁명의 전 단계로서 역사적 연결을 제공하게 된다.

3) 동학혁명 1차 기포

(1) 고부봉기

1894년 1월 전라도 고부에서 혁명의 기운이 서서히 달아오르고 있었다. 1892년 조병갑이 군수로 오면서 동학혁명은 예고됐다. 당시 조병갑은 필요하지도 않은 보를 새로 쌓으면서 임금조차 주지 않았고, 수세를 과하게 거둬들였다. 또 개간한 땅에서 무리하게 세금을 거둬 들였으며, 농민들을 상대로 불법적으로 상업 행위를 일삼는 등의 도를 넘는 폭정으로 원성을 샀다. 고부군민은 이에 전라감사에게 조병갑의 폐정 개선을 요구하기에 이르렀다.

이러한 상황 하에 전봉준을 중심으로 사발통문(沙鉢通文)을 돌려 거사를 모의한다. 전봉준 접주는 거사가 실현되려면 보다 더 강하고 많은 동학 조직이 필요하다는 판단 하에 동학의 거두 손화중 대접주에게 협력을 요청했으나 시기상조라며 거절당하고 우선 독자적 결행에 나선다.

정부는 1894년 1월 9일 조병갑을 고부군수에 재임하기로 결정했고 이에 전봉준은 10일 말목장터에서 봉기하여 그날로 고부관아를 점령한다. 그러나 조병갑은 이미 도주하고 없었다. 전라감사 김문현은 이후 조병갑의 비리를 정부에 보고했고 정부는 2월 15일 조병갑을 체포한다. 동학혁명군은 1월 25일 백산으로 이동해 전열을 가다듬고 관군의 동태 등을 파악하면서, 2월 23일 고부군을 다시 점령하는 등 한 달 동안 혁명의 기세를 꺾지 않았다. 그러나 2월 말경부터 여러 악조건들의 문제로 동학혁명군 내부의 동요가 일어났다. 전봉준은 2월 19일경 전라도 각 지역에 격문을 띄워 대규모 동학혁명의 기포를 시도한다. 고부봉기는 멀리 전주의 접주들과 각 지역에서도 참여한 동학혁명의 시작으로 여겨진다. 그러나 전봉준과 고부의 동학 혁명군 지도부는 전략상 해산을 결정한다. 전봉준 접주의 후원자 역할을 했던 금구 원평의 김덕명 대접주는 아쉬움을 뒤로 하고 차후를 기약하자며 격려했다.

(2) 무장기포

동학혁명군 참여자 일부의 요구로 고부봉기가 해산하면서 기대했던 변화의 내용들은 물거품이 되고, 안핵사 이용태가 이끄는 관군의 조직적이며 가혹한 탄압이 시작된다. 혁명군이 해산하여 농사를 짓기 시작한 지 열흘도 안 돼 안핵사 이용태가 군사 800여 명을 몰고 고부에 들어와 혁명군에게 우호적인 태도를 보이던 신임군수 박원명에게 호통치며 동학군의 두목들을 찾아내라 다그쳤다. 군사들은 부녀자들을 겁탈하고 재산을 갈취했으며, 남자들은 닥치는 대로 결박하여 짐승처럼 끌고 갔다.

전봉준 접주는 김제, 금구 원평의 김덕명 대접주에게 기포한다는 연락을 했고, 3월 13일쯤 소수의 혁명군을 데리고 고부를 떠나 무장의 손화중 대접주에게 도착한다. 이는 그 일대에서 동학의 가장 큰 조직을 거느리고 있는 손화중에게 동참할 것을 설득하기 위해서다. 이러한 상황이 전개되고 있을 때 동학 조직을 통한 발빠른 연락망이 가동돼 원평과 금산 등 여러 곳에서 혁명의 불길이 확산되기 시작했다.

고부봉기 후 2월(음력)경부터 '보국안민, 창의대의'라는 혁명의 깃발이 펄럭이기 시작했다. 당시 기록들을 보면 "수많은 민중들이 동학에 휩쓸려 정부에 반항하는 자들이 많았는데, 이들은 모두 동학당"이라 하였다. 또한, 3월 11~12일경 동학당 약 3,000명이 금구 원평을 거쳐 부안 쪽으로 가는 것을 태인에서 볼 수 있었으며, 3월 12일 금산에서 "동학도 수천 명이 몽둥이를 들고 흰 두건을 쓰고서 읍내 아전의 집을 불태웠다"고 했다. 고부 기포 격문 발송 이후 다른 곳에서도 본격적으로 움직였다는 것을 알 수 있다.

전봉준은 무장의 손화중에게 다시 한 번 기포해야 한다는 간곡한 청을 했다. 당시 이러한 움직임이 부안 김낙철 대접주 친동생인 김낙봉 접주에 의해 동학 교주 해월 최시형에게 보고됐고, 최시형은 통문을 보내 전봉준에게 자중하라고 지시하기에 이른다. 해월 선생은 '아직 때가 아니라'는 교시를 전국에 하달한다. 이에 김덕명 · 손화중 · 김개남 · 김낙철 등 대접주들의 망설임이 있었다. 그러나 손화중은 전봉준의 말에 귀기울이고 시국의 상황을 예사롭지 않게 보아 중대결단을 하게 된다.

3월 16일부터 무장현 동음치면 구암리 당산마을 일대에 손화중 포 소속 동학혁명군들이 모이기 시작했다. 이들은 죽창과 농기구로 무장했고 군량미도 확보해 둔 상태였다. 무장관아의 설득과 만류가 있었지만 혁명군들의 행동은 거침이 없었다. 전봉준과 손화중을 중심으로 한 수천 명의 혁명군은 3월 20일 무장현 당산에서 포고문(布告文)을 반포하고 무장기포 즉 동학혁명군의 힘찬 출발을 선언한다.

무장포고문은 "세상에 사람을 귀하게 여김은 인륜이 있기 때문이다"로 시작해 "이제 의기를 들어 보국안민으로서 죽고 사는 맹세를 하노니"로 마무리되는, 당시 동학혁명군에게 거사의 명분을 주지시켜 큰 자신감을 심어준 선전포고문이다. 전봉준과 손화중 장군의 동학혁명군은 3월 20일 무장현을 떠난 21일 고창현, 22일 흥덕현, 23일 부안현을 거쳐 고부에 도착해 고부군을 다시 점령한다. 다음 날 24일, 전략적인 요충지 백산으로 이동하여 전봉준 장군을 총대장으로 추대하는 등 본격 혁명군의 조직을 갖추게 된다.

(3) 백산대회

백산에 도착한 동학혁명군들은 동학의 시천주 주문을 외우며 칼노래와 칼춤으로 정신적 무장을 하였고, 헐벗고 굶주린 배를 움켜쥐었던 손에는 대신 필살의 무기인 죽창이 쥐어져 있었다. 이때 백산에 모인 동학혁명군은 대규모의 연합군 성격을 띠었다. 미리 연락을 받고 온 태인의 김개남, 원평의 김덕명 등 주요 동학 지도부의 혁명군들과 3월 24일경 고부 백산에서 합류하고 드디어 동학혁명군을 결성하였다. 백산에 모인 동학혁명군은 주로 전라도 일대에서 참여하였으며, 8천 명을 넘어서 1만 명에 이르게 된다.

동학혁명군은 3월 25일 백산에서 전봉준을 총대장으로, 김개남·손화중을 총관령으로, 김덕명·오시영을 총참모로, 최경선을 영솔장으로, 송희옥·정백현을 비서로 정하고 지휘 체계와 조직을 갖추는 한편, 격문과 4대 강령, 12개조 군율을 발표하였다. 격문은, "우리가 의(義)를 들어 이에 이른 것은 그 본뜻이 다른 데 있지 아니하고 창생을 도탄 속서 건지고 국가를 반석 위에 두고자 함이다."라고 시작하는 창의문이다. 더 많은 민중들이 혁명 대열에 참여할 것을 촉구하고 있다.

고부의 사발통문과 무장의 포고문에 이은 백산의 격문은 동학혁명의 출사표와 같은 것이다. 또한 동학군이 더 이상 민란군이 아니라 기율을 갖춘 혁명군임을 내외에 선언하는 성격을 띠었다. 다시 말해 혁명의 대의명분을 세우고 나라와 백성을 위한 보국안민, 척양척왜의 전쟁을 선포하는 동학혁명군의 출정 선언문이었다. 한편 전라도와 충청도 사이에 있는 진산에서도 동학혁명군 1천여 명이 3월 12일부터 움직이기 시작하여 3월 23일 본격 혁명의 대열에 합류한다. 진산 서장옥의 동학혁명군이 전봉준과 합류를 시도했다는 것, 전라도 전역에서 광범위하게 합류한 것을 통해 이미 백산기포에서 보여준 행동 방식이 어떤 식으로든 사전에 약속이 되었다는 것을 알 수 있다.

(4) 황토현 대첩

동학혁명군은 3월 26일 백산을 출발하여 전주의 전라감영으로 가기 위해 29일에 태인 관아를 점령하였고, 4월 1일 금구 원평으로 진격하였다. 전라 감사 김문현은 황급히 정부에 보고하는 한편 전주성의 서문과 남문을, 그리고 2일에는 서문 밖 용머리고개를 지키게 하였다. 또한 고부 정읍 부안에서 전주로 오는 길목인 원평 청도리 앞길과 금구의 큰 길을 지키게 하였다. 동학혁명군은 원평에 주둔하면서 전주성을 노렸으나, 철통같은 전라감영군 즉 관군의 수비 전략과 경군 정예병 수천 명이 한양에서 내려온다는 정보에, 관군을 유인하는 전술로 바꾸게 된다.

동학혁명군은 4월 3일 부대를 3대로 나누어 부안, 태인, 원평으로 이동하여 관군을 혼란시켰다. 4월 4일 원평에 있던 동학혁명군은 부안에 있는 혁명군과 합세하여 부안을 점령한다. 이들은 4월 5일 성황산에서 고부 천태산을 넘어 4월 6일 도교산에 진을 친다. 태인에 머물던 김개남 부대도 도교산으로 이동하여 전봉준 손화중 부대와 합류한다. 그러자 전주의 길목을 지키던 관군은 동학혁명군을 추격하여 4월 6일 황토재 아래 진을 치고 머문다. 이때 관군들은 동학혁명군의 뒤꽁무니만 따라다니면서 혁명군이 전의를 상실하고 도망만 다닌다는 착각을 하게 된다. 그래서 경계심이 흐트러지고 기간이 해이해진 관군은 야영지에 기생까지 불러들여 술판을 벌였다는 이야기가 있다.

황토재 싸움에 대해서는 동학혁명군이 7일 관군을 도교산으로 유인하여 협공의 전략으로 대파하였다는 것과, 또 혁명군이 황토재에 진을 친 관군을 기습하여 대승을 거뒀다는 이야기가 있다. 아무튼 동학혁명군은 최초의 관군과의 싸움에서 대승을 거둠으로써 자신감과 민중의 지원을 얻게 되었다. 이와 반대로 참패한 관군은 막대한 피해를 입은 것은 물론이고 조선 정부에 큰 충격과 타격을 주었다. 이는 동학혁명에 있어 큰 의미로 작용하게 된다. 이 황토재 전투 덕분에 동학혁명군 세력은 전라도 전역에 실질적인 위력을 확산하게 되었고, 또한 전국의 동학 세력에게도 큰 영향을 주어 이후 동학혁명의 중요한 기점이 되었다.

(5) 황룡촌 대첩과 전주성 점령

동학혁명군은 황토재 전투 승리의 결과로 자신감과 사기가 드높았다. 혁명군은 파죽지세로 7일 정읍, 고부로 이동하여 흥덕, 고창을 점령하고 9일에는 무장을 점령하였다. 12일에는 영광, 16일에 함평을 점령하고 21일에 장성에 도착한다. 이때 동학군은 고부에서 출발한 혁명군과 전라좌도의 혁명군이 합세하여 그 숫자가 수만 명에 이르렀다. 동학혁명군은 가는 곳마다 탐관오리와 아전들을 처벌하였고, 백성들을 구휼했으며 군율에 의한 질서를 지켰고 당당하게 환영을 받으며 그 세력을 계속해서 키워 갔다.

정부에서 파견한 홍계훈의 경군은 15일에 동학혁명군을 추격하기 시작한다. 전봉준과 혁명군 지도부의 책략에 관군이 걸려든 것이다. 4월 23일 동학혁명군의 유인책에 말려든 경군 선발대는 여지없이 무너지고 만다. 황룡촌 전투에서 장태(대나무 닭장)를 앞세운 혁명군은 큰 성과를 거둔다. 조선

정부의 정예부대인 경군은 이내 영광 쪽으로 퇴각하기 시작하였다. 결국 까치골 능선에서 결정적인 전투를 벌였던 경군 대관 이학승과 많은 군사가 사상자를 내며 동학혁명군에게 패퇴하고 만다.

동학혁명군은 황룡촌 전투에 승리하고, 홍계훈의 경군보다 빠르게 전주를 향해 북상한다. 2~3만의 혁명군은 26일에 전주 삼천에 당도하여 하룻밤을 머물며 전라감사 김문현과 심리전을 벌이며 대치한다. 27일 장날을 기해 서문 밖 장터 건너편 용머리고개에서 동학혁명군은 대포를 쏘아 기선을 제압하였고, 혁명군이 허공에 쏜 수천 발의 총소리에 시장판은 아수라장이 된다. 놀란 수많은 장꾼들이 물밀듯 서문과 남문으로 휩쓸려 들어가자 그 틈에 끼어 혁명군은 함성과 함께 총을 위협적으로 쏘면서 순식간에 성안으로 들어간다.

전봉준 대장은 동학혁명군 지도부와 같이 서문과 남문을 통해 전주성을 무혈점령한다. 조선왕조 발상지이자 전라도 수부의 감영이 있는 전주성을 장악하게 된 것은 동학혁명의 최대 승전이자 조선왕조에 대한 전면 도전을 상징하게 되는 큰 의미가 있다.

(6) 완산대첩

전주성 점령은 전봉준 대장과 함께 김덕명 · 손화중 · 김개남 · 김인배 · 최경선 등의 접주들이 거느리는 동학군, 농민대중들이 혼연일체가 된 결과이다. 전라감사 등 전라감영의 관원들은 혼비백산하여 동문을 통해 달아났다. 감사 김문현은 거지와 같은 복장으로 변장하여 피난민 사이에 끼어 공주로 피신했고, 판관 민영승은 도망치다가, 조경묘 참봉 장교원 박봉래가 옮기고 있던 태조 이성계의 영정을 빼앗아 위봉사 대웅전에 모심으로써, 전주성을 포기한 죄를 면하려고 하였다.

한편, 전주성이 함락되었다는 급한 전보를 받고 놀란 정부는 이원회를 양호순변사로 임명하여 병력 1,400여 명을 인솔하여 전주성 일대의 동학혁명군의 토벌을 지시하고, 긴급히 대신회의를 열어 민영준을 중심으로 청군의 파견을 요청하는 조회문을 보내는 어처구니없는 일을 저지른다.

일본군의 개입을 우려한 원로대신 김병시 등의 반대도 만만치 않았으나 결국 고종이 승인하여 1894년 4월 29일 청나라 사신 원세개를 통해 정식으로 파병을 요청하였다. 이는 참으로 부끄럽고 수치스러운, 망국의 화를 재촉하는 바보 같은 짓이었다. 청나라는 내심 조선을 욕심 내며 파병 준비까지 마친 상태라 곧바로 청군 2,500여 명을 충청도 아산만에 상륙시킨다.

이에 뒤질세라 호시탐탐 조선을 노리던 일본은 청군 파병 정보를 후카시와 스기무라를 통해 보고 받는다. 결국 텐진조약과 제물포조약 5관을 빌미로 일본공사관원과 일본 거류민의 보호라는 명분을 내세워 조선정부의 요청이 없었는데도 5월 4일 출병을 일방적으로 통보한다. 이에 당황한 조선정부가 일본 출병의 부당성을 지적하며 반대하였으나 일본은 조선 정부의 요구를 무시하고 6일부터 12일에 걸쳐 6,300여 명의 병력을 서울에 가까운 인천에 상륙시켰다.

국가의 자존을 망각한 조선 정부는 결국 안과 밖으로 큰 곤경을 자초하고 말았다. 청 · 일의 조선 진주와 침공은 후일 동학혁명의 좌절과 동아시아의 역사에 커다란 굴절을 불러온다. 이러한 급변 상황에, 동학혁명군은 홍계훈의 경군과 전주성을 둘러싸고 4월 28일부터 사흘 동안 치열한 공방전을 전개하였다. 경군은 완산을 중심으로 건지산 · 기린봉 · 오목대 · 황학대 등을 점령하여 전주성을 완전 포위하고 전주성 탈환의 기회를 노렸다. 주로 동학혁명군이 성을 나와 완산 위의 관군을 공격하는 양상으로 전개된 전투가 거듭되면서 양측 모두 큰 피해를 입었지만, 혁명군의 피해가 좀 더 많았다. 나라의 백성을 보호해야 하는 관군은 혁명군이 있는 전주성은 물론 이태조의 영정이 있었던 경기전에 포격을 가하여 일부가 파괴되었으며, 전주성 밖의 민가 2,500여 채에 불을 지르는 무차별적인 공격과 함께 약탈 행위를 멈추지 않았다. 그러는 사이 전주성 안의 동학혁명군 진영에도 내부 동요가 일어나는 조짐을 보면서 혁명군 지도부는 고민하지 않을 수 없었다.

(7) 전주화약과 집강소 설치

경군의 거듭된 효유문이 동학혁명군에게 전달되고, 또한 내부 분열을 유도하는 양면 전술에 다른 지역의 지원을 받지 못하는 고립무원의 상태까지 겹쳐 결국 동학혁명군이 제시한 27개항의 폐정개혁안을 놓고 관측과 협상에 들어갔다.

5월 5일 새로 부임한 감사 김학진이 삼례에 도착하여 동학혁명군의 안전 귀가라는 유인책을 썼으나, 혁명군 지도부는 완고하게 버티며, 조선 정부 차원의 약속인 전주화약을 이끌어내는 성과를 거두게 된다. 이는 청군과 일본군의 외세 개입이라는 국가 위기 상황과 전봉준과 혁명군 지도부의 현명한 지략, 그리고 폐정개혁에 대한 기대와 농사철의 바쁜 시기 등을 감안하여 협정에 합의한 결과였다.

5월 8일(음) 민관상화로 이루어진 폐정개혁안은 오지영의 동학사 12개조와 23~27개조까지 전봉준공초, 소원열록 등 여러 자료에 의해 그 내용들이 전해지고 있다. 관민상화로 이루어진 폐정개혁안은 때론 관의 협조에 의해 이루어지는 경우와 지역에 따라 동학혁명군의 위력에 의해 실현되는 두 가지 상황이 있었다. 아무튼 갑오년 동학혁명과 전주성 점령에 의한 집강소의 폐정개혁은 오늘날 지방자치의 효시로서, 자주적 근대 민주주의 실현이라는 큰 성과를 이루게 된다.

3. 결론

동학혁명은 30여만 명의 희생을 치르며 좌절된다. 수운 최제우 선생을 죽음에 이르게 한 지목을 풀어달라는 신원운동에서 출발한 동학혁명은 고부봉기에서 서막을 열었으며, 무장기포와 백산대회를 거쳐 연합군 성격의 동학혁명군으로 성장하여 황토현 승전과 장성 황룡전투 승리에 이은 전주성 점령이라는 일대 쾌거를 이루었다.

청일전쟁이 시작되자 동학혁명군과 관군은 화약(평화협정)을 체결하고 최초의 민주주의 체제라 할 수 있는 집강소 설치에 의한 폐정개혁이 실시된다. 청일전쟁에서 승리한 일본군의 침략이 노골화되자 동학혁명군은 제2차 기포를 삼례에서 결행하여 논산에서 남북접 연합군을 형성한다.

해월 최시형 선생에 의한 동학혁명군 전국 기포 명령을 받은 손병희 통령은 전봉준 대장과 함께 한양으로 향하다가, 한많은 우금티 고개 전투에서 크게 패하여, 공주성을 앞두고 후퇴와 응전을 거듭하다가 결국 전봉준 등 남접 주요 지도자가 체포되면서 좌절되고 말았다. 전봉준 체포 이후에도 보은, 장흥, 대둔산 등지에서 최후의 결전이 벌어지기도 했으나 기울어진 전세를 뒤집을 수는 없었다.

동학혁명은 반봉건, 반외세, 척양척왜, 제폭구민의 대의를 위해 기포하여 엄청난 피해로 풍비박산이 난 듯 했으나, 동학이 천도교로 거듭나면서 3·1운동에서 또 다시 제2의 동학혁명은 전개되었고, 상해 임시정부 탄생에 결정적 역할을 하였다. 동학혁명은 동아시아 근대사에 큰 영향을 주었고, 세계 혁명사에서 조금도 뒤지지 않는 위대한 역사였다. 그 혁명 정신은 독립운동은 물론 4.19혁명과 5.18민중항쟁, 6.10민주항쟁, 최근에는 촛불시민혁명 등에 끊임없이 이어졌다. 그러나 분단된 조국의 통일을 달성해야만 동학혁명은 성공한 혁명이 될 것이고, 희생된 수십만 동학 선열들께 후손된 자로서 부끄럼이 없을 것이다.

올해는 3·1혁명, 임시정부 수립 1백주년이다. 앞에서도 거론하였지만, 3·1혁명과 대한민국 임시정부 수립은 동학혁명을 계승한 민족혁명의 연장선상에 놓여 있다. 동학혁명 당시 북접 통령으로서 충청도 일대를 호령했던 의암 손병희 선생은 3·1혁명 영도자로서 민족대표 33인의 대표였다. 또한 동학혁명 당시 황해도 해주접주 김구(김창수) 선생은 3·1혁명 이후 수십년간 중국 대륙에서 민족 독립을 위한 투쟁을 지도했고 대한민국 임시정부 주석을 역임했다. 이러한 역사적 사실에 주목하여 동학혁명과 3·1혁명 그리고 임시정부 수립에 대한 학술적 조명이 이루어져야 한다고 본다.

조선왕조의 발상지이자 전라도 수부인 전주성 점령은 어느 지방도시를 점령한 사건과는 비교할 수가 없다. 전라도 각 군현에도 집강소가 설치되었다. 더욱이 전주성 선화당에 집강소 총본부 격의 자치, 통치기구가 있었다. 이는 동학혁명군의 일방적 자치행위가 아니라, 전봉준 총대장, 손화중 총관령 등 혁명군 대표와 조선왕조의 위임을 받은 홍계훈 초토사와 김학진 전라감사 간의 협약에 의해 폐정개혁을 수행한 국가적인 차원으로 해석해야 한다.

그러한 사실에 더하여 주목해야 할 사실은 집강소 통치는 전라도를 넘어 전국적으로 도소, 대도소라는 이름으로 확산되고 있었다는 것이다. 이는 민주자치 즉 근대 민주주의의 효시로 보아야 한다. 이러한 측면에서 동학혁명은 성공한 혁명이라 명명 할 수도 있다. 물론 청일전쟁 이후 일본군의 개입과 침략으로 동학혁명 즉 항일전쟁은 무참히 패하고 만다. 그래서 혁명은 성공하였으나, 결국 전쟁으로 좌절되었다고 설명해야 마땅할 것 같다.

이 글을 마무리하면서 특히 강조하고 싶은 이야기가 있다. 동학혁명사에서 전주 완산접주 서영도 장군과 전주 소년접주 이복용 장수 이야기에 관한 것이다. 서영도와 이복용은 혁명군이 전주성을 점령하는 과정에서 큰 역할을 하였다. 이복용 소년장수는 완산전투 당시 선봉에서 관군과 치열하게 싸우다 전사하였다. 서영도 장군은 전주성 점령에 공을 세운 것은 물론 완산집강소 책임자로서 당시 명성을 날렸다. 서영도는 동학혁명군이 일본군에게 패한 후 체포되어 김개남 장군이 참수당해 효수되었다는 설화가 전해지는 남문 밖 초록바위에서 공개 총살형을 당했다.

동학혁명이 좌절된 후 전주 남문 밖 초록바위 천변에서 서문 밖 다가공원 천변까지 일대에서 동학 접주 등 지도자급 수십 명과 혁명군 수십, 수백 명이 연이어 총살형을 당했다. 그래서 전주천은 1개월가량 핏물이 흘렀다는 슬프고 원통한 전설과, 이 시기 전주성 인구와 민가는 1/3이 줄었다는 기록도 전해진다. 그러나 이러한 역사적 현장에 아무런 표지판도 설치되어 있지 않다. 늦은감은 있으나, 앞으로 어떻게 하느냐가 더욱 중요하다.

현재 동학혁명과 전주성의 역사적 위상을 복원하는 차원에서 전주시는 전라감영 선화당 복원공사와 완산전투 일대에 '동학농민혁명역사공원'을 조성 중에 있다. 특히 일본 북해도, 홋카이도 대학에서 봉환된 '무명 동학혁명군 지도자 유골(머리 부위)'을 완산전투지의 하나인 투구봉에 안장하였다. 그 일대를 포함하는 동학역사공원이 완성되면 현재 전주한옥마을 동학혁명기념관과 함께 동학혁명과 전주성의 현대적 위상을 발현하는 본격 출발로 여겨질 것이다. 전주시와 전라북도는 이러한 사실을 분명 인식하여 세계혁명사에서 길이 빛날 동학혁명의 위상 정립과 계승적 차원의 큰 결단을 기대한다.

전라북도와 전주 일대의
동학 포덕과정*

임 형 진

경희대 후마니타스칼리지 교수

1. 머리글

전주는 동학농민혁명이 발발하자 농민군들의 제1차 목표지로 설정할 정도로 호남의 심장과도 같은 지역이다. 조선시대 내내 전주는 풍패지향(豊沛之鄕, 건국자의 고향)으로써, 태조 이성계의 영정을 보관하던 경기전, 시조 및 시조비의 위패를 봉사한 조경묘가 있는 영지(靈地)였으며 전라감영이 있던 도시였다. 전라감영은 동학군들의 점령 목표로 당시 조선 사회의 모순이 집약된 현장이기도 하였다.

19세기 조선 말기의 상황은 조선의 모든 민중들에게 최악의 상태였다. 안으로는 정조대왕의 개혁정치가 좌절되면서 세도정치와 사적 욕심에만 충만했던 무능한 지도자들의 가렴주구가 일상화되어 있었으며, 밖으로는 중국 중심의 세계관이 무너지고 파도처럼 서세가 밀려오니 민중들은 어느 곳에 의지해야 할지를 모르는 상태에 있었다.

이러한 내우외환의 위기 속에서 등장한 동학은 민중들을 아우르고 그들의 염원을 들어주며 희망찬 내일을 개벽세상으로 약속함으로써 한순간에 전민중의 마음속에 자리하게 되었다. 동학은 분명 경상도 경주에서 탄생하였지만 가장 뜨겁게 발현된 곳은 호남지방이었다. 다른 어느 지역보다도 호남지방에서는 뜨겁게 환영받았다. 그래서 마당포덕이란 말이 등장할 정도로 동학은 삽시간에 확산되었다. 이는 그만큼 당시의 호남지방에 열악한 상황에 처해진 민중들이 많았다는 반증이기도 하다. 동학이 제시한 개벽된 이상사회는 너와 내가 차별이 있는 세상이 아닌 모두가 한울님을 모시고 있는 존재로 인정되고 존중받는 평등한 세상이었다. 그리고 무너진 세계관에 대한 새로운 비전과 희망을 제시하는 메시아적 구원의 손길이었다.

조선 전체에서 가장 풍요로운 땅 호남은 역설적이게도 그 풍요로움 때문에 수탈과 착취의 대상이 된 지역이었다. 그 가운데 전주는 언제나 중심이었다. 전주는 조선왕조의 개창자인 이성계의 본향으로, 조선 왕실의 뿌리였다. 전주는 이같은 정신적 상징성뿐 아니라 곡창지대인 호남의 수부 도시로 물산이 풍요롭기가 수도 한양을 방불케 하였다. 당시 전주는 호수로는 한양, 평양에 이어 3번째이고, 인구수는 한양, 평양, 의주, 충주에 이어 5번째였다. 더욱이 전주는 그야말로 호남 문화의 중심이자 가장 이상적인 도시였다고 할 수 있다. 그러나 상대적으로 수탈의 본거지이자 중심의 도시가 전주였고 탐욕과 수탈로 얼룩진 조선 말기의 모순이 점철된 상징적 지역 역시 전주였다. 상처받고 있는 그들 민중을 다독이고 그들에게 위안과 새로운 희망을 제시해 준 동학은 이미 구조적으로 삽시간에 전주 일대로 확산되게 되어 있었다.

유달리 전라북도 지역에서 뜨겁게 부각된 동학이 들불처럼 타오른 원인은 무엇인가. 그리고 그 중심에 전주가 있었다고 했을 때 과연 어떤 형태로 누구에 의해서 동학이 전파되었는가. 갑오년 이전의 전라북도와 전주 일대의 동학 포덕 과정을 연구하는 것이 본 논문의 목적이다. 다만 제한된 자료와 빈약한 증거물로 인하여 상당 부분이 유추 해석이 될 수밖에 없기에 본 연구가 이후의 본격적이고 심도 있는 연구를 위한 전도적 성격의 연구라는 점을 미리 밝힌다.

2. 조선 후기 사회상과 동학의 구원(救援)

1) 조선조 말의 사회경제적 배경

1876년의 일본에 의한 타율적 개항을 당한 조선은 민족자본을 형성하는 것은 고사하고 전근대적인 경제체제하에서 엄청난 타격을 받고 말았다. 일본에 의한 개항의 결과 조선의 경제는 곧 일본에 종속 상태에 놓이게 되었으며 이 밖에도 일본과의 조약이 모델이 되어 다수의 서구 국가들과 체결하게 된 불평등 조약은 그대로 조선사회를 세계 경제체제의 하부구조로 구속시키고 말았다. 즉, 조일수호조약에서 관세자주권의 상실, 일본화폐의 유통과 곡물수출의 허용이 이루어졌고, 1882년 조미수호조약과 조청상민수륙무역장정의 체결에 이어 1883년 수정체결된 조영조약을 계기로 서울, 양화진의 개방과 내지통상권이 허용됨으로써 불평등조약 체제하의 우리나라의 시장은 한양은 물론 내륙지방까지 외국자본에 따라 불가불 순차적으로 개방되기에 이르렀다.[1]

불평등조약의 체결로 우리 사회에 나타난 가장 눈에 띄는 변화는 일본에 대한 미곡의 유출로 인한 농업 환경의 격변과 지주제의 강화였다. 개항 이후 곡물 수출의 증가와 미곡 가격의 폭등 현상은 당시 민중들에게는 커다란 재앙이었지만 한편 지주들에게는 부를 쌓을 수 있는 기회이기도 하였다. 특히 호남지역의 지주들은 금강, 영산강을 중심으로 한 포구와 내륙으로 연결되는 다원화된 시장을 통하여 미곡의 시장유통이 활발해지면서 커다란 부를 축적했으며, 직영지를 확대해 소작경영을 강화하는 한편 정미소 운영이라는 또다른 방식으로도 부를 축적하였다. 이렇게 부를 쌓은 지주들은 다시 토지에 투자해 토지 소유를 늘려 가면서 영세한 자작농들을 몰락시켰으며 대부분의 민중층을 영구적인 소작인에 머물게 하였다. 이들은 자신들의 부를 지키기 위하여 지방관들과 결탁함으로써 부패한 토호로서의 본색을 드러내고 있었다.

이처럼 미처 준비되지 못한 상황에서 이루어진 자본주의 체제의 유입에 따른 급격한 농업 환경의 변화는 조선 농촌 사회의 급속한 불안, 소외, 냉소와 함께 사회경제의 재편성을 가져왔다. 즉 지주층은 경제적인 측면에서 큰 이익을 획득하였으나 소농층이나 빈농층은 상대적 빈곤에 따라 시장체계로의 강제편입으로 생산물을 수탈당하고 그 기반의 상실로 급격히 몰락해 갔다. 이와같이 외세에 의한 자본주의 시장체제로의 강제 편입은 전통사회의 계급적 모순을 심화시켰을 뿐만 아니라 봉건적 질서상의 지주와 소작인 간의 극심한 간극, 대립과 모순도 심화시켰다. 농민층의 불평불만이 충만하였던 사회경제적 이유가 여기 있는 것이다.[2]

한편 일본에 의한 타율적인 개항 이후 주요 개항장을 중심으로 확산되기 시작한 새로운 상품화폐 경제체제는 농촌 중심 사회인 조선을 더욱 피폐화시키는 요인이 되었다. 특히 일본 화폐의 유통을 허용함으로써 경제적 예속은 더욱 강화되었다.[3]

그러나 19세기 가장 민중을 괴롭힌 것은 조세제도를 통한 착취였다. 18세기 후반 조선조의 조세제도는 전정, 군정, 환정(환곡)의 삼정 체제로 자리를 잡아 있었다. 삼정은 조선사회 조세 수취의 모든 것이자 총체적 부패의 상징이었다. 전정의 경우는 토지대장이 정리되지 않아 관리의 작위적 기재에 희비가 갈렸으며 전세의 삼수미세는 호조에서, 대동미는 선혜청에서, 결작은 균역청에서 각각 출납케 되어 혼란을 야기했다. 군정의 경우도 호적이 정비되어 있지 않아 관리의 의도대로 군역의 부담이 편중되어 가장 큰 혼란을 야기했으며, 환곡의 경우도 본래의 빈민구제의 의미를 상실하고 일종의 고리대 성격으로 변하여 민중을 착취했다. 더욱이 수취체제 업무를 군현의 수령과 향촌 지배세력에게 일임함으로써 이들은 서로의 비리를 눈감아주며 조세 수취를 통한 무제한적 수탈을 자행하여 갔다. 따라서 당시 부농층이나 지주들은 신분상승 등의 방법을 통하여 조세 부담에서 벗어나고, 그 대신 이들이 부담해야 할 조세는 빈농층에게 떠넘겨져 조세수취의 불균등화가 심화되어 갔다. 결국 농민 계층은 봉건세력의 가혹한 조세수탈로 인하여 생명까지 위협받게 되었고 살던 곳을 떠나 이주하거나 도망의 길을 택하여야 했다.[4]

이러한 삼정 수탈의 강화는 19세기 중엽 조세 수취 체제를 와해의 위기로 몰고 갔으며, 이는 또한 수취 체제뿐만 아니라 봉건사회 전반을 해체시키는 농민항쟁의 원인이 되었다. 여기에 더하여 민중을 더욱 고통스럽게 한 것은 자연재해였다. 수년마다 닥쳐오는 자연재해에 따른 농업생산 감소는 단기적으로는 가장 큰 재정 압박의 요인이 되었다. 특히 수재와 한발 등의 자연재해는 직접적인 농사의 피해로 기근과 아사자를 발생케 했을 뿐만 아니라 전답의 황폐를 가져왔다. 홍수의 피해는 심각하여 1729년의 경우 함경도에서만 1000여 명이 사망하기도 하였으며, 1832년에는 293명의 인명 손실이 있었다. 또 1845년에는 500여 명의 사망자가 발생하였다. 조선후기 수재보다 더 큰 피해를 준 것은 한발로 17세기 중엽부터 19세기 중엽 동안 한발로 인하여 규모가 큰 기근이 모두 52회에 달했다.[5] 더욱이 자연재해에 대해 지배층이 장기적인 방지책이나 사후 수습책을 제시하지 못한 채 무능을 그대로 드러냄으로써 민중들의 고통을 가중시켰다. 19세기에 들어와서도 기근의 규모나 참혹상이 감소되지 않았음에도 불구하고 정부의 구제 활동은 오히려 점차 축소되어 갔다.[6]

1894년 동학농민혁명 당시 농민들은 폐정개혁안을 통해 대대적으로 탐관오리의 학·폭정을 제거하는 요구와 삼정의 폐단을 시정할 것 등을 강력하게 요구했다. 당시 농민들의 조세수탈의 시정요구는 군전 남징 금지, 동포전 정액화, 결전 매년 증액 금지, 외환 폐지, 진결가세 금지, 세미의 무명가봉 금지, 각종 연역 징발 금지 등 여러 방면에 걸친 절실한 내용이었다. 이러한 조세수탈 문제는 19세기 향촌사회에서 나타나는 일반적인 상황이다. 다만 이는 봉건적 사회질서 문란에서 비롯된 조세 운영 문제가 아니라 신분제 동요와 상품 시장 경제의 형성 등 중세적 사회질서 해체에 따른 것이라 하겠다. 그러므로 이러한 수탈적 구조에 대해 최대 피해 계층인 호남의 빈농 계층이 주요 저항 세력으로 등장하여 투쟁하였다. 즉 조세 운영에 대한 지주와 빈농층의 갈등이 전면화되었으며 상품화폐경제를 둘러싼 이해계층 간의 대립관계가 점차 첨예화, 격렬화, 대결화되어 갔다고 볼 수 있다. 동학혁명군의 개혁적 구호나 정서가 바로 여기에서 출발한 것이었다.[7]

2) 구원적 성격의 동학

질곡에 빠진 조선 민중들은 어떤 이유로 동학에 매료되었을까. 동학은 서학과 달리 처음부터 기존 질서에 도전적이지 않았다. 동학은 조선 성리학 체제 내에서의 변혁을 도모하였다고 할 수 있다. 그것은 동학의 교리가 기존의 성리학에서 강조한 것을 크게 벗어나지 않았다는 점에서 알 수 있다. 비록 개벽사상과 같은 혁신적인 사상을 담고 있다고 하여도 그 접근 방법과 실천론에 있어서는 지극히 보수적이었다고 할 수 있다.

동학은 평범한 생활윤리의 실천을 중심으로 한 교리를 강조하였다. 오랜 기간 동안을 기존의 성리학적 윤리와 기본 질서 속에 살아왔던 조선 민중들에게 지나치게 낯선 개념으로 접근하였다면 오히려 거부감이 들었을 것이다. 동학의 실천 윤리는 자연스럽게 민중 속에 동화될 수 있는 것이다.

동학경전에는 지배 이데올로기인 유교에 대한 도전이 거의 없다 할 정도였다. 유교와 "대동이소이"하다(수덕문, 『동경대전』), "요순 성세가 다시 와서 국태민안 되지만은"이라는 구절(안심가, 『용담유사』) 등은 그러한 점을 잘 보여준다. "유도 불도 누천년의 운이 다했다"는, 상대적으로 과격한 표현도 있지만, 최제우가 유교와 동학의 차이를 구체적으로 지적한 대표적인 내용은 "유학에서 가르치는 인의예지는 옛 성인의 가르친 바이지만, 수심정기는 내가 다시 정한 새로운 것"(수덕문, 동경대전)이라고 한 정도이다.[8]

수운 최제우는 동학의 접근 방법론으로 수심정기를 제시했지만 수심정기 역시 유학의 기본 원리에서 차용한 것이었다. 그는 수심정기로 수양할 것을 말함으로써 동학은 기존의 질서인 성리학적 전통 윤리를 수용하고 있음을 확인시키고 있다.[9] 이는 동학이 갑자기 등장한 새로운 도가 아니라 친숙한 개념으로 민중들에게 가까이 다가갈 수 있는 힘이 되었다.

후일의 전봉준 공초에도 그는 동학에 입도한 이유를 동학은 수심(守心)하여 충효로써 본을 삼아 보국안민하자는 것으로, '수심경천(守心敬天)'이라는 교의를 매우 좋아하였기 때문이라고 밝힌 바 있다.[10]

한편 동학은 다른 종교와는 달리 내세가 아니라 현세를 중시하는 사상적 특징을 가지고 있다. 동학의 후천개벽(後天開闢) 사상은 인류 역사를 크게 선천(先天)과 후천(後天)으로 구분하며, 5만 년에 걸친 선천 시대가 지나고 후천 시대가 개벽하였다며 변화에 대한 민중의 갈망에 응답하였다. 그리고 혼란에 가득 찬 선천의 종말기를 자기의 사사로운 마음만을 위하는 '각자위심(各自爲心)'의 시대로 보았는데, 서학과 서양 세력이 이기주의에 기초한 각자위심을 더욱 증폭시키고 있다며 동학에 의해 모두가 각자위심을 극복하고 한 몸처럼 살아가는 '동귀일체(同歸一體)'의 새 시대가 올 것이라고 하였다.

『용담유사』「안심가」의 '십이제국 괴질운수 다시개벽 아닐런가' 라는 말은 『용담유사』의 「몽중노소문답가」에서도 나오고 있다. 즉, 이 같은 말들은 온 세계가 크게 병들어서 다시개벽된다는 것이다. 개벽이란 본래는 암흑과 혼돈에서 천지가 처음 생긴다는 뜻인데 여기서 개벽사상은 인문개벽을 뜻한다. 후천개벽은 이른바 새로운 세계에 대한 열망이니 그것은 물질적 개벽이 아닌 인간적인 개벽, 즉 인간관계의 획기적인 변화를 의미했다.

당시 민중들이 가장 희망한 것은 신분해방 내지 상승이었다. 이 점에서 동학의 교리와 동학교도 및 농민군의 행동 간에는 바로 연결지어 이해할 수 있는 부분이 있다. "부하고 귀한 사람 이전 시절 빈천이요, 빈하고 천한 사람 오는 시절 부귀로세"(교훈가, 용담유사) "입도한 세상사람 그날부터 군자되어 무위이화 될 것이니 지상신선 네 아니냐"(교훈가, 용담유사), 또 "열세자 자극하면 만권시서 무엇하며 심학이라 하였으니 불망기의 하였어라"(교훈가, 동경대전)나, "지벌이 무엇이게 군자를 비유하며 문필이 무엇이게 도덕을 의논하노"(몽준노소문답가, 도덕가) 등의 표현은 가난하고 신분적 제한 때문에 글공부를 하지 못한 사람들도 심학을 통해 군자=지상신선이 될 수 있음을 가르치고 있다.[12]

이처럼 동학의 개벽적 세계관은 신분적 차별로 절망적인 상황에 처한 민중들에게는 메시아적인 대안이었다. 이러한 동학의 진리는 많은 민중들로 하여금 현실 타개책으로 또는 현실 체념의 상태에서 유일한 출구로 인식하기에 충분하였다. 이와 같은 민중들의 인식은 실제로 백범 김구의 사례에서도 알 수 있다.[13]

신분 차별 철폐를 위한 방법론으로 동학은 유무상자를 바탕으로 한 이상적 공동체를 제시하였다. 공동체 안에서는 입도한 주인과 노비가 함께 서로를 공경하였으며 어른과 어린아이가 서로 높임말로 대화하였다. 무엇보다도 서로를 한울처럼 대하는 사인여천의 실천이 이루어졌다. 이처럼 서로가 서로를 신뢰한 동학도들은 후일 동학농민혁명에서도 함께 보국안민을 위한 척양척왜를 외칠 수 있었다.

동학은 재난으로부터의 도피, 신분상승, 가난이나 질병으로부터의 구원 등 다양한 비전을 제시하며 민중들에게 접근하였다. 혹은 단순한 치병이나 불로장생의 비결로, 피화(避禍)의 수단 혹은 술수로, 혹은 배고픔을 면하기 위한 방편으로 이해하면서 민중들은 동학으로 몰려들었다. 특히 '제인질병'은 최제우가 동학을 창도할 때부터 가장 중시한 것으로, 도탄에 빠진 민중들에게는 메시아적 구원의 손길이었다. 이와 같은 동학 입도의 바람이 가장 절정을 이룬 지역은 전라도 지역이었고 그 중심은 전주였다. 조선 사회의 모순이 집약된 지역이자 가장 수탈과 착취의 대상이 된 민중들에게 동학의 교리와 가치는 그대로 자신의 문제를 해결할 수 있는 유일한 출구로 다가왔으며, 그들은 다른 어느 지역보다도 뜨겁게 동학과 손을 잡았다고 볼 수 있다.

3. 전라북도의 동학 전파

전라북도 지방에 동학이 처음 들어온 것은 1861년 12월에 수운 최제우가 경주를 떠나 남원에 온 것이 계기가 되었다. 당시 주변의 주목을 피해 스스로 깨달은 바를 정리할 필요를 느낀 최제우는 조용히 은거하면서 경전을 저술할 장소를 물색하니 그곳이 전라북도 남원이었다.

『남원군종리원사(南原郡宗理院史)』에 의하면 한약방을 경영하던 서형칠(徐亨七)과 공윤창(孔昌允)이 먼저 입교하고, 뒤이어 양형숙(梁亨淑), 양국삼(梁局三), 서공서(徐公瑞), 이경구(李敬九), 양득삼(梁得三) 등이 차례로 입교하였다. 그리고 이때 전주에 사는 신모(申某)도 찾아와 입교하였다 한다.[14]

이 시기 최제우의 포교 활동으로 전라도에 비로소 동학이 전파되기 시작했으며, 최제우가 은적암에서 경주로 돌아간 후에도 서형칠, 공윤창, 양형숙 등은 경주 용담정을 내왕하며 도맥(道脈)을 통한 것으로 알려져 있다. 최제우는 1862년 6월 하순경에 고향인 경주로 돌아갔는데[15] 『천도교남원군종리원동학사』에는

　　　同3年 壬戌春에 大神師 隱跡庵으로부터 還鄕하신 後에 徐亨七, 梁亨淑,
　　孔昌允 等이 龍潭亭에 來往하야 道脈을 通하다가 同5年 甲子春에 大神師
　　慘變後에 隱伏되다.[16]

라고 기록되어 있어 수운이 경주로 돌아간 이후에는 주로 입도한 도인들이 최제우를 찾아뵙기 위하여 직접 경주를 왕래하였음을 알 수 있다. 즉, "…서형칠, 양형숙, 공창윤 등 전라도 지역의 입도한 동학도들이 경주를 왕래하며 도맥을 유지하다가 포덕5년 갑자년 봄에 최제우가 순도하자 지하로 잠적해 버렸다"[17]고 하여 상당 기간 경주를 왕래하며 수운으로부터 직접 가르침을 받았음을 알 수 있다.[18]

1864년 3월에 최제우가 좌도난정율에 의해 순도한 이후 교도들은 드러내놓고 동학을 하기가 어려워지자 도맥은 점점 쇠퇴하였으며 결국 끊어지고 말았다. 전라도 지역에서 동학이 다시 등장하는 것은 1873년이다. 『천도교 임실교사(天道敎 任實敎史)』(1973)에 의하면, 제2대 교주인 해월 최시형은 1873년 3월 임실 청웅면 조항치 허선(許善)의 집에 체재하면서 포교 활동을 했다. 당시 최봉성(崔鳳城) 등 지역 인물 다수가 동학에 입교하였다.

그러나 전라도 지역에서의 본격적인 동학 전파는 1884년 전후로 추정된다. 이 시기에 이르면 동학은 강원도 지역에서 자리잡은 다음 충청도를 거

처 1880년대에 이르러 전라도까지 진출했다. 1884년(甲申) 3월 10일 단양에 머물던 최시형이 교조 수운 최제우의 순도를 기념하는 의례를 거행하니 많은 도인들이 참석하였다.[19] 갑자기 타지 사람들이 집결하는 등 왕래가 잦아지자 단양 관아에서는 최시형을 지목하기 시작했다. 결국 단양에 머무는 것에 위험을 느낀 최시형은 가족을 남겨둔 채 6월에 단신으로 전라도 익산 금마면 미륵산 동쪽 계곡에 있는 사자암(獅子庵)에 들어갔다.[20] 박치경(朴致京, 高山접주)의 주선으로 이곳에 오게 되었다.[21] 박치경은 전라도 완주읍 고산면 접주로 해월이 최초로 포덕한 전라도인으로 알려져 있다. 완주군은 익산에 접해 있어 박치경은 이곳의 지리를 잘 알고 해월에게 사자암을 소개해주었다. 해월은 4개월 동안 사자암에 머물면서[22] 박치경의 안내로 익산, 전주, 여산, 고산, 삼례 등지에 동학을 전파하였다. 전라도 지역 동학 확장에 박치경이 주도적인 역할을 하였음을 알 수 있다.

사자암에 머물던 4개월 동안 최시형은 본격적으로 호남지방 포덕을 계획하게 된다. 비로소 동학이 강원도와 충청도의 산악지대를 벗어나 드넓은 평야지대이자 수많은 민중들이 기다리는 호남지역으로 확산되기 시작했다.[23] 이때 입도한 인물 중에는 김개남(金開南)이 있다. 그는 당시 임실군 성밭(청웅면 향교리)에서 훈장을 하고 있었는데 사자암을 직접 찾아와 입도하였다고 한다. 김개남은 동학에 입도한 후 임실과 태인, 남원, 장수 등지로 다니며 교세 확장에 힘써 대접주가 되었다. 최시형은 사자암에서 단양으로 일시 돌아왔다가 공주 가섭암(迦葉庵)에서 21일간 수련을 했다. 최시형은 가섭암 수련을 계기로 오랜 기간에 걸친 단양에서의 은거 시기가 막을 내리고 본격적인 전라도 지방 포덕에 나서게 된다.

호남지방 포덕은 기존의 강원도와 충청도 지역과는 차이가 있었다. 즉 상대적으로 호남지역은 넓은 들판이 주를 이루다 보니 피신 중에 포덕을 해야 하는 최시형의 입장에서는 목숨을 내놓고 하는 포덕 활동이었다고 할 수 있다. 그동안 최시형의 은거지 내지는 포덕지들 대부분이 태백산이나 소백산 같은 산간지대 혹은 내륙의 깊숙한 지역에 국한되었던 것도 피신을 대비한 것 때문이었다. 그러나 호남지방에서의 포덕 활동은 전국에 지명수배 중인 최시형에게는 매우 위험한 행위였다. 그럼에도 해월은 전라도 지방의 포덕을 포기할 수는 없었다. 언제나 수탈의 대상이었던 호남의 민중들에게 동학의 이상사회가 가장 절실했기 때문이었다.

해월 최시형은 1887년 가을이 되자 "익산군 남이면 남참의리(南參議里) 남계천(南啓天), 김정운(金正運), 김집중(金執仲) 가에 왕하사 포덕에 착수한 지 미기(未幾, 얼마 지나지 않아)에 교도를 다득(多得)했다"[24]고 하였다. 남계천은 천민 계급 출신으로 입도한 이후에 전라도 익산 지역에 동학을 포덕하는 데 큰 공로를 세운 인물이었다. 짧은 기간 동안의 해월의 익산 체류였지만 호남의 많은 민중들에 큰 영향을 미쳐 다수의 입도자들이 생기자, 1888년을 맞아 최시형은 1월에 호남 북부지방 도인들이 요청에 따라 순회에 나섰다. 전주로 내려가 여러 도인들을 모아 기도식을 봉행하고 나서 삼례로 내려왔다. 『천도교서』에는 "1월에 신사 전주에서 기도식을 필하시고 도제(徒弟) 10여 인으로 더불어 삼례리(參禮里) 이몽로(李夢老) 집에 갔다"[25]고 하였다.

최시형의 순회 포덕을 통해서 호남 지역의 동학은 크게 성장할 여력을 마련하게 되었다. 1888년에는 입도자가 엄청나게 늘어났다. 전라북도 지역과 충청도 지역에서 특히 입도자들이 급증하였다. 특히 익산, 전주, 금구, 만경, 고부, 임실, 순창, 진산, 고산 등지에서 입도자 수 증가가 두드러졌다. 더욱이 그 해에 삼남 일대에는 큰 가뭄이 들어 농사를 거의 망쳐 버리게 되자 9월부터 기근에 시달리는 이들이 노상을 배회하기 시작하였다. 최시형은 흉년이 극심해지자 도인들 간에 유무상자하도록 통문을 띄웠다.

"우리 도인들은 다 같은 연원에 몸담고 있는 마치 형제처럼 친한 사이이다. 형이 굶주리는데 동생만 배 부르면 되겠는가. 아우는 따뜻한데 형은 추위에 떨고 있어도 되겠는가"[26]라며 사람을 구제하는데 힘쓰라고 하였다. 이 때 도인들 간에는 죽이라도 나누어 먹는 아름다운 일들이 여기저기서 나타났다. 도인들 간에 두터운 인정이 생기자 동학에 입도하는 바람은 점점 확산되었다. 모두가 한울님을 모신 존귀한 존재라는 동학의 정신은 사람 대하기를 하늘처럼 하라는 사인여천(事人如天)의 방법론으로 이어져서 실천되고 있었다. 가장 사람다운 세상을 향한 동학의 이상사회의 모습이 그려지는 상황이었다.

이 시기에 동학은 충청도의 옥천·영동과 접해 있는 금산·진산·용담을 거쳐 고산·진안 지역까지 들어왔으며 여산·익산·금구·만경·임피·옥구·태인·김제 쪽으로 퍼져 나갔다. 공주 신평이 고향인 윤상오(尹相五)가 부안으로 진출하면서 부안·고부·흥덕·고창·무장에 많은 포교가 이루어졌다.

전라북도를 중심으로 교세가 크게 퍼져나가는 1890년부터 호남의 우수한 인재들이 많이 입교하였다. 이들은 주로 당시 해월 최시형이 거주하고 있던 공주로 찾아왔는데 특히 1891년 3월에는 남계천, 김영조(金永祚=錫九), 김낙철(金洛喆), 김낙삼, 김낙봉(金洛鳳), 손화중(孫華仲) 등이 공주군 신평리로 찾아왔다.[27] 김낙철이 남긴 『용암성도사역사약초(龍菴誠道師歷史略抄)』에는 "여(與) 사제(舍弟) 낙봉 김영조 손화중 누왕(累往) 문안한대"라고 하여 자주 왕래했음을 시사하고 있다.[28]

동학이 급격히 확산되자 최시형은 효율적인 관리를 위하여 접조직을 강화하고 이를 원만하게 운영하기 위한 편의장제(便義長制)[29]를 만들었다. 1889년경에 도 단위로 1명씩 편의장(便義長)과 편의사(便義司)를 임명하였다. 편의장은 도내 각 포를 지도 감독하는 직책이다.[30] 1891년 부안의 윤상오를 전라 우도 편의장으로, 익산의 남계천을 전라 좌도 편의장으로 임명하였다.[31] 그러나 편의장제는 뜻밖의 분열과 알력으로 이어졌다.[32] 결국 최시형은 이를 해결하기 위하여 그해 5월 다시 또 전라도행을 감행했다.

『해월선생문집』에는 "5월에 덕기(德基)와 장한주(張漢柱)·장희용(張希用)을 데리고 출발하여 옥천(沃川)에 있는 김연국(金演局)을 대동하고 호남의 남계천 집으로 향하였다. 그다음 부안 신리(新里)에 있는 윤상오의 소실 집에 갔다. 이때 윤상오와 남계천이 서로 의견이 같지 않은 단서가 나타나서 호남 좌우도의 인심이 이로 인해 불화가 생기자 선생은 개탄하는 마음을 이기지 못하였다"[33]고 하였다.[34]

최시형은 "우리 나라 안에 두 가지 큰 폐풍이 있으니 하나는 적서의 구별이요, 다음은 반상의 구별이다. 적서의 구별은 집안을 망치는 근본이요 반상의 구별은 나라를 망치는 근본이니, 이것이 우리나라의 고질이다. 우리 도중에는 두목 아래 백 배 나은 큰 두목이 있게 마련이니, 그대들은 삼가하여 서로 공경하기를 주로하되 층절(層節, 일을 복잡하게 하지 말라는 뜻)을 하지 말라"[35]고 하며 윤상오 쪽 도인들을 설득하였다. 결국 최시형의 설득을 받아들인 교인들은 다시금 분란을 일으키지 않았다.

분란을 해결한 최시형은 부안을 떠나 고부를 거쳐서 태인의 김낙삼(金洛三)의 집에 도착했다.[36] 김낙삼의 집에서 최시형은 육임첩을 발행하여 전라도 도인들에게 본격적으로 접주직을 주었다.[37] 약 2개월에 걸친 전라도 순회를 통해서 최시형은 좌우도 편의장에 관련된 분규를 수습하였을 뿐만 아니라 김덕명, 김개남, 손화중과 같은 훌륭한 지도자들을 만난 것이 큰 성과였다. 최시형은 돌아오자 "관관일기정심처(貫觀一氣正心處)"[38]라고 심정을 표현했다고 한다. "한 기운을 통해서 바른 마음 자리를 보았다"는 뜻으로 전라도 순회를 하는 동안에 그는 동학을 이끌어 갈 바른 기운을 느꼈을 것이다. 즉 최시형은 이 순회를 통해 이제 전라북도는 확실하게 동학이 안정적으로 정착했음을 확인한 것이었다고 볼 수 있다.

4. 전주 일대의 포덕과 동학농민혁명

전라도의 수부 도시인 전주 지역에 동학이 유입된 것은 1861년 수운 최제우의 방문이 최초의 기록으로 남아있다. 『전주종리원연혁(全州宗理院沿革)』에는 "포덕 2년 신유(辛酉, 1861년)에 대신사께서 포교 차로 최중희 씨를 솔하시고 자(自) 남원으로 본군(全州郡)에 오시어(駕) 물태풍속(物態風俗)을 주람(周覽)하신 후 포교를 위시하시다."[39]라고 하였다. 이를 보아 최제우는 직접 전주 지역을 방문했음이 명확하다. 전주에서 그가 어떠한 포덕 활동을 했는지는 구체적으로 밝혀지지 않고 있지만 분명히 전주에서 어떤 형태로든 포교를 하였을 것은 틀림없다.

매천 황현의 『오하기문(梧下記聞)』에는 "최제우(崔濟愚)는 … 지례(知禮)와 김산(金山=金陵)과 호남의 진산(珍山)과 금산(錦山) 산골짜기를 오가면서 양민을 속여 하늘에 제사 지내고 계를 받게 하였다."라는 글로 미루어 당시 호남지방 양반들은 최제우의 포덕 활동을 매우 미신적인 것으로 인식했음을 알 수 있다. 그러나 매천이 지적했듯이 수운 최제우가 남원에서 진산, 금산을 가려면 당연히 전주를 거쳐야 하기 때문에 전주를 들렀을 가능성은 충분하다고 본다,

최제우의 전주 방문 이후 남원의 은적암 생활 중 많은 호남의 선비들이 찾아와 입도했는데, 그 당시 전주 사는 신모(申某) 씨가 입도했다[40]는 것으로 보아 그 신모 씨는 전주인으로 동학에 입도한 최초의 인물임에 틀림없다.

다만 이후의 기록이 없어서 그가 누구인지 전주의 어디에 살던 사람인지 동학도인으로서 어떤 활동을 했는지는 알 수 없다. 전주에서 비교적 자유롭게 남원까지 올 수 있는 신분이라면 신모 씨는 선비 계층 또는 이동이 자유로운 보부상이었을 것으로 추측된다.[41]

그러나 전주 지역의 동학 포덕은 다른 인근 지역에 비하여 상대적으로 덜 알려져 있다. 기록으로 남겨진 것 역시 매우 적은 분량이다. 이는 전주라는 도시의 특성에 기인한 것으로 생각한다. 즉 아직 내놓고 동학을 하기 어려웠던 초기 동학 시절에 전라도의 수부 도시이자 상대적으로 감시의 눈초리가 엄했던 전주 지역에서 동학을 포덕한다는 것이 매우 어려웠을 것이고 또 설혹 입도를 했다 하더라도 조심스럽게 동학을 실천해야지 드러내놓고 하기도 어려웠을 것이다. 더욱이 양반층이 대다수를 차지했을 당시의 전주 상황을 고려할 때 민중 지향적인 동학을 포덕한다거나 또는 그 실천을 하기에는 많은 제약이 있었을 것이다. 그러므로 자연스럽게 기록으로 남기기도 힘들었을 것이다. 그래서인지 전주종리원연역사에도 초기 동학사는 아주 짧은 분량만 기록해 놓고 있다.

布德 29년(1888) 戊子 1월에 海月神師께서 本郡 西門外 朴公日家에 오시어(駕) 기도식을 행하실새 각지 두령이 來參하엿스며 敎運을 大振하다.

布德 33년(1892) 壬辰 12월에 本郡 參禮驛에서 각지 敎人이 指目의 嫌으로 大會하야 觀察府에 訴狀을 提呈則 觀察使가 營將金始豊을 代送하야 累次 詰問함에 敎人이 以書對應하다.

布德 34년(1893) 癸巳 2월에 大神師의 伸寃함을 할 事 徐永道 許乃元 李炳春 崔相鎭 崔大鳳 具昌根 柳在鳳 朴公日 李夢老 林相淳 張敬化 趙錫休 李昌敦 外 수백인이 京會에 參 하얏고 報恩 帳內 都會所에 又 參하엿다.[42]

그럼에도 『천도교창건사』에는 1888년에 최시형이 전주 지역을 직접 순회하다가 삼례 이몽로의 집으로 가셨다고 기록하고 있다.[43] 당시 이몽로의 집으로 가실 때 제자 10여 명과 함께 갔다고 한 것으로 보아 이미 1800년대에 전주에서의 동학 포덕은 상당히 진행되었음을 미루어 짐작할 수 있다. 또한 『천도교창건사』에서는 1891년 해월이 5월에 태인군의 김낙삼 집에서 육임첩을 내려주시는 등 부안을 거쳐 전주군에 이르러 전술한 "관관일기정심처(貫觀一氣正心處)"라는 말씀을 하셨다고 했다.[44]

이처럼 전주 지역의 동학은 수운 최제우 시절부터 전파된 것은 틀림없고 해월도 여러 차례 방문한 것이 확인되지만 구체적으로 누구를 통해서 어떻게 포덕이 이루어졌는지 등에 대해서 현재까지 자세한 기록이 발견되지 않고 있다. 다만 전주 인근지역, 이를테면 임실이나 삼례, 익산, 장수, 태인, 남원 등에는 비교적 많은 분량의 기록들이 전해지고 있으므로 이를 바탕으로 해서 유추해석 할 수는 있다.

『천도교임실교사(天道敎任實敎史)』에 의하면, 해월 최시형은 장수도인(長水道人) 김신종(金信鍾)을 대동하고 1873년 3월에 임실지역을 방문하여 새목터(청웅면 입석리) 허선의 집에 체재하면서 포교 활동을 전개했다.[45] 허선씨 가에 거처를 정하고 도장을 베풀어 설법포교하자 이 소문이 널리 퍼져 원근 인사들이 운집 배알하고 그중에서 최봉성, 허선, 표응삼(表應三), 최봉항(崔鳳項), 최봉관(崔鳳官), 김영원(金榮遠), 신명화(申明嬅), 김학원(金學遠) 등이 35일에 걸쳐 장기적 설법과 교리를 배우는 도중 불길비(不吉非)가 있어 최시형의 명교에 의하여 섬진강 원천 425리 냇물로부터 약 5리쯤 되며 임실읍에서 40리 지점인 갈담(葛潭)[46]으로 장소를 옮겼다고 기록하고 있다.[47]

최시형은 15일간 이 마을 표응삼 집에서 도장을 열자 임실, 전주, 태인, 순창의 많은 선비들이 참석하여 교리를 배우고 설법을 들었다 하는데 그중 태인 출신 옹택규가 후일 최시형이 동경대전을 편찬할 때 주필이 되었다고 전해질 뿐 그 외 선비들은 전혀 그 뒤 내력을 알 수가 없다.[48] 미루어 볼 때 전주 지역의 포덕이 시작된 것도 당시 임실에서 도장을 열던 해월 최시형을 찾아온 선비들에게서였을 것이다. 다른 지역보다 상대적으로 깨인 지식인들이 많았을 전주 지역의 선비들에게 동학은 새로운 세계관이었고 조선의 미래를 열 우리 학문으로서 호기심을 주기에 충분하였을 것이다.

임실의 최봉성은 1889년 남원에 거주하고 있던 사위 김홍기(金洪基)에게 도를 전하여 입교시켜 남원 등 전라북도 포덕을 크게 이루게 하였다.[49] 입도한 최봉성은 임실·진안·장수·무주·용담·순창·남원·구례·곡성·옥과 등 주로 전라북도 남쪽 지역을 돌아다니며 포교 활동을 하였다. 이때 사위인 김홍기, 아들 최승우와 유하, 동필, 김영원, 한영태 등 여섯이 결의형제를 맺고 포교활동에 진력하였다.[50] 최봉성은 특히 남원지역 포덕에 주력하여 1890년대 초에 이미 남원군에는 수천의 동학도들이 있을 정도였다.

또한 1882년경에 동학이 본격적으로 호남지역에 퍼지기 시작하였는데, 1884년 사자암(獅子庵)에 머물면서 4개월 동안 동학 전파를 한 것이 그 계기였음은 틀림없다. 즉 1884년경부터 익산을 중심으로 전라도 북부지방에 동학이 본격적으로 포교되었음을 알 수 있다.[51] 임실지역 주요인물의 입교 연대는 『천도교창건록』에는 대개 1887년부터 1890년대까지 집중적으로 나타나고 있다. 그러나 민중들이 집단적으로 입도한 것은 1892년 11월에 삼례 교조신원운동이 있었던 이후였다.

임실 지역의 민중들은 삼례 교조신원운동에 이은 1894년 동학농민혁명운동 때에도 크게 늘어났다. 6월 21일 일본군이 경복궁을 침범한 사실이 전해지자 전주 이씨 문중까지도 입도하였다. 특히 현감인 민충식(閔忠植)마저 입도하자 군민 대다수가 동학도가 되었다. 박내홍(朴來弘)은 기행문인 「전라행(全羅行)」에서 "청웅면 새목터는 갑오년간에 동학 제 두령의 거소(居所)였으므로 해월신사조차 행차하시어 … 동란시에는 일군이 도가(道家) 아닌 집이 거의 없었다."고 하였다.[52]

삼례교조신원운동 당시에도 임실 출신의 김여원, 최유하(崔由河)가 호소문을 만들고 식량 공급과 모든 주선을 전담하였으며, 1893년 계사(癸巳)에는 보은집회에 참여하였고, 다수의 교인들이 상경하여 박광호를 소두로 한 광화문전복합상소에도 참여하였는데 이때에도 모든 준비의 비용을 임실 지역 교인들이 제공하였다.

『천도교회사초고(天道敎會史草稿)』에는 1894년에 기포한 임실군 접주는 최승우(崔承雨), 최유하, 임덕필(林德弼), 이만화(李萬化), 김병옥(金秉玉), 문길현(文吉賢), 한영태(韓榮泰), 이용학(李龍學), 이병용(李炳用), 곽사회(郭士會), 박경무(朴敬武), 한군정(韓君正) 등이라고 하였다. 조석걸(趙錫杰), 이병춘(李炳春), 허선(許善)도 기포한 유명 접주의 한 사람이었다. 김정갑(金正甲)은 1894년 당시 임실에는 6대 연원(包)이 있었으며 그 산하에 31명의 접주가 있었다고 증언하였다.[53]

당시 동학을 한다는 것은 '좌도난정율'로 지목되어 발각되면 참형에 처하였으나 죽음을 두려워하지 않고 참여하는 동학도는 늘어났다. 이처럼 임실 지역에서 동학의 세력이 활발하게 포교 활동을 전개하였고 탄탄한 동학적 공동체가 형성되어 있었다.[54]

한편 인근 지역인 태인현은 현 정읍군 태인면(泰仁面), 옹동면(瓮東面), 산외면(山外面), 감곡면(甘谷面), 칠보면(七寶面), 산내면(山內面), 보림면(寶林面), 용북면(龍北面)이었다. 『천도교서(天道敎書)』 1886년 조에는 "이때 충청·전라·경상·경기 등지의 인사들이 … 신사(최시형)를 찾아오는 분이 많았다."고 하였다. 원평 김덕명(龍溪丈, 金德明)도 1886년 10월에 여러 인사와 동행하여 상주군 화서면 봉촌리(鳳村里) 앞재(前峴)로 가서 최시형으로부터 도를 받았다고 하였다. 태인 지역 인사들도 이 무렵에 동학을 받아 온 것으로 추측한다.

최시형은 태인 김낙삼 집에서 6임(任)을 뽑아 교첩을 내렸다고 하는데, 이 때 김개남도 6임 중 한 사람으로 뽑혔을 것으로 추정된다. 김개남은 1892년의 삼례 교조신원운동에 참가하였고, 1893년 보은집회에 참가하여 태인포(包)라는 포명을 받고 접주로 임명되었다.[55] 『천도교서』 등에 따르면 1894년 동학혁명 때 태인 지역에서 김개남을 비롯하여 최영찬(崔永燦), 김지풍(金智豊), 김한술(金漢述), 김영하(金永夏), 유희도(柳希道), 김문행(金文行) 등이 기포하였고, 이 밖에도 김삼묵(金三默), 김연구(金煉九), 임홍택(林弘澤) 등이 기포하였다고 한다.[56]

장수군에서의 동학 전파 역시 자세한 기록은 보이지 않지만 『취어(聚語)』에 1893년 4월에 척왜양창의운동을 마치고 돌아가는 군·현 동학도의 인원수를 기록했는데 "초 3일 아침부터 저녁까지 돌아간 자 중에는 전라도 장수접 동학도가 230여 명이나 되었다."고 하였다. 이처럼 장수군은 다른 지역보다 많은 인원이 참가하였음이 확인된다. 1936년에 작성된 『천도교보』에는 1890년 11월에 장수면 용계리(龍溪里)에서 장영섭(張永燮)이 입도한 것을 기록하고 있다. 최시형으로부터 신암(信菴)이라는 도호를 받은 김신학(金信學)은 이보다 먼저 입도한 것으로 전해지고 있다. 『천도교회사초고』에는 1894년에 장수에서 기포한 접주는 "황학주(黃鶴周), 김학종(金學鍾), 김숙여(金淑汝), 김병두(金炳斗), 김홍두(金洪斗) 접주들이 기포하였다." 한다. 그리고 『영상일기』와 『오하기문』에는 황내문(黃乃文)이 대표적인 접주라고 하나 이상의 6명도 황내문에 못지않게 수천 명을 이끌어 간 장수군의 유수한 접주들이었다.[57]

익산 지역의 동학 전파는 포덕 2년 수운 최제우 남원행 시절부터 시작되었다. 더욱이 포덕 25년(1886)에는 최시형이 전술한 박치경과 함께 미륵산 사자암에서 체류하면서 인근 지역의 동학도들을 접견하는 등 본격적으로 확산되었다. 포덕 28년(1889)에는 최시형이 직접 남계천, 김정운, 김집중의 집에 와서 포덕을 하였다고 한다. 이후 익산 지역은 다른 지역보다도 많은 동학도가 생겨 삼례집회, 장내리 집회, 광화문 복합상소 등에 다수가 참여하였다고 한다.[58]

1890년대 들어서면서 전라북도 지역의 동학도는 기하급수적으로 늘어났다. 그러나 상대적으로 동학 세력이 확대되면 될수록 관의 탄압은 심해져 갔다. 탐관오리들은 1892년 봄부터 동학도를 탄압 수탈하는 빈도가 늘어났다. 특히 곡창지대인 김제·만경·무장·정읍·여산 등지의 동학도가 심하게 피해를 당했다.[59] 탐관오리들은 지역 토호와 결탁했을 뿐 아니라 점증하는 왜인들의 상권 장악으로 농민들의 피폐는 이루 말로 다할 수 없을 지경에 처해졌고, 급기야 유랑민화한 동학도들은 원평으로 모여들었으며, 김덕명 포는 이들을 정성껏 돌보아 주었다. 여름이 되자 그 수는 더욱 늘어나고 관의 추적은 동학 지도부에게까지 압력으로 가해졌다. 동학의 주요 지도자인 서인주·서병학(徐仁周·徐丙鶴)은 당시 상주의 왕골에 거주하던 최시형을 찾아가 대책을 논의하고 교조신원운동을 벌여야 한다고 건의했다.

그러나 최시형은 1871년에 영해에서 벌어졌던 영해교조신원운동의 실패라는 뼈저린 경험이 있기에 조신할 수밖에 없었다. 그는 시기상조론을 주장하며 좀 더 기다려 보자고 하였지만 가을이 되면서 상황은 더욱 악화 일로에 있어 더 이상 미룰 수가 없었다. 10월에 이르러 충청·전라도에서 교조신원운동을 벌이기로 결단을 내렸다.[60] 교조신원운동은 공주와 삼례 그리고 한양의 광화문에서 이어졌다.

그러나 광화문복합상소까지 연이은 신원운동이 실패로 끝나자 1893년 3월 10일부터 최시형의 명에 따라 보은 장내리와 금구 원평에서 척왜양창의 운동을 벌였다. 3월 20일경 장내리에는 2만여 명이,[61] 금구 원평에는 1만여 명이 모였다.[62] 내리에도 많은 전북지방의 동학도들이 참여하였고 특히 금구 원평집회에도 대거 참여하였다. 이때 최시형은 동학조직을 일층 강화하기 위해 그때까지 자연 발생적으로 내려오던 포제를 공식화하여 50여 포에 포명을 주고 대접주를 임명했다. 『동학사』에는 전라북도 지역의 포조직과 대접주에 대해 다음과 같이 기록하고 있다. "금구포(金溝包)에 김덕명(金德明), 정읍포(井邑包)에 손화중(孫華仲), 부안포(扶安包)에 김낙철(金洛喆), 태인포(泰仁包)에 김기범(金箕範), 시산포(詩山包)에 김낙철(金洛三), 부풍포(扶風包)에 김석윤(金錫允), 봉성포(鳳城包)에 김방서(金邦瑞), 옥구포(沃構包)에 장경화(張景(敬)化), 완산포(完山包)에 서영도(徐永道), 고산포(高山包)에 박치경(朴致景(京))을 전라북도 대접주로 임명했다"[63] 한다.

동학도들의 억울함을 풀기위한 모든 운동이 좌절되자 그 불안함의 정점에서 드디어 갑오년이 밝아오기 시작했다. 동학농민혁명 당시 전주 지역과 인근 일대는 북접[64]에 속해 있었지만 전봉준의 의기에 동참해 백산대회에서부터 적극적으로 참여했음을 보여주고 있다. 『천도교전주종리원』 '본원의 연혁'에는 당시의 상황을 다음과 같이 기록하고 있다.

포덕 35년(1894) 甲午 1월에 指目이 殆甚하야 奠接을 難得함으로 本郡頭領 徐永道 柳在鳳 崔大鳳 林相淳 등 數十人이 古阜 全琫準 孫華仲 金開南으로 聯絡하야 倡儀할새 3월에 官兵으로 古阜白山長城化龍에 接戰하고 兩次勝戰後 全州陷城에 直入하야 4월 28일에 官兵大將 洪在箕로 開戰하야 或勝或敗에 兩陣死傷이 如山如海하고 一邊接戰一邊放火에 西門城外가 一

時空墟한지라 5월 3일에 官兵大將 洪在箕와 觀察使金文鉉이 請和어늘 乃
直相和後에 因爲各郡에 立倡儀師하야 事務을 開設함에 本郡 徐永道 高德
文 姜壽煥 宋德仁 柳達洙 宋昌烈 朴鳳烈 李昌敦 具昌根 閔泳一 金基成 張
永植 安承煥 朴泳準 李鳳安 金聖初 閔泳軫 등이 중견이 되야 大勢을 爭할
새 10월에 京兵으로 又爲開戰함에 全琫準 金開南 孫華仲 諸領이 全州府에
大陣타가 公州로 行陣하야 與官兵으로 大戰할際 義庵聖師와 合陣하야 論
山參禮에 서 本營이 連次大戰하엿섯다.[65]

실제로 여느 지역의 사례와 같이 전주 출신의 동학농민군들은 백산기포,
황토재 전투, 장성 황룡강 전투에 참여하고 전주성 전투를 치르고, 더러는
장흥 석대전투에 참여하고 장흥에서 총살되는 경우까지 활동 양상이 다양
하며, 전주 출신이거나 전주를 배경으로 활동한 동학농민군으로서 기록에
남겨진 자가 109명에 이른다.[66] 그 대표적인 예가 박채현(朴采炫, 異名 : 彩現)
으로, 1894년 12월 28일 장흥 장대, 보성 완도 등지에서 처형되었다.

이밖에 장흥 전투 참여자로 위계항(魏啓恒) 채봉학(蔡奉學) 이양우(李良宇)
홍영안(洪永安) 김승언(金昇彦) 김양한(金揚漢, 이방언 접주의 막장) 강일오(姜
日五) 고윤천(高允天, 성찰) 고영의(高榮義, 접주) 고채화(高采化, 접주) 이인환
(李仁煥) 이매안(李賣安) 채수빈(蔡洙彬) 이춘삼(李春三) 홍순서(洪順瑞) 최양
운(崔良云) 이공빈(李公彬) 임상순(林相淳) 구창근(具昌根) 김기성(金基成) 민
영진(閔泳軫) 백인명(白仁命, 異名 : 寅明, 仁明) 박성구(朴成九) 고재열(高在烈,
접사) 마향일(馬向日) 문생조(文生祚) 김일지(金一祉) 김춘배(金春培, 異名 : 春
盂, 春杯, 도성찰) 손자삼(孫子三) 김희도(金熙道, 異名 : 希道) 변운경(邊云京) 김
수권(金守權) 문찬필(文贊弼) 주백산(朱白山) 이수일(李壽日) 이창순(李昌淳)
박상순(朴相淳) 백홍거(白洪巨, 異名 : 洪擧) 강상근(姜尙根) 최동의(崔童儀) 문

치화(文致化) 등 40여 명이다. 이들 중에는 처형된 이들이 많다.

강문숙(姜文叔) 이환혁(李煥赫, 접주) 이덕기(李德基) 이상진(李相瑨) 이의승(李義承) 송덕원(宋德元, 접주) 김춘옥(金春玉) 이춘봉(李春奉) 오두서(吳斗栖) 고천년(高千年) 강수한(姜守漢) 오두병(吳斗炳) 등은 화포영장(火砲領將)으로 전주성 전투에 참여했다.

허내원(許乃遠) 최대봉(崔大奉 異名 : 大鳳) 박기준(朴基準) 이복룡(李福龍, 異名 : 福用, 14세 소년장사로서 5월 3일 전사) 선판길(宣判吉) 안만길(安萬吉) 민영일(閔泳一) 송덕인(宋德仁) 송창렬(宋昌烈, 접주) 서영도(徐永道, 접주) 고덕문(高德文) 등은 전주 전투에 참여하였다가 전사했거나 5월 집강소 활동을 전개하고 같은 해 10월 충청도 논산, 전라도 삼례전투에 참여했다.

박춘장(朴春長 접주)과 김준식(金俊植) 홍관범(洪官範, 성찰)은 동학교도로서 1894년 5월 전주성 전투에 참여했고, 김준식, 홍관범은 전사했다.

고문선(高文譔, 異名 : 文善, 대접주)은 1894년 전라도 전주에서 동학농민혁명에 참여하였다가 1900년 체포되어 같은 해 3월 18일 옥에서 사망했다.

최화심(崔和心)은 동학농민혁명에 참여하였다가 1894년 전라도 전주에서 처형되었다.

박봉열(朴鳳烈)은 1894년 전라도 태인과 전주에서 동학농민혁명에 참여하였다가 체포되어 전주에 수감된 뒤 1896년 4월 '장삼십(杖三十)'의 처벌을 받고 사망했다.

황희성은 집안 동생 황화성과 함께 동학농민혁명에 참여하여 전라도 무장 기포에 참여한 뒤 1894년 5월 전라도 전주 전투에 참여했다.

김순명(金順明) 서상은(徐相殷) 정덕수(鄭德守)는 동학농민군 지도자로서 동학농민혁명에 참여하였다가 김순명은 1894년 5월 3일 전라도 전주 용머리 전투 중 초토사 홍계훈에게 체포되어 처형되었고, 서상은(徐相殷) 정덕수

(鄭德守)는 전사했다.

윤상오(尹尙五)는 1892년 전라도 태인에서 동학에 입도한 뒤 1894년 전라도 고부, 전주에서 백형(伯兄) 윤상홍과 함께 동학농민혁명에 참여했다.

송일두(宋一斗, 접주) 장영식(張永植) 이봉안(李鳳安) 유달수(柳達洙) 안승환(安承煥) 박영준(朴泳準) 등은 1894년 5월 전라도 전주에서 집강소 활동을 전개한 후 같은 해 10월 논산·삼례전투에 참여하였다.

황화성(黃化性)은 1894년 집안 형과 함께 무장기포에 참여하였으며, 이후 전주성 전투에서 전사했다.

김경수(金敬洙)는 1894년 3월부터 동학농민혁명에 가담하였으며, 전주 용머리 고개에서 전투 중 부상을 당한 후 피신했다.

김홍섭(金興燮)은 전봉준의 진중수행비서로서 전주성 점령기까지 임무를 수행하고 이후 부친 최성칠을 도와 폐정개혁 활동에 나섰다가 피신했다.

송학운(宋學運)은 전봉준과 함께 전주 황토현 전투에 참전한 후 피신했다.

이문교(李文敎)는 1894년 동학접주로서 무장기포, 황룡촌 전투, 전주성 점령 등에 참여하였으며, 공주성 전투 패전 후 은신하다 체포되어 12월 26일 총살되었다.

나재원(羅載元)은 동학교도로서 1894년 3월 최흥식 형제와 함께 김덕명 부대에 편입되어 백산봉기에 참여했으며, 1894년 11월 26일 원평 전투에서 패전 후 피신했다.

김상준(金商俊, 접주)은 전주성 전투, 삼례봉기에 참여하였으며 공주 전투 패전 이후 산속으로 피신하였다가 귀가했다.

김문환(金文桓)은 1894년 부친 김삼묵과 함께 고부, 전주에서 동학농민군으로 활동하였으며, 김개남을 따라 청주 전투에서 부상을 당한 후 김제로 피신했다.

김양식은 형 김준식과 함께 전라도 익산에서 동학농민혁명에 참여하여 1894년 5월 전주 전투에 참여했다.

김영서(金永西)는 동학농민군의 연락책을 담당하였으며, 패전 이후 체포되어 전주감영에 투옥되었다가 귀가했다.

서단(徐鍛)은 사촌 서용(徐鏞)과 함께 김개남 포에 속하여 1894년 3월 백산봉기에 참여하였고, 5월 초 전주성 전투에서 홍계훈 부대와 접전 중 전사했다.

이응범(李應凡)은 1894년 1월 마을청년들과 함께 전봉준 장군이 이끄는 농민군에 가담하여 전주성 전투에 참여했다.

김사엽(金士曄)은 동학도로서 1894년 3월 고부 백산 봉기에 참여하였으며, 11월 우금치, 원평 전투에서 패한 뒤 피신하였으나 체포되어 1895년 1월 전주에서 처형되었다.

최중여(崔仲汝)는 1894년 9월 옥구지역 동학농민군으로 활동하다 12월에 체포되어 전주감영에서 12월 10일 처형되었다.

황준삼(黃俊三) 김순여(金順汝)는 동학농민군 지도자로서 1894년 전라도 금구에서 동학농민혁명에 참여하였다가 피신한 뒤 1896년 봄 전라도 나주에서 재봉기를 모의하였다가 체포되어 같은 해 8월 전라도 전주에서 처형되었다.

유수덕(劉壽德, 異名 : 水德, 접주)은 1894년 전라도 광양에서 동학농민혁명에 참여하여 전주성 점령에 참여하였다가 충청도 홍성 전투에서 패한 뒤 체포되어 전라도 고성으로 압송되었다가 살해되었다.

전주 출신 전상률(全尚律)은 전라도 완도에서 활동하였다.

박태로(朴泰魯, 異名 : 泰老)는 전봉준의 선봉으로서 1894년 전라도 전주 점령에 참여한 뒤 전라도 보성에서 동학농민혁명에 참여하였다가 1895년 1월 체포되었다.

윤상홍(尹尙弘)은 1894년 3월 전라도 고부에서 기포한 뒤 전주 점령에 참여했다.

이창돈(李昌敦)은 1894년 5월 전라도 전주에서 집강소 활동을 전개한 후 같은 해 10월 논산·삼례전투에 참여했다.

5. 맺는 글

19세기 내내 몰락의 길을 걷던 조선의 위기가 최고조에 이른 것은 후반기였다. 정치·사회·경제적 모순과 외세의 침투 위협 등 변혁의 분위기로 조선의 위기는 극에 달하고 있었다. 18세기 이후 노론 일당의 전제화로 변칙 운영되어 오던 조선조의 정치는 19세기로 접어들면서 외척 세도통치 중심 체제로 변질되고 정치 기강의 문란은 극대화되었다. 이어지는 어린 국왕의 즉위로 국정을 위임받은 외척 세력은 독단적인 막강한 권력을 행사하며 과거제도의 비리, 모순, 매관매직의 악순환, 법도와 기강의 문란, 기근과 질병, 민심의 불안 등 정치·사회적 혼란을 초래하였다.[67]

조선 사회의 지배 이데올로기인 성리학은 그 본연의 임무를 망각하고 타락했을 뿐만 아니라 더 이상의 임무 수행이 불가능하였다. 더욱이 물밀듯이 몰려오는 서세에 대한 무방비적이고 무대책의 대응 역시 민심을 동요시키고 각 지역에서의 민중봉기의 원인이 되고 있었다. 이같은 19세기 전후부터 안팎으로 매우 혼란, 당혹하고 부패한 현실을 극복하기 위하여 이상적인 미래상을 제시하면서 메시아와 같은 수운 최제우의 동학은 새로운 희망으로 다가왔다. 누구나 한울님을 모시고 있다는 동학의 시천주의 만민평등의식과 보국안민, 제폭구민, 광제창생의 구국이념은 당시 조선 사회의 대내외적 위기를 민중 스스로 극복할 수 있게 하는 하나의 정신 구원적 원동력으로 다가왔다.

호남의 수부 도시이자 호남 문화의 중심지인 전주는 그 풍요로움 때문에 역설적이게도 탐학의 대상이 되었다. 언제나 관리들의 수탈과 착취의 대상이 되었던 전주는 조선왕가의 본향이라는 허울뿐인 허상의 도시였다. 그래서인가 동학의 접근도 조심스러울 수밖에 없었다. 다른 인근 지역의 상대적으로 풍성한 기록에 비하여 빈약한 포덕 상황의 기록이 이를 반증한다. 그럼에도 호남의 다른 지역 못지않게 뜨거웠던 지역이 전주였다. 전주는 그 정확한 참여 숫자는 알 수 없지만 삼례의 교조신원운동에도, 보은의 장내리 집회에서도 그리고 동학농민혁명에도 크게 참여하였을 것이다.

특히 북접에 소속되어 있음에도 불구하고 1차 기포 당시 전봉준 등과 백산대회와 황토현 전투 그리고 전주성 입성까지를 함께 참여하였으며 더러는 최후의 전투라고 하는 장흥 석대들 전투에까지 참여하였다. 이는 전주 지역민들의 의기와 동학정신의 충만성을 보여주는 것이라고 할 수 있다.

동학농민혁명 당시 전라도 각 군현 수령들의 탐학을 견디다 못한 농민들이 가장 먼저 생각해 낸 곳이 전라감영이었다. 전라감사는 왕의 대리자로서 백성의 원망을 해결해 줄 수 있다고 믿었기 때문이었다. 그러나 믿음은 배반으로 돌아왔다. 허망한 농민들은 이제 새로운 세상을 연다는 동학에 매료되었다. 들불처럼 전라북도에서부터 퍼져나간 호남의 동학은 그 중심도시인 전주로 집결하였다. 전라감영이 있는 전주성 점령은 동학군들의 상징과도 같은 사건이었다. 그것은 이곳이 더 이상 허상뿐인 조선의 본향이 아니라 사람이 사람답게 대접받는 개벽 세상의 도시임을 선언하는 전주 정신의 승리였다.

동학농민군의 전주성 점령과 전주화약에 관한 고찰*

성 강 현
동의대학교 사학과 겸임교수

1. 머리말

동학농민혁명은 우리 근대사를 바꾼 큰 사건이었다. 서세동점의 전환기적 상황에서 자주적 근대화를 추구했던 동학(東學)을 사상적 기반으로 전개된 동학농민혁명은 반봉건과 반침략의 기치를 걸고 1894년 1월부터 이듬해 초까지 전국적으로 전개되었다. 동학농민혁명을 통해 새로운 세상을 염원했던 민중들은 무능한 조정과 한반도를 자신들의 손아귀에 넣으려고 했던 일본군에 의해 좌절되었다. 동학농민혁명을 통해 새로운 세상을 만들고자 하는 민초들의 염원은 무참하게 짓밟혔지만, 동학농민군들의 염원은 민의의 확장이라는 측면에서 근대사를 바꾸는 자양분이 되었다.

동학농민혁명은 직접적으로 동학의 고부접주 전봉준이 군수 조병갑의 학정에 저항하는 것으로부터 시작되었다. 그러나 근본적으로는 동학농민혁명은 양난 이후의 사회경제적 변화에 해답을 제시하지 못하고 권력 장악에만 몰두한 정부, 매관매직 등으로 대변되는 관리의 부정부패의 만연, 개항 이후 노골화된 외세의 경제적 침탈에 대한 대응책 미비 등 당시 사회 근저에 내재된 요인들이 동학이라는 현실 중심적이고 사회변혁적 종교와 결합되면서 나타났다.

시천주(侍天主)의 본원적 인간 평등을 내세웠던 동학은 1880년대 후반 삼남 지방에 급속히 확산되었고 특히 1890년대에는 호남지역으로 번지면서 동학은 사회개혁적 요구를 반영할 수 있는 교단으로 성장하였다. 특히 1886년 프랑스와의 수교 이후 서학인 천주교 포교의 자유가 인정되는 상황에서 유독 탄압을 받았던 동학교인들은 교단 지도부를 향해 교조의 신원과 함께 사회 개혁을 조정에 건의할 것을 요구하였다. 이러한 교인들의 요구가 반영되어 교조신원운동이 일어났다. 1892~3년에 걸쳐 공주 · 삼례 · 한양 광화문 · 보은에서 연이어 전개된 교조신원운동은 시간이 갈수록 교조의 신원이라는 종교적 측면보다 사회 변혁에 대한 요구가 강조되었다. 하지만 이러한 동학교도의 요구에 대해 조정은 번번이 약속을 저버림으로써 동학도와 동학도의 주장에 호응하는 민중들의 원성은 커져 갔다.

동학농민혁명은 이러한 동학교도의 종교적 염원과 민중의 사회적 요구가 반영되어서 발생하였다. 동학농민혁명은 고부에서의 기포가 일단락되는 듯 했으나 안핵사 이용태의 만행으로 재점화되었다. 3월 20일 전봉준, 김개남, 손화중, 김덕명, 최경선 등은 무장에서 포고문을 선언하면서 혁명이 본격화되었다. 3월 26일 백산에서 전라도 일대의 190여 명의 동학 접주들과 수천 명의 동학군들이 결집하여 전봉준을 동도대장(東徒大將)으로 추대하고 '보국안민(輔國安民)'과 '광제창생(廣濟蒼生)'을 기치로 장도에 올랐다. 동학농민군은 황토현과 황룡촌 전투에서 관군을 격파하고 호남의 심장인 전주성으로 진격하였다. 조정에서는 홍계훈을 양호초토사로 임명하여 동학농민군을 토멸시키고자 하였으나 민중의 지지를 받고 있던 동학을 쉽게 진압할 수 없었다. 또한, 청군과 일본군의 상륙으로 인한 문제 등이 복합적으로 결부되어 홍계훈과 전봉준은 전주화약을 맺고 전주성을 관군에 내어 주고 전라도 일대에 집강소를 설치해 1차 목표를 달성하였다.

지금까지 동학농민혁명에 관한 연구는 많이 진행되었다. 그 가운데 동학농민군의 전주 입성과 전주성 전투, 전주화약에 관한 연구도 적지 않다.[1] 그러나 전주성 점령에 관한 연구는 최창묵의 연구를 제외하고는 동학농민혁명의 1차 기포 과정에서의 한 부분으로 전주 입성과 완산 전투 및 전주화약을 살펴본 연구가 주를 이루었다. 따라서 지금까지의 연구는 피상적으로 전주 입성과 전주성 전투, 전주화약을 다루는 데 지나지 않았다. 최창묵은 동학농민군의 전주 입성 과정에 관한 종합적인 연구를 진행하였지만, 관군과 동학농민군 나아가 제3자의 기록을 종합해 총체적으로 전주 입성의 과정과 전주화약 체결의 의미를 살펴보는 데까지는 나아가지 못하였다.

따라서 본 연구는 동학농민군이 기포 이후 전주 입성과 완산 전투 그리고 전주화약에 이르는 일련의 과정을 관군과 동학농민군의 기록, 그리고 제3자의 기록을 검토하여 전주 입성과 완산 전투, 그리고 전주화약의 체결 과정에 관한 실상을 살펴보고 그 역사적 의의를 고찰해 보고자 한다.[2]

2. 고부 기포와 전주성 점령

동학농민혁명은 1894년 1월 10일[3] 반봉건을 기치로 전라도 고부에서 전봉준에 의해 시작되었다. 고부의 동학도와 농민들은 고부관아를 습격해 학정을 일삼는 군수 조병갑을 징치(懲治)하려 하였다. 또한, 조병갑 학정의 상징인 만석보를 부수고 고부관아의 창고를 열어 백성들에게 나누어주었다. 전봉준의 기포를 사전에 인지한 조병갑은 도망쳤고, 신임군수로 임명된 박원명(朴源明)의 무마책으로 동학도와 농민들은 해산하여 기포는 일단락되는 분위기로 접어들었다.

그러나 고부 기포를 조사하기 위해 안핵사로 장흥부사 이용태(李容泰)가 파견되면서 분위기는 일순 바뀌었다. 이용태는 전라도 군민과 동학도에 대해 다음과 같은 인식을 갖고 있었다.

동학군(東學軍) 놈의 눈에는 왕사(王使)도 없다는 등, 고부(古阜), 전주(全州), 익산(益山) 등군(等郡)의 민란군(民亂軍) 놈들도 모두가 동학군(東學軍)들이라고 하며, 전라도(全羅道) 놈들은 모두가 동학군(東學軍)이며 전라도(全羅道) 놈들은 언는하면 민란(民亂)을 잘 일으킨다고 하며, 옳은 일이고 그른 일이고를 막론(莫論)하고 동학당(東學黨) 놈들은 모조리 때려잡아야 한다.[4]

이용태의 동학과 전라도 군민들에 대한 부정적 인식은 고부에 당도하자 현실화하였다. 이용태는 고부 기포(起包)를 조사한다는 명분으로 강압적으로 동학도와 고부 군민을 탄압하였다. 이용태의 동학도 탄압 과정을 오지영은 다음과 같이 설명하였다.

군중들이 해산하고 10일도 못 되어 역졸 800명을 거느리고 고부로 들이닥쳐 새로 부임한 군수 박원명에게 민란의 주모자를 찾아내라고 위협하며 역졸을 고부군내로 풀어 마을을 뒤지고 다녔다. 부녀자를 간음하고 재산을 약탈하며, 백성들을 마구 구타하고 고기 꿰듯 사람을 얽어갔다.[5]

이용태는 고부 기포를 주도한 전봉준, 김도삼 등 주모자의 집을 불지르고 고부 군민들을 동학도로 몰아 무지막지하게 탄압하였다. 이용태의 동학도 탄압의 배경에 대해 오지영은 "(이용태가) 하루는 무장 선운사에서 밥술이나 먹는 백성들을 잡아다가 동학군이라고 트집을 잡아 묶어서 서울로 올라오다가 손화중포 도인들의 손에 걸려 정읍 연지원 주막에서 매를 얻어맞고 도망질한 일이 있었다."[6]라고 하여 그의 동학 탄압 원인은 동학도에게 행패를 당한 개인적 경험에서 비롯되었다고 하였다. 안핵사 이용태의 만행은 "무력을 행사할지라도 꼭 과한 형벌만은 가해서는 안 될 것이니"[7]라는 조정의 방침과는 거리가 멀었다.

　이용태가 고부에서 만행을 저지르고 있을 때 고부 기포의 주모자인 전봉준과 핵심 인물들은 무장(茂長)으로 건너갔다. 무장에는 호남에서 가장 큰 동학 세력인 손화중포가 있었다. 3월 13일 무장에 당도한 전봉준 일행은 고부의 상황을 지켜보고 있었다. 그러나 이용태의 악행이 심해지자 전봉준은 호남 동학 조직 가운데 세력이 컸던 손화중과 김개남을 설득해 본격적인 기포를 도모하였다. 전봉준과 손화중, 김개남 등 호남의 동학 지도부는 3월 20일 무장포고문을 발표하고 본격적으로 혁명의 기치를 올렸다.

　　세상에서 사람을 가장 귀하게 여기는 까닭은 바로 사람에게 인륜이라는 것이 있기 때문이다. 군신부자(君臣父子)는 바로 인륜의 요체로 임금은 어질고 신하 된 자는 정직해야 하며, 아버지는 자애롭고 아들은 효성스러워야 하는 것이다. … 그러나 오늘날 신하 된 자들은 국가의 은혜에 보답할 생각은 않고 벼슬자리만 탐내며 총명을 가린 채 아첨을 일삼고 있다. 충간(忠諫)하는 말을 요언(妖言)이라 하고 정직한 사람을 도적떼라 일컫는다. 조정에는 국가를 도울 만한 인재가 없고 조정 밖에는 백성들을 수탈하는 관리들만 득실대고 있다. … 공경(公卿) 이하 방백(方伯) 수령(守令)에 이르기까지 국가의 위급함은 생각하지 않고, 한낱 자신을 살찌우고 제 집의 이익에만 몰두하여 벼슬에 나가는 것을 마치 재물이 생기는 길로 여기며, 과거보는 것은 온통 시장에서 장사하는 것으로 생각하여 허다한 돈과 뇌물이 국고로 들어가지 않고 도리어 개인의 창고를 채우고 있다. 우리들은 비록 시골에 사는 이름 없는 백성들이지만 임금의 땅에서 먹고 사는 까닭에 이러한 위급함을 좌시할 수 없어 팔도가 마음을 합치고 억조가 순의하여 지금 의(義)의 깃발을 치켜들고 보국안민을 위해 죽음의 맹서를 하였다.

甲午 正月 初三日 湖南倡義所 全琫準 孫和中 金開男[8]

이 무장포고문은 동학농민군의 기포가 유교적 질서를 파괴하는 데 있지 않음을 강조하였다. 이는 "공부자의 도를 깨달으면 한 이치로 된 것이요, 오 직 우리 도로 말하면 대체는 같으나 약간 다른 것이니라."[9]라는 수운 최제우 의 가르침을 따른 것이었다. 그리고 전라도 일대의 동학접주들에게 통문을 보내 백산으로 집결할 것을 통보하였다.

무장에서 기포한 전봉준의 일대(一隊)는 고창, 정읍을 거쳐 고부로 들어 갔고, 일대(一隊)는 사포와 줄포를 거쳐 3월 23일 저녁에 고부로 들어왔다. 동학농민군이 고부로 들어온다는 소식을 들은 안핵사 이용태 일행은 전주 로 도주하였다. 고부에 도착한 전봉준은 옥에 갇힌 고부 기포 가담자들을 석방하고 군기고를 열어 총창과 탄약을 수습하였다. 그리고 박원명과 이용 태에 협조한 이속들을 색출하여 처형하였다.

고부를 평정한 전봉준은 3월 20일 무장에서 보낸 통문의 집결지인 백산 으로 이동하였다. 백산에는 호남의 동학접주 186명을 포함해 수천 명의 동 학도와 백성들이 모여들었다.[10] 백산에 모인 전라도의 동학접주들과 백성 들은 대회를 열어 동학농민군의 조직 체제를 갖추었다. 동학농민군은 대장 (大將)에 전봉준(全琫準), 총관령(總管領)에 손화중(孫和中)·김개남(金開南), 총참모(總參謀)에 김덕명(金德明)·오시영(吳時泳), 영솔장(領率長)에 최경선 (崔景善), 비서(祕書)에 송희옥(宋喜玉), 정백현(鄭伯賢)으로 지휘부를 갖추었 다.[11] 혁명군 체제를 갖춘 동학농민군은 격문(檄文)과 강령인 4대 명의(名義) 와 군율인 12개 조 기율(紀律)을 반포하고 본격적인 혁명군으로의 위상을 갖추었다. 이때 반포한 격문(檄文)은 동학농민군 기포의 이유를 가장 간명 하게 담고 있다.

檄文

우리가 義를 들어 이에 이름은 그 본의가 단연 다른 데 있지 아니하고,
蒼生을 塗炭의 중에서 건지고 국가를 반석 위에 두자 함이라. 안으로 貪虐
한 官吏의 머리를 베고 밖으로는 橫暴한 강적의 무리를 驅逐하자 함이라.
양반과 부호 앞에 고통을 받는 民衆들과 방백 수령 밑에서 굴욕을 받는 小
吏들은 우리와 같이 寃恨이 깊은 자다. 조금도 주저치 말고 이 시각으로 일
어서라. 만일 기회를 잃으면 後悔하여도 미치지 못하리라.

甲午 正月 日

湖南倡義大將所 在白山[12]

3월 26일 고부 백산 대회에서 전주로의 진격을 결의한 동학농민군은 전
봉준을 총대장으로 정연한 기율 속에 백산에서 전주성을 향해 진군을 시작
했다. '보국안민(輔國安民)'과 '동도대장(東徒大將)' 기를 앞세우고 그 뒤에 오
색기를 벌려 각기 방향을 표시했다. 포사의 어깨에는 '궁을(弓乙)'을 붙이고
등에는 '동심의맹(同心義盟)' 넉 자를 붙였다. 전봉준 대장은 백립(白笠)에 백
의(白衣) 차림에 손에는 염주를 들고 입으로는 '삼칠(三七)' 주문[13]을 외며 지
휘했으며, 대오는 삼삼오오 진법에 따라 질서 정연하게 태인현 용산면 화호
로 진격하였다.[14]

3월 29일 백산을 출발해 태인을 거쳐 4월 4일 부안에 들어와 있던 동학농
민군은 6일 아침 8시경부터 부안을 빠져나오기 시작하여 고부의 도교산(道
橋山)으로 향하였다. 이날 전라감사 김문현(金文鉉)은 영장(領將) 이광석(李
光錫), 초군(哨軍) 이재섭(李在燮)·송봉암(宋鳳巖) 등에게 명하여 별초군(別抄
軍) 250명과 보부상 수천 명으로 구성된 감영군을 동학농민군이 모여 있는
도교산으로 파견하였다. 동학농민군과 감영군은 황토산(黃土山)에서 맞닥

뜨렸다.

(가) '어제 오시(午時)경에 태인·부안 두 읍에 모인 동도(東徒)가 본군(고부-필자 주)의 도교산으로 이동하여 주둔하였습니다. 그때 전라 감영에서 파견한 병사·별초군(別抄軍)·보부상 등과 전투가 벌어졌으나, 감영에서 파견한 병사들이 마침내 패전하여 사망한 자들이 매우 많았습니다. 저들은 곧바로 정읍현의 연지원(蓮池院)으로 향하였습니다'라고 합니다. 당초에 신영(新營)의 병사와 각 읍의 포군(砲軍)이 각처 요새를 나누어 지키면서 경군(京軍)이 내려오기를 기다리더니, 흉악한 저 두 무리(태인·부안의 동학농민군-필자 주)이 함께 한곳에 주둔하여 비록 그 모임은 오합지졸과 같지만, 그 형세는 벌떼가 일어나는 것과 같습니다. 어제 인시(寅時, 오전 3~5시)경에 그들이 사방으로 포위하여 돌격함에 신영의 군사가 패전을 당하여 도리어 저들의 살해를 입었으니 더욱 분하고 통탄스럽습니다.[15]

(나) 接戰 時間은 豫定대로 하게 되어 約束과 같이 茂長假粧軍이 先發隊가 되었었다. 先發隊들은 健壯한 거름으로 氣運있게 내달아 바로 中峰을 向하여 나아가며 一聲의 砲響을 發하였다. 이때 東陳에서도 따라 應炮를 하였었다. 先發隊는 連해 放砲하여 東陳을 거쳐 드러간다. 先發隊의 뒤를 따른 負商軍과 官兵들은 可笑롭다는 生覺으로 乘勝長驅로 如踏平地로 쫓아 들어간다. 先發隊가 가는대로 疑心 없이 막 뒤덮어 들어갔다. 中峰의 허리를 지나 中峰의 꼭대기까지 거침없이 들어섰다. 東學軍의 陣地는 이미 비워둔 만치 東學軍은 다 쫓겨 달아났다는 生覺으로 함부로 들어 덤비었다. 한참 이리할 즈음에 그 山 東西北 三面으로 나누어 隱身하였든 東學軍들은 一時에 에워싸며 官兵의 뒤를 짓처 들어섰다. 이겼다고 安心하고

있던 官兵들은 忽地에 狼敗를 當하야 꼼작도 못하고 滅亡을 當하였고 略干 逃亡한 軍士들은 또 伏兵을 만나 陷沒을 當하였다. 그 伏兵은 어떤 사람이냐하면 그들은 別 사람이 아니라 어제 白山에서 扶安길로 나누어가던 一派인데 그밤으로 돌아와서 그 山 前後左右 要緊處에 몇 千名式 埋伏하였던 그 軍士들이라. 潰散하던 官兵과 負商軍은 다 죽어버리고 살아 돌아간 者 不過 數十名이 되지 못하였었다.[16]

(가)는 황토현 전투에 관한 관군의 기록이고, (나)는 동학농민군의 기록이다. 관군의 기록에는 황토현의 전투 상황이 기록되어 있지 않고, 동학농민군의 공격으로 사상자가 많이 발생하였다는 정도였다. 반면에 동학농민군은 기포 이후 관군과의 첫 전투인 황토현 전투 전황을 자세하게 기록하고 있다. 특히 전봉준이 가장대(假裝隊)를 편성해 관군에 진입시켜 관군을 교란시킨 후 삼면에서 공격하여 대승을 거두었다고 기록하고 있다.

양측의 기록을 종합해 보면, 황토현 전투는 4월 6일 오후 4시경부터 시작되었다. 전투 소식이 알려지자 부안, 정읍, 태인 등지에 산재해 있던 동학농민군들도 도교산으로 이동하여 합세하였다. 그러나 본격적인 전투는 야간에 이루어졌다. 동학농민군은 50명의 총수(銃手)를 남원부에서 보낸 원병으로 위장시켜 감영군으로 들여보내는 데 성공하였고, 정부군이 잠이 들자 안팎에서 관군 공격을 개시하였다. 밤새 치러진 황토현 전투는 4월 7일 새벽 4시경에 승패가 갈렸는데, 동학농민군이 정부군을 크게 격파하였다. 동학농민군은 정부군 영관 이곤양(李昆陽) 등 780명을 전사시키는 대승을 거두었다. 정부군은 오합지졸로 경멸하였던 동학농민군에 참패하였다. 황토현에서 대승을 거둔 동학농민군은 이날 오후 2시에 정읍의 연지원과 모천 변에 진을 쳤다. 황토현에서 동학농민군이 승전한 소식이 알려지자 정읍의 관

리들은 모두 도망가 버리자 동학농민군은 정읍에 무혈입성해 죄수를 방면하고 무기를 갖추었다.[17]

황토현 전투에서 승리는 동학농민군의 사기 진작은 물론 민심이 동학농민군 쪽으로 쏠리게 하는 계기가 되었다. 동학농민군을 추적했던 일본 특파원(特派員)은 동학농민군의 친 농민적 성격을 다음과 같이 기사화하였다.

　고부에서 전주로 진행하는 때에는 구경꾼이 군집하여 오히려 그들을 환영하는 것 같았고, 또 혼잡 때문에 논밭을 밟아 황폐(荒弊)하게 하는 것을 보고 농작물(農作物) 해치는 것을 경계했으며, 또한 이런 하찮은 물건이라도 그것을 구입(購入)할 때는 반드시 현금으로 지불하는 것 등에 의해 지방민에 있어서는 다소의 이익이 되기도 해서, 위로 조금이라도 위해(危害)를 끼칠 염려가 없다며 일반 완민(頑民, 통치자를 잘 따르는 백성) 사이에서는 대단히 평판이 좋았다.[18]

위의 기사에서 알 수 있듯이 동학농민군은 농작물을 훼손하지 않았고 물건을 구입할 때는 반드시 대금을 치르는 등 백성에게 피해가 가지 않게 하여 농민들로부터 좋은 평판을 받았다. 이는 동학농민군이 대부분 농민들로 구성되어 자신의 삶의 기반인 토지와 농사를 소중히 여기는 농민의 마음을 갖고 있었기 때문이었다. 이러한 동학농민군을 농민들은 환영하였다. 이는 농민을 수탈하던 정부군과는 완전히 다른 모습이었다. 이러한 동학농민군에 관한 호의는 고부 군민들의 의식에 그대로 드러났다. 고부현 운동면(宮洞面) 석지리(石池里)에 사는 박문규(朴文圭, 1879~?)는 『석남역사(石南歷事)』에서 "만약 병정들이 이겼다면 고부는 도륙(都戮)되었을 것이다. 천운이 망극하여 병정들은 검사봉(劍死峯)에 진을 쳤다가 패진(敗陣)했다"[19]라고 적었다. 고부의 향반이던 박문규의 기록은 정부에 대한 호남 일대의 민심이 어떠하였는지를 상징적으로 보여준다. 정부군이 승리하면 고부 군민들이 모두 살육되었을 것이라고 우려하면서 동학농민군의 승리가 천운(天運)이라고 할 정도였다.[20]

동학농민군이 기포하자 전라감사 김문현은 조정에 중앙군인 경군을 보내 달라고 요청했다. 조정에서는 홍계훈을 양호초토사로 삼고 장위영병 800명을 기선에 태워서 군산으로 보냈다. 4월 3일 홍계훈은 인천에 도착해 병력을 점검하고 이튿날인 4일 4척의 병선에 병력 800명과 군수물자, 대포를 싣고 인천항을 출발했다. 4척의 병선 가운데 청의 순양함 평원호(平遠號)가 포함되어 있었는데 이는 동학군 토벌과 관련해 조정과 청이 협의하고 있었음을 보여준다. 4월 5일 원세록(元世祿)을 태운 창룡호(蒼龍號)와 이두황(李斗璜)을 태운 한양호(漢陽號)는 군산포에 도착하였고, 다음 날인 6일에는 평원호의 홍계훈 부대도 군산포에 도착, 임피(臨陂)로 이동하여 숙영하였다. 홍계훈이 이끄는 경군은 군산에 도착하자마자 황토현 전투에서 감영군이 참패했다는 소식을 듣고 크게 위축되었다.[21]

전봉준은 정읍을 장악한 이튿날인 4월 8일에는 흥덕·고창을 석권하였고, 9일에는 파죽지세로 무장현에 돌입하였다. 무장으로 들어온 동학농민군은 고산봉에 포진하여 향후 대책을 논의하였다. 무장을 점령한 이후 동학농민군은 1차 목표인 전주가 아닌 남쪽으로 선회하여 영광과 함평으로 내려갔는데 여기에는 두 가지 이유가 있었다. 하나는, 경군(京軍)에 대한 두려움이 작용하였다. 황토현에서 전라감영군에게는 승리했지만, 서울에서 내려온 중앙군인 경군은 왕의 군대로 잘 조직되었다는 인식이 동학농민군에 있었다. 다음으로, 세력 확장을 위해서였다. 동학농민군은 남행을 통해 동학농민군을 확충하고 조창을 장악해 군량미를 확보하기 위함이었다. 함평에서 북상을 결정한 동학농민군은 4월 21일에 장성으로 들어왔다. 동학농민군은 4월 23일 오후 1시경에 장성 황룡촌에서 관군과 전투를 벌였다.

> (다) 우리 군사가 장성(長城)의 월평(月坪)에 도착하자 저들(동학농민군-필자 주) 또한 마침 황룡촌(黃龍村)에 이르러, 차츰 서로 접전하여 한바탕 전투가 벌어졌습니다. (우리 측에서-필자 주) 극로백(克虜伯, 크루프 소총)을 한 번 발사하자 저들 중 맞아 죽은 자가 약 수백 명이 되었습니다. (동학농민군-필자 주) 10,000여 명은 악에 받쳐 들고 일어나 목숨을 돌보지 않고 죽기를 각오하고 돌격하여, 30여 리를 쫓아오는데 저들은 많고 우리는 수가 적은 관계로 우리 군사는 지쳐 쓰러지면서 창황하게 본진으로 돌아왔습니다. 그러나 우리가 쫓겨 올 때 대관 이학승이 분발하여 칼을 들고 뒤에서 홀로 싸우다가 병정 5명과 함께 저들에게 살해당하였다고 하니, 참혹하고 놀라움이 막심합니다. 극로백 1좌와 회선포(回旋砲) 1좌 및 실탄 얼마는 잃고 말았으니 매우 분하고 한스럽습니다.[22]

> (라) 長城 地界에 到達하자 忽然 山北便길로서 洪將後軍 一隊의 兵을 만나 싸우게 되었다. 東學陣中에서 미리 준비하였던 대로 만든 장태 數十臺를 山地頂上으로부터 내리 굴리어 官軍을 射擊함으로 官軍은 미처 精神을 收拾할 사이도 없이 厮殺을 당하여 洪軍將官 李敎應, 裵根煥 二名과 官兵 百餘名을 沒死시키고 大砲 三門과 洋銃 百餘介를 빼앗았다.[23]

(다)는 관군의 기록, (라)는 동학농민군의 기록이다. 황룡촌 전투에 관해서는 관군의 기록이 더 상세하게 기술되어 있다. 그러나 『동학사』 초고본에서는 황룡촌 전투에 관해 위의 간행본보다 자세히 기술하였다.[24] 오지영

은 간행본에서 황룡촌 전투에 관한 내용을 간략하게 정리해서 기술하였는데 그 이유는 알 수 없다.

황룡촌 전투는 장성의 황룡면 월평리 황룡강변에서 점심을 먹고 있는 4천여 명의 동학농민군을 발견한 이학승(李學承)이 경군 별동대 700명을 동원해 기습을 가하면서 시작되었다. 동학농민군은 갑작스러운 경군의 습격에 4~50명의 전사자가 발생하자 일시 후퇴하였다. 그러나 전열을 정비한 동학농민군은 산꼭대기에서 바퀴를 단 큰 장태에 총수를 넣은 기관총 같은 무기를 굴리며 경군을 압도하자 전세가 역전되어 경군에서 5명의 전사가 발생하였다. 동학농민군의 기세에 밀린 경군은 무기를 버리고 영광으로 퇴각하고 말았다. 이 전투에서 별동대를 지휘하던 이학승도 전사하였다.

경군이 동원된 황룡촌 전투는 세인의 예상보다 싱겁게 동학농민군의 승리로 끝났다. 황룡촌 전투에서 동학농민군은 야포와 기관총 각 1문, 탄약, 양총 1백여 정 등을 포획하였다. 앞선 황토현에서의 전승이 전주감영군에 대한 승리였는데 비해 황룡촌에서의 승리는 중앙군인 경군에 대한 승리였기 때문에 동학농민군의 사기는 더욱 높아졌다. 동학농민군은 장성 일대를 석권한 다음 폐정개혁을 위한 13개조를 새로 부임한 전라감사 김학진(金鶴鎭)에게 요구하였다.

동학농민군은 4월 23일 황룡촌 전투에서 승리한 직후 전사자 등을 장례 지내고 전주를 향해 출발하였다. 장성에서 출발한 지 이틀만인 25일에 동학농민군은 정읍으로 다시 진입하였다. 정읍에 들어간 동학농민군은 이 지역의 대표적인 탐관인 초토영(招討營) 운량감관(運糧監官) 김평창(金平昌)의 집에 난입하여 가산을 파괴하고 전곡과 의복을 모두 탈취하였다. 이렇게 탈취한 가산은 팔아 동학농민군의 경비에 쓰거나 비축해 두기도 했다.[25] 동학농민군은 탐관 김평창을 처단한 후 정오 무렵에 전주로 들어가는 길목인 원평으로 향하였다.

　동학농민군은 원평에서 고종의 효유문을 가지고 온 이효응(李斅應)과 배은환(裵垠煥)을 처단하였다. 이들은 양호초토사 홍계훈의 수하로 영광에서 동학농민군을 염탐하는 임무를 맡았었는데, 홍계훈의 명령으로 고종의 윤음(綸音)을 가지고 전봉준을 찾아왔다.[26] 하지만 전봉준은 고종의 효유문을 거들떠보지도 않고 이들을 처형해 버렸다.[27] 이들에 대한 처형은 동학농민군이 황룡촌에서 '왕의 군대'인 중앙군, 즉 경군을 이긴 자신감에서 비롯되었다. 왕의 군대인 경군과 싸워 이긴다는 것은 혁명 초기에는 상상할 수 없는 일이었다. 그러나 황룡촌 전투에서 승리하자 동학농민군의 의식은 크게 변하여 새로운 세상을 만들 수 있다는 자신감에 차 있었다.

　동학농민군은 황룡촌에서 경군을 격파한 후 호남의 중심지인 전주를 향해 빠르게 북상하였다. 동학농민군이 원평에 도착했다는 소식을 듣고 다급해진 전라감사 김문현은 "초토사가 지금 이곳에 있지 않은데, 저들의 선봉이 이미 원평에 도착했습니다. 수하에 병졸 1명도 없어 성을 지킬 일이 매우 당황스럽고 어찌할 줄을 모르겠습니다. 강곤(康梱), 강진의 병사가 오늘 일찍 출발했습니다"[28]라는 보고를 정부에 올렸다. 김문현의 보고에서 알 수 있듯이 당시 전주성은 거의 무방비 상태였다. 전라감사 김문현은 4월 18일에 파직을 당했고, 신임 감사인 김학진(金鶴鎭)은 아직 부임하지 않고 있었다. 양호초토사 홍계훈은 동학농민군 토벌을 위해 전라 감영군은 모두 데리고 가서 전주성에는 동학농민군을 방어할 군사가 턱없이 부족했다.

　동학농민군은 4월 26일 전주에서 30리 정도 떨어진 두정(豆亭)과 삼천(三川)에 도착하여 숙영하였다.[29] 이튿날인 4월 27일 전봉준이 이끄는 동학농민군은 전주성을 향해 돌진하였다. 동학농민군의 전주성 점령 과정에 관한 양측의 기록은 다음과 같다.

(마) 다시 여러 갈래로 자세히 탐문하니 감사와 판관은 저들이 돌진하여 온다는 말을 듣고 급히 군사들을 동원하여 주민과 함께 사대문을 지키게 하였다고 합니다. 그러나 적당(賊黨, 동학농민군)들이 갑자기 사방으로 포위해 오는 기세가 맹렬하여 성을 지키던 포군(砲軍)들이 겨우 한 발의 포를 발사하였더니 놀라 사방으로 흩어졌습니다. 그러나 뒤에 다시 적당이 돌진하여 모두 서문으로 들어왔습니다. 적의 우두머리(전봉준-필자 주)는 선화당을 점거하고 다른 도당들은 나누어 사대문을 지키니, 성안의 백성과 아전·군교·노비·사령·남녀 노약자가 미처 피해 나오지 못하고 적의 화염 속에 빠진 자가 많아 그 수를 알지 못하였습니다. 대체로 이 전주성이 삽시간에 함락된 것은 감영이나 전주부의 관속이 내응(內應)하는 자가 많았기 때문입니다. 판관은 조경묘의 위패와 경기전의 영정을 받들고 동문 밖으로 나갔다고 합니다.[30]

(바) 이때는 4월 27일 전주 서문 밖 장날이라 무장 영광 등지로부터 사잇길로 사방으로 흩어져 오던 동학군은 장꾼들과 함께 싸이어 미리 약속이 돼 이미 시장 속에 들어와 있었다. 때는 午時쯤 되자 場터 건너편 용머리 고개에서 一聲의 大砲소리가 터져나오며 수천방의 총소리가 일시에 장판을 뒤덮었다. 瞥眼間 亂砲 소리에 놀란 場軍들은 정신을 잃어버리고 뒤죽박죽이 되어 헤어져 달아났다. 西門으로 南門으로 물밀듯이 들어가는 바람에 東學軍들은 장꾼들과 같이 섞여 문안으로 들어서며 한편 고함을 지르고 한편 총질을 하였다. 西門에서 把守 보던 병정들은 어찌된 까닭을 몰라 엎어지며 자빠지며 도망질을 치고 말았다. 삽시간에 성안에도 모두 다 東學軍의 소리요, 성 밖에도 또한 東學軍의 소리다. 이때 全大將은 완만히 대군을 거느리고 西門으로 들어와 座를 宣化堂에 定하니 어시호 全州城은 이미

陷落이 되었다.[31]

　(마)는 홍계훈의 보고이고, (바)는 오지영이 지은 『동학사』의 기록이다. (마)에서는 동학농민군이 전주성 입성을 시도하려 하자 일단 포를 쏘아 동학농민군을 해산시켰으나 재차 돌진하여 손쓸 새도 없이 점령당했다고 적고 있다. 이는 관군이 동학농민군의 전주성 입성을 막으려고 시도했다는 부분을 강조하였음을 알 수 있다. 반면에 (바)에서 서문밖 장날 동학농민군의 침투, 용머리고개에서 포 사격, 서문과 남문으로 진격 등 전투의 상황이 상세하게 기록되어 있다. 따라서 전주성 전투에 관해서는 동학농민군의 기록이 정확하게 기술되었다고 하겠다. 동학농민군이 전주성을 공격한 4월 27일은 서문밖 장날로 동학농민군들은 장사꾼으로 변장하여 수천 명이 손쉽게 전주성으로 들어갔다. 정오경에 동학농민군은 용머리에서 대포를 쏘는 것을 신호로 수천 발의 총을 쏘며 서문 쪽에서 본격적으로 공격을 개시하였다. 전주성은 위장해서 미리 들어간 동학농민군과 내통한 관속들에 의해 쉽게 열려 동학농민군은 별다른 저항 없이 전주성으로 들어갔다. 동학농민군이 전봉준의 지휘 아래 순식간에 전주성을 장악하고 전주감영의 선화당을 차지하자 성안의 아전과 군교 등이 미처 전주성을 빠져나오지 못하고 동학농민군에 사로잡혔다.

　동학농민군이 공격을 개시하자 전라감사 김문현과 판관, 영장 등 감영의 관원들은 모두 동문 밖으로 달아났다. 감사 김문현은 공주의 충청감영으로 달아났고, 판관 민영승은 도주하면서 조경묘의 참봉 장교원과 박봉래가 숨긴 태조 이성계의 영정을 가로채 위봉사 대웅전에 모셔놓고 영정 보호의 명분을 만들기에 바빴다. 영장 임태두도 민영승과 함께 위봉산성으로 도주하였다. 이렇게 감영의 관원들이 제 한 몸 지키기에 급급해 전주성을 빠져나가자 동학농민군은 큰 전투도 하지 않고 전주성으로 무혈입성하다시피 하였다. 김문현은 도망가면서 동학농민군이 성을 타고 들어오는 것을 막기 위해 서문 밖 민가 수천 채를 불질렀다.[32]

전주성에 입성한 전봉준은 전주감영 선화당을 차지하였다. 전주성을 점령한 동학농민군은 엄격한 규율을 유지하며 성내 주민들을 위무하였다. 길에서 부녀자가 혹시 넘어지는 일이 있더라도 동학농민군들이 직접 일으켜 세우지 않고 길가의 아동들에게 부축하여 일으켜주도록 하였다. 이는 동학농민군이 부녀자를 겁탈하는 관군과 다른 정의의 부대라는 것을 인식키기 위해서였다. 또 농민에게 부지런히 농사를 지어 모내기할 때를 놓치지 말라고 타일렀다. 이렇게 농민군들이 백성들 편에 서자 전주성을 점령한 27일 오후에는 성내 장시에는 사람들이 평상시와 마찬가지로 왕래하였고 온 성안의 주민들이 모두 화합하였다.[33] 동학농민군은 전주성을 장악한 후 성안에서 검가와 검무를 추었으며, 옷감을 거두어들여 오랫동안 갈아입지 못한 겨울옷을 벗고 여름옷을 새로 지어 입었다.[34]

동학농민군이 전주성의 질서를 잡아가는 도중에 일부 동학농민군이 이교(吏校), 노령(奴令), 민인(民人)들을 살해하고 약탈 및 폭행을 저지르는 일이 다수 발생하였다. 동학농민군 가운데 관속과 민인에 대한 과거의 원한이 있었던 이들은 폭력을 휘두르고 몰래 부호를 납치해 협박하여 재화를 빼앗는 일이 발생하였다. 이러한 일부 동학농민군의 행동을 전해 들은 전봉준은 동학농민군을 소집하여 전라 일대 농민들의 원성의 대상이었던 전 감사 김문현, 전 전운사 조필영, 전(前) 균전사(均田使) 김창석(金昌錫), 전(前) 고부 안핵사(古阜 按覈使) 이용태 등 4명을 효수한 후에 해산하겠다고 선언하면서 동학농민군이 개인적인 원한풀이나 악행을 그만둘 것을 설득하였다. 전봉준 등 지도부는 기포의 대의를 강조하며 질서 유지를 위해 노력하였기 때문에 다행히 이후 큰 사건이 일어나지는 않았다. 특히 전주 출신의 동학 접주 서영두(徐永斗)는 동학농민군의 폭력을 막고 민중과 동학농민군 사이를 중 재하는 등 전주성 내의 질서를 유지하는 데 큰 역할을 하였다.[35]

요컨대 전봉준이 이끄는 동학농민군은 조병갑의 학정을 기회로 고부에 서 기포하였다. 그러나 안핵사 이용태의 만행으로 무장에서 포고문을 발표 한 후 백산대회를 통해 명실상부한 동학농민군을 편성해 혁명의 장도에 올 랐다. 이후 황토현에서 전라감영군을 격퇴하고, 황룡촌에서 경군을 격파하 여 사기를 진작시키고 곧바로 전주성으로 향하였다. 전주성을 지키던 김학 진이 동학군의 위세에 눌려 도망치자 전봉준은 전주성에 무혈입성해 혁명 의 1차 목적을 달성하였다. 동학농민군의 전주성 입성에 관한 관의 기록은 관군이 동학농민군을 막으려 했다는 내용만 강조되었고 동학농민군의 기 록에는 전주성을 무혈입성하는 과정이 상세하게 기록되어 있어 동학농민 군의 기록을 통해 전주성 점령 당시의 실상을 파악할 수 있다.

3. 전주성 입성과 완산 전투

전주성을 점령한 동학농민군은 전라감영 선화당에 지휘본부를 정하고 전주성의 4대문을 지키면서 홍계훈의 경군을 대비했다. 전주는 전라도의 수부(首府)요, 조선왕조의 태생지로 중요시하였는데 전주성이 동학농민군 에 점령당하자 조정에서는 경악을 금치 못하였다. 조정에서는 전주를 점령 한 동학농민군이 서울로 상경할 것을 염려해 이에 대한 대책 마련에 분주하 였다. 청나라에 원병을 요청하는 것도 그중의 하나였다. 홍계훈은 군산에 도착한 직후인 4월 10일 청에 대한 원병 요청을 조정에 건의하였다. 동학농 민군의 전주성 점령으로 위기감을 느낀 고종은 원로대신들의 반대에도 불

구하고 4월 30일 원세개(袁世凱)에게 공식적으로 동학농민군 토벌을 위한 원병을 요청하였다.[36]

완산 전투는 홍계훈이 전주성에 도착한 4월 28일부터 전주화약이 체결된 5월 8일까지 전주성을 지키려는 동학농민군과 이를 차지하려는 관군과의 사이에 있었던 공방전을 의미한다.[37] 군산에 도착해 전주성에 들어갔던 홍계훈은 동학농민군을 뒤쫓아 영광까지 내려왔다. 그리고 계속해서 동학농민군의 뒤를 쫓던 홍계훈은 동학농민군이 전주성을 함락한 시각에 태인현에 있다가 이날 저녁 늦게 금구현에 도착하였다. 전주성에 홍계훈이 도착한 것은 이튿날인 4월 28일 진시(辰時), 즉 오전 7시경이었다. 홍계훈은 전주성으로 바로 진격하지 않고 전주성이 내려다보이는 완산에 진을 쳤다. 완산에서 동학농민군의 상황을 파악한 홍계훈은 전주성 탈환을 위한 공격을 시작하였다. 전주성을 둘러싼 관군과 동학농민군의 첫 전투는 이렇게 시작되었다. 이날의 전투에 대한 양측의 기록은 다음과 같다.

(사) 완산(完山)에 진을 치고 대포 3방을 성안으로 쏘았더니 동학군들이 서문과 남문을 열고 수천 명이 나왔다. 남문으로 나온 적도는 백포장으로 앞을 가리고 산의 남쪽으로 올라오고, 서문으로 나온 적들은 춤추듯이 뛰어 산의 서쪽으로부터 올라왔다. 성안에 있는 적도들은 성벽 위에 늘어서서 관군을 향해 대포를 쏘아대고 있으니 탄환이 비 오듯 하였다. 동쪽 언덕에 있는 관군이 일제히 발포하니 적도 가운데 갑옷을 입고 환도(環刀)를 차고 혹은 천보총(千步銃)을 가진 30여 명이 앞으로 먼저 올라오다가 탄환에 맞아 쓰러졌다. 또 서쪽 언덕에 있는 관군이 역시 일제히 총을 쏘니 적도들이 돌아서서 달아나므로 쫓아 대포를 쏘아 수백 명을 사살했다. …… 신 홍계훈 자신이 몸소 갑옷을 두르고 10수 명의 군졸을 거느리고 남쪽 성 아래

에 이르러 화포를 계속 쏘았으나 문첩(門堞)이 견고하여 격파할 수가 없었다. 적들이 성 위에 엎드려 포환을 연발하였는데 때마침 해가 저물어 극히 공격하기도 어려워 부득이 본진으로 돌아왔다. 이날 술시(戌時)에 적도들이 성 내외에 방화하여 민가를 연소하니 불꽃이 하늘에 솟아 차마 볼 수 없는 참상이었다.[38]

(아) 洪將은 할 일 없이 完山 七峯(全州 南山)에 陣을 치고 東學軍과 싸워 兩軍의 死傷者가 많았었고, 慶基殿(李太祖 畫像 모신 집)과 鎭營 等이며 西門 밖 장터의 數千의 民家는 모두 火炎 中에 들어갔었다. 이와 같이 여러 날을 두고 싸우던 중…[39]

(사)는 홍계훈이 전주성에 도착한 이후의 첫 전투를 보고한 내용이고, (아)는 오지영의 기록이다. 홍계훈은 전투 상황을 시간대별로 상세하게 기술하고 있지만, 오지영은 완산 전투 전체에 대해 "여러 날을 두고 싸우던 중"이라고만 적었을 뿐 완산 전투의 횟수와 과정에 관해서는 기술하지 않았다.

28일의 완산 전투에 관한 내용은 관의 기록이 상세한 데 비해 동학농민군 측의 기록이 소략하기 때문에 홍계훈의 기록을 중심으로 이해되고 있다. 홍계훈의 기록을 바탕으로 28일의 전투를 재구성하면 다음과 같다. ① 전투의 시작은 홍계훈이 대포 3발을 완산에서 성안으로 쏘면서 시작되었다. ② 홍계훈의 대포에 대응해 동학농민군이 서문과 남문을 열고 홍계훈군이 주둔한 완산으로 돌진하였다. ③ 관군의 발포로 동학농민군 수백 명이 사살되었고 결국 수세에 몰려 후퇴하였다. ④ 승기를 잡은 홍계훈군은 곧바로 전주성 공략에 돌입하였다. ⑤ 동학농민군이 보루 위에 올라가 일제히 관군에 대항하였다. ⑤ 성곽에서 전투가 치열하게 전개되었으나 해가 저물어 홍계훈군이 후퇴하였다. 결과적으로 홍계훈은 전주성을 공격해서 수백 명을 사살하는 전과를 올렸다고 강조하였다.

그러나 첫 완산 전투에 관한 홍계훈의 기록을 신뢰할 수 없다. 왜냐하면 완산 전투에 관해 이와는 다르게 제3자의 입장에서 기술한 기록이 있기 때문이다. 제3자의 입장이었던 황현의 『오하기문』에는 완산 전투에 관해 다음과 같이 서술하였다.

> 28일 아침 계훈은 완산에 진을 쳤다. 오전 무렵에 적 수백 명이 남문을 나와 빙 둘러서 투구봉으로 향하다가 경병에게 패하여 죽은 자가 수십 명이요, 도망한 자가 수백 명이었다. 이때 바퀴가 달린 대나무 장태를 빼앗았다. 오후에 경병이 서문 밖의 민가 800~900채를 불태웠다.[40]

황현의 기록을 보면 홍계훈의 기록에 과장이 있음을 알 수 있다. 황현은 전주성에서 나온 동학농민군이 수백 명에 지나지 않았고 사상자도 수십 명에 불과하다고 기술하면서 동학농민군이 수세에 몰렸지만 큰 타격을 입지는 않았다고 하였다. 이렇게 홍계훈이 완산 전투를 과장해서 보고한 이유는 초토사로서 자신의 공적을 과시해 동학농민군의 전주 입성을 막지 못한 책임을 회피하려는 의도가 다분하였음을 알 수 있다.

첫 완산 전투에 관한 기록을 종합해 보면 홍계훈군이 우세하였지만, 동학농민군이 홍계훈군에 맞서 성문을 닫고 굳건히 지키고 있어서 동학농민군을 압도할 정도는 아니었다. 이는 홍계훈의 기록에서도 확인할 수 있다. 홍계훈이 전투에서 압도적인 우위를 차지했다면 해가 지더라도 공격을 계속했을 것이다. 그러나 홍계훈이 부대를 철수시킨 것은 동학농민군의 기세가 등등해 자신의 병력으로는 승리할 수 없었기 때문이었다. 첫 전투는 동학농민군의 사상자가 수십 명 발생했지만, 전주성을 굳건히 지켰다는 점에서 대등한 전투가 이루어졌다고 할 수 있다. 이후 홍계훈은 적극적으로 전주성을 공략하지 않고 중과부적을 핑계로 장기전을 펼치면서 원병을 기다렸다. 그러면서 전주성을 공략하기 위한 사다리와 충차(衝車)를 만들도록 지시하였다.

완산 전투에 관한 기록에서 또 하나 주목할 만한 것은 전주성 인근의 민가 소실 부분이다. 홍계훈은 민가와 관아 건물을 동학농민군이 모두 소실하였다고 보고하였다. 반면에 동학농민군은 관군에 의해 전주성 안이 화염에 휩싸였다고 기록하고 있다. 앞에서 언급하였듯이 전주성 민가 소실은 김문현이 동학농민군의 전주성 입성을 막기 위해 27일에 일차로 자행했다.[41] 황현은 『오하기문』에서 28일의 전주성의 민가 소실은 홍계훈군의 소행이라고 명확하게 적고 있다. 28일의 전투는 홍계훈의 말대로 '전주성을 장차 함락시킬' 정도로 치열하게 벌어졌고 홍계훈은 전주성 안의 동학농민군을 물리치기 위해 서문 주변의 민가에 불을 질렀다. 홍계훈이 자신이 저지른 민가의 방화를 동학농민군의 소행이라고 보고한 것은 관군의 전투 행위를 정당화하고 동학농민군이 전주부민에게 피해를 준 비도라고 몰아가려고 했음을 알 수 있다.

두 번째 전투부터는 관군과 제3자의 기록만 있을 뿐 동학농민군의 기록은 보이지 않는다. 따라서 두 번째 전투부터는 관군과 제3자의 기록을 중심으로 설명할 수밖에 없다. 두 번째 전투는 이튿날인 29일에 동학농민군의 선공으로 시작되었다. 동학농민군이 관군을 공격하기 위해 성 밖을 나섰다. 동학농민군이 북문을 나와 황학대를 쳐다보며 공격하자 관군이 회전식 기관포를 발사하여 동학농민군 백여 명이 피해를 보고 성안으로 물러났다. 관군이 연이어 승리하자 동학농민군 가운데 이탈자가 일부 발생하기도 하였다. 두 차례에 걸친 싸움에서 동학농민군은 수백 명의 사상자를 내었고, 4월

30일에는 성안에서 나오지 않았다.[42]

세 번째 전투는 5월 1일에 동학농민군의 선공으로 이루어졌다. 동학농민군이 남문을 나오자 홍계훈은 회전식 기관포를 쏘아 동학농민군 수백 명이 살상되었다.[43] 유리한 고지를 점령하고 있었고 신식 무기를 갖추고 있던 홍계훈 부대는 동학농민군과의 전투에서 연승하고 있었다. 하지만 홍계훈은 쉽게 전주성을 공략하지 못했는데 이는 동학농민군의 수가 워낙 많았고 저항이 완강했기 때문이었다. 관군과의 전투에서 동학농민군이 연패하자 이탈자들이 생겨났지만 소수에 지나지 않아 큰 변수는 되지 않았다.

조정에서는 동학농민군을 토벌하기 위해 병력을 증원하였다. 고종은 4월 30일 이원회(李元會)를 순변사(巡邊使)로 임명하고 평양의 장병 500명과 통위영 포대 장병에게 대포를 휴대시켜 전주로 보냈다. 2일에도 동학농민군은 서문을 열고 몰려나와 용머리 고개에 진을 치고 있던 관군을 공격하려고 했으나 관군이 대포를 계속 발사하자 많은 사상자만 내고 되돌아왔다. 네 번째 전투는 크게 전개되지는 않았다.

전주성 점령 후 관군과의 전투에서 연패하자 동학농민군의 상황은 나빠졌다. 관군이 날로 증가하고 있었고 사방이 포위되어 외부로부터의 도움이 끊겼다. 동학농민군의 사기가 꺾이고 홍계훈이 이간책을 쓰자 동학농민군 가운데 성을 넘어 도망치는 자들도 속출하였다. 이렇게 동학농민군이 수세에 몰리자 전봉준은 직접 전투에 참여하기로 하였다.

다섯 번째 전투는 5월 3일에 이루어졌다. 이날의 전투가 가장 큰 규모의 전투였다.

이번 초삼일 신시(申時)경 적도(賊徒) 수천 명이 북문에서 나와 용머리 고개 서쪽 봉우리를 향해 달려왔으므로 우리 진영에서 일제히 화포를 쏘아

한바탕 사살하고 동학군의 대장기를 빼앗았다. 거물급인 김순명(金順命)과 동장사 이복용(李福用)을 사로잡아 참하였고 적군 5백 명을 사살하였으며 총검 등 5백여 자루를 노획하였다.[44]

동학농민군의 기록이 없어서 비교할 수 없지만, 홍계훈의 기록에 따르면 3일 동학농민군이 북문을 나와 용머리 고개를 향해 달려 올라오자 홍계훈 군은 화포를 쏘아 동학농민군을 격퇴하고 대장기를 빼앗았으며 김순명, 이복룡을 체포해 참수하였다고 기록하였다. 홍계훈은 이날 전투에서 5백 명을 사살하고 총검 5백 점을 노획하는 등 큰 전과를 올렸다고 기록하고 있다. 관군의 기록을 보완해 줄 수 있는 것이 황현의 『오하기문』의 기록이다.

3일 적은 북문으로 나왔다. 선봉에 선 이복룡은 커다란 깃발을 세우고 유연대를 거쳐 황학대를 지나 곧바로 완산으로 올라갔다. 이들은 마치 굴비를 꿰듯 한 줄로 늘어서서 진격하였으므로 다만 좌우의 상황만 살필 수 있었을 뿐, 앞뒤의 상황은 알 수 없었다. 이때문에 앞서가던 사람이 꼬꾸라져도 뒤에 오는 사람들은 알지 못한 채 용기를 내어 봉우리를 기어오르며 더욱 기세등등하였다. 계훈은 칼을 뽑아 손에 들고 큰소리로 병사들을 독려하였고 경병은 연달아 대포를 쏘았다. 복룡이 포탄에 맞아 거꾸러졌으나 죽지 않았는데 경병이 재빨리 달려가 복룡의 목을 베어버렸다. 적은 기세가 꺾이고 도망친 자가 300여 명이었고 200여 명은 머리가 잘렸다.[45]

이날의 전투에 관해 황현은 홍계훈보다 상세하게 기술하고 있지만, 수치를 제외하면 크게 다르지 않다. 홍계훈은 500명을 사살했다고 하였지만 황현은 200명이었다고 기록하고 있어 홍계훈이 동학농민군의 사살자를 부풀

렸음을 알 수 있다. 홍계훈은 김순명과 이복용을 함께 참수하였다고 하였지만 황현은 이복룡의 참수만 기록하고 있다. 이날의 전투에서 동학농민군은 큰 피해를 보았음은 틀림없다. 그러나 동학농민군은 기세는 다소 꺾였지만 와해될 수준은 아니었다. 동학농민군은 3일의 전투 이후 전주성을 나오지 않고 수비에만 치중하였다. 홍계훈의 관군도 완산에서 진을 치고 쉽게 전주성을 치지 못하였다. 이렇게 전주성을 둘러싼 공방전은 소강상태에 빠졌다.

동학농민군이 전주성을 점령한 이후 5차례에 걸쳐 전주성과 완산에서 전투가 있었다. 기록을 종합하면 5차례의 전투에서 홍계훈이 이끄는 관군이 우세하였다. 그런데도 홍계훈은 섣불리 전주성 내의 동학농민군을 공격하지 않았다. 4월 28일의 첫 전투를 제외하고 홍계훈군은 전주성의 동학농민군을 직접 공격하지 않고 동학농민군이 전주성을 나와 완산의 홍계훈군을 공격하면 이에 대항하는 소극적인 방식으로 일관하였다. 그리고 자신의 전투 성과를 크게 부풀려 조정에 보고하였다.

완산 전투에서 연승을 하고 있었지만 홍계훈이 전주성의 동학농민군을 공략하지 못한 이유는 다음의 몇 가지로 볼 수 있다. 첫째, 동학농민군의 수가 압도적으로 많았기 때문이다. 1만 명에 달하는 동학농민군이 전주성에 있었기 때문에 전주성을 공략하기가 쉽지 않았다. 이는 홍계훈이 스스로 중과부적을 말하며 원병의 요청에 주력하였음을 통해 확인할 수 있다. 둘째, 동학농민군의 기세 때문이었다. 홍계훈은 동학농민군의 기세가 관군보다 훨씬 강하다는 인상을 받았다. 홍계훈은 1894년 7월 24일 『동경조일신문(東京朝日新聞)』의 「초토사(招討使)의 득의담(得意談)」에서 "그들은(동학농민군-필자 주) 이 일전을 최후라고 작정하여 옆도 쳐다보지 않고 피를 밟고 시체를 넘어 무이무삼(無二無三)으로 공격해 왔으며"라고 동학농민군의 기세를 칭찬하였다. 또 "적병은 탄환이 비 오듯 하는 것도 아랑곳하지 않고 매번 창검을 흔들고 소리를 지르며 분투 진격해 오는 용감함에 이르러서는 실로 느끼는 바가 있다."라고 하여 동학농민군의 결사 항전의 자세에 감동받았다고 말하였다. 홍계훈은 자신이 지휘하는 관군에 비해 동학농민군이 무기에서는 열세였지만 동학이라는 신앙을 밑바탕으로 한 기세를 관군이 당해내기 어렵다는 것을 완산 전투에서 확인하였다. 셋째, 관군의 사기 저하이다. 홍계훈 부대가 군산에 도착했을 때 전라감영군이 황토현에서 패했다는 소식을 듣고 이탈자가 많이 발생하였다. 그 후 황룡촌 전투에서 패하자 도주하는 자가 절반 정도였다고 할 정도로 사기가 저하되어 있었다. 전주성에 도착하여 완산 전투에서 몇 차례 승리하였지만, 관군의 사기는 그리 높지 않았다. 이런 상황에서 홍계훈은 수동적인 작전을 할 수 있을 뿐이었다. 홍계훈의 부대가 첫 번째 전투를 제외하고 동학농민군을 선제 공격하지 않았는데 이는 홍계훈군의 규모도 작았지만 사기도 높지 않았기 때문이었다. 넷째, 관군보다 동학농민군에게 민심이 유리하게 작용했기 때문이었다. 동학농민군이 주장하는 폐정개혁안은 당시 농민들의 요구를 반영한 것이어서 민심은 관군보다는 동학농민군 편이었다. 특히 홍계훈은 4월 11일 전주에서 영장 김시풍을 동학군과 내통했다고 효수하는 등 전주부를 뒤져 의심가는 자를 잡아 처형하였다. 특히 김시풍의 참수에 대해 전주부민들의 불만이 많았다. 그리고 홍계훈군이 각지에서 보급품을 배당한 것도 민심이 돌아서는 원인이 되었다. 요컨대 전주 입성에 관해서는 동학농민군의 기록이 상세하게 기록되어 있다. 따라서 전주 입성에 관해서는 동학농민군의 기록을 바탕으로 실상을 파악하여야 한다. 이어진 완산 전투에 관한 기록은 관군의 기록이 상세하게 되어 있다. 그러나 관의 기록 가운데 홍계훈의 기록은 부풀려졌음을 제3자의 기록을 통해 확인할 수 있다. 따라서 완산 전투에 관해서는 관의 기록과 제3자의 기록을 참고해야 실상을 제대로 파악할 수 있다.

4. 폐정개혁 요구와 전주화약

홍계훈은 동학농민군과 전투를 하면서 한편으로는 전주성 내의 부민과 동학농민군을 분리시키고, 동학농민군에서 이탈시켜 숫자를 줄이려고 항복을 권유하는 회유책을 썼다. 그는 5월 1일 동학농민군을 향해 「효유문」을 보냈는데 그 내용은 다음과 같다.

효유문(曉諭文)

아! 너희들은 모두 국가의 적자(赤子)로서 전명숙(전봉준-필자 주)의 허탄하고 음흉한 말에 속아 현혹되어 스스로 용서할 수 없는 죄에 빠지는 줄도 모르니 통탄스럽고 애석하다. 너희들의 그간 정형으로는 천벌을 받아야 하며 심지어 윤음을 가지고 가는 관원까지도 살해하여 스스로 역적이 되었으니 말이 여기에 미침에 귀신과 사람들이 함께 분하게 여긴다. 너희들이 다행히 뉘우쳐 귀화하고 사설을 물리치고 정도를 보위하면 이는 이른바 사람은 누가 허물이 없을 수 있으랴마는 (허물을) 고치는 것이 선(善)함이 되는 것이다. 위협에 따른 사람은 다스리지 말라는[脅從罔治] 옛 훈계가 있으니 너희들은 빨리 의기(義氣)를 내어 소위 전명숙이란 자를 잡아 군문에 보내서 왕법을 바르게 하고 정상대로 위에 보고하면 상등의 상으로 시행하여 특별히 공로를 가지고 속죄하는 뜻을 보일 것이다. 전에 이미 여러 번 타일렀으나 아직 아무런 보답이 없으니 갈수록 더욱 통분할 일이다. 만약 한결같이 현혹되는 데로 향하여 (우리의 말을) 따르지 않으면 다시 애석할 것이 무엇이 있겠는가? 남김없이 다 섬멸하기를 마지않을 것이다. 나는 두 번 말하지 않을 것이니 모두들 알지어다.[46]

그리고 이튿날인 5월 2일에는 성안의 관속들에게도 다음과 같은 전령을 보냈다.

이른바 동학의 무리는 마땅히 저들 무리에 들어가야 하지만 그 밖의 사람들은 모두 무고한 평민들이다. 이때를 당하여 평민들이 의심하고 두려워하여 다시 흩어지니 형세는 그렇게 될 수밖에 없었을 것이다. 진실로 평민들은 비록 두려워하고 겁내는 속에서도 또한 통분해 하는 마음은 있다. 각각 그 거주지와 성명을 기록하여 책을 만들어서 일제히 우리 진영이 주둔한 장소에 와서 대기하라. 비록 감영이나 전주부의 군교 아전 관노 사령의 무리로 말하더라도 혹 비류에 아부한 자는 마땅히 적발하여 법대로 할 것이고 화를 피하려고 목숨을 도모한 자는 확실히 무고한 자들이다. 군교는 군교대로, 아전은 아전대로, 관노는 관노대로, 사령은 사령대로 각각 명찰을 써서 몸에 붙여 일일이 우리의 부대 앞에 대기하게 하라. 이들을 타이르기 위하여 우리 진영에서 군교 한 사람을 별도로 정하여 내보내니 마땅히 모두 다 알아라.[47]

홍계훈은 동학농민군의 수가 많아서 전주성을 공략하기에 어려움을 느끼자 동학농민군의 수를 줄이기 위해 자신들에게 귀화를 권유하는데 그치지 않고 전봉준을 잡아 공로를 세워 속죄하라는 이간책을 썼다. 그리고 전주성에서 미처 빠져나오지 못한 구실아치들에게 동학농민군에 관한 정보를 소상히 기록하여 전주성 수복 이후를 대비하라고 전령을 내렸다. 홍계훈의 이간책에 실제로 전주성 안에서는 전봉준을 체포하려는 움직임이 있었다.[48] 그러나 전봉준은 전주성 내의 동학농민군을 잘 회유하여 결속을 지켜나갔다. 그렇지만 일부 동학농민군은 성을 넘어 도망치기도 하였다.

5월 4일에 홍계훈은 전봉준이 죽었다는 내용의 「제사(題辭)」[49]를 발표했는데 이는 전주성 안의 동학농민군과 전주성으로 들어오는 동학농민군을 이간시키기 위한 방책이었다. 홍계훈은 전봉준을 구원하기 위해 전주성으로 몰려드는 각지의 동학농민군에게 전봉준이 이미 죽었으니 항복하라는 거짓 내용을 담은 제사를 발표해 동학농민군이 자중지란에 빠지도록 만들려고 하였다. 5월 5일에는 다시 한번 「효유문」[50]을 보내 전주부민들을 동학농민군과 분리해 관군들의 편으로 끌어들이려 하였다. 이처럼 홍계훈은 동학도와 전투를 벌이면서 성안의 전주부민과 동학농민군을 회유하여 자신의 편으로 끌어들이고 이를 통해 동학농민군의 세력을 약화시키려고 하였다. 또 전봉준이 죽었다는 거짓 소문을 퍼뜨려 동학농민군이 자멸하도록 유도하였다. 하지만 전봉준이 전주성 내에서 선무를 잘하고 있었고 부민들이 동학농민군을 신임하고 있었기 때문에 홍계훈의 이간책은 큰 효과를 거두지 못하였다.

동학농민군의 전주 입성과 완산 전투로 인해 전주부에는 막심한 피해가 발생했다. 관군의 민가 소실과 홍계훈군의 포격으로 인해 전주부의 전라감영 부근의 10리 안의 부민들은 모두 피신해 인적의 왕래가 끊겼다. 연이은 공방전으로 인해 전주부민들의 신음은 커졌다. 사태가 장기화하자 동학농민군도 정부군과의 장기전이 실리가 없다고 판단하였다. 또한, 청군과 일본군의 국내 출병은 상황을 급변시켰다. 특히 청국군의 원병을 요청한 장본인이었던 홍계훈은 청국군 차입에 따른 문제로 인해 압박을 받고 있었다. 동학농민군 입장에서도 청국군과 일본군의 국내 유입은 '보국안민'을 중시하는 동학농민군의 거병 명분을 위협하는 사태였다. 그리고 동학농민군 대부분이 농민으로 농번기로 접어드는 가운데 해결책을 찾아야 했다. 이러한 복합적인 이유로 동학농민군은 홍계훈에게 휴전을 제의하였다.

동학농민군은 5월 4일 '제중생등의소(濟衆生等義所)'의 명의로 홍계훈에게 화의하자는 내용을 담은 「피도소지(彼徒訴志)」를 전달하였는데 그 내용은 다음과 같다.

彼徒訴志

우리도 또한 선왕의 유민(遺民)이니 어찌 바르지 못한 마음으로 위를 범하려는 마음을 가지면서 천지 간에 호흡을 하려고 하겠습니까? 우리들의 이 거사는 놀라운 일이지만 군사를 동원하여 백성들을 도륙한 것은 누가 먼저 하였습니까? 옛날 관찰사가 허다한 양민을 살육한 것은 생각하지 않고 도리어 우리의 죄악만을 말합니다. 교화를 펴는 관찰사와 백성을 기르는 수령이 오히려 양민을 많이 죽였으니 죄가 아니고 무엇입니까?

가짜 관인으로 방문을 부치는데, 그 관인을 도장이라 할 수 있습니까? 태공(太公, 흥선대원군)을 받들어 나라를 감독하게 함이 이치가 마땅한데 어찌하여 불궤(不軌, 역적)의 살해라고 합니까? 선유(宣諭)하는 종사관을 살해하였으나 윤음은 보지 못하고 다만 적을 토벌하기 위하여 군사를 모집한다는 문자만 보았습니다. 만약 그것이 사실이라면 어찌 이런 일이 있을 수 있습니까?

완영에다 대고 대포를 발사한 것을 도리어 우리의 죄라고 말하는데, 사또(홍계훈)께서 대포를 발사하게 하여 경기전을 훼손한 것이 예사로운 일이며 가한 일입니까? 군사를 동원하여 죄를 묻는다고 하면서 무죄한 백성들을 살해함이 가합니까? 성에 들어가 병기를 수집한 것은 몸을 방어하고 생명을 보존하기 위한 것에 불과한 것입니다. 원한이 있는 자에게는 반드시 보복하고, 그들의 묘를 파고 재물을 토색질하는 짓은 우리가 가장 미워하고 금하는 것입니다. 탐관이 비록 학정(虐政)을 하지만 나라에서는 듣지 못하고 백성들이 보존하기 어려운 상황에서 탐관들을 하나하나 베어 없애는 것이 무엇이 죄가 됩니까?

완산은 나라의 중한 곳이거늘 봉산(封山)에 진을 쳤고 산을 훼손하는 일은 법에서 금하였거늘 합하(閤下)에서 고의로 범하는 것은 무슨 뜻입니까? 느끼고 깨우쳐 속죄해야 할 방법은 합하께서 선처하여 임금께 보고하는 것이니, 우리 백성들을 한번 돌아보기를 바랄 뿐입니다. 우리의 말은 여기에 그칩니다.[51]

동학농민군 호소문의 주요 내용은 '첫째, 거병도륙(擧兵屠戮)한 것은 지방관들이었고, 둘째, 대원군을 모셔 감국(監國)케 하는 것은 이치가 매우 합당한 것으로 역모(逆謀)가 아니며, 셋째, 경기전(慶基殿)에 방포(放砲)한 것은 관군이고, 넷째, 전주성을 점령한 것은 다만 목숨을 지키기 위한 자구책이며, 다섯째, 그동안의 보복행위와 굴총(堀塚)과 재물을 빼앗은 일은 우리도 매우 증오하며, 여섯째, 초토사가 선처하여 임금에게 보고해 주기를 바란다.' 등이었다. 특히 경기전 방포의 책임을 홍계훈에게 지적하며 자신들의 보복행위 잘못을 인정하며 임금에게 선처를 보고해 달라는 저자세로 협상을 요구하였다. 이를 계기로 동학농민군과 홍계훈은 몇 차례 교섭을 진행했다.

5월 3일의 전투에서 큰 피해를 입었던 전봉준은 전투 직후 홍계훈과의 협의를 통해 문제를 해결하려고 하였다. 피도소지와 전령을 보내 홍계훈의 심중을 알아보고 홍계훈으로부터 긍정적인 신호를 받은 6일부터 협의가 본격화되었다.[52] 홍계훈은 동학농민군이 귀화한다는 말을 믿을 수 없다고 하여 동학농민군을 섬멸한다는 방침을 굽히지 않았다는 전보를 5일 날짜로 보낸 것을 보면 휴전 논의는 4일 동학농민군이 보낸 피도소지(彼徒訴志)를 계기로 시작되었음을 알 수 있다.[53] 홍계훈은 전봉준의 협의 요청을 받고 5월 7

일 공사청에 "어제 미시에 적이 두 사람을 보내어 귀화하게 해달라고 호소하면서 비록 물러가 해산하려고 해도 거리에서 사람들이 구타할까 염려가 된다고 하기에 양민으로 적의 협박에 못 이겨 따른 자는 마땅히 논하지 않을 뜻으로 타일러 보냈습니다."라는 전보를 보냈다. 홍계훈은 처음에는 동학농민군을 믿을 수 없다고 하면서 협상에 부정적이었지만, 동학농민군이 해산한다고 하면 집으로 돌아갈 수 있도록 해주겠다는 7일의 전보 내용을 보면 동학농민군과 화의를 하겠다는 의중을 알 수 있다.

홍계훈이 동학농민군과의 협의를 받아들인 것은 우선 앞에서 언급한 청국군의 차입과 일본군의 유입의 영향이 컸다. 차병의 장본인으로서 동학농민군과의 화의를 통해 철군의 명분을 만들어야 했다. 다음으로 신임 전라감사 김학진(金鶴鎭)의 역할도 컸다. 김학진은 서울을 떠나면서 고종으로부터 폐정개혁과 동학농민군의 선무에 대하여 상당한 재량권을 위임받았다. 김학진은 삼례에 머물면서 청국군과 일본군의 출병으로 인해 대외적 위기가 고조되는 상황에서 동학농민군에게 폐정개혁을 약속하고 해산을 설득하였다.[54] 이때 결정적인 역할을 한 인물은 전라감사 김학진의 수하인 김성규였다. 실사구시의 실학 학풍을 계승한 김성규는 전봉준과 김학진의 화의를 추진한 것으로 알려져 있다.[55] 이후 김성규는 동학농민군의 집강소 설치에 협조하였다. 전주화약으로 설치된 집강소는 관민상화(官民相和)를 추구하였는데 김학진과 김성규는 이의 모범을 보인 인물이었다.

이렇게 몇 차례의 논의를 거치면서 5월 7일 동학농민군은 정부군에 그동안 줄기차게 주장해온 동학의 신원을 포함한 27개 조의 폐정개혁에 관한 청원을 국왕에게 전달해 달라고 요구하였다.[56] 이때 제시한 폐정개혁안 가운데 14개 조가 전봉준의 판결문에 포함되어 있다.

1. 轉運所를 革罷할 것

2. 國結을 가하지 말 것

3. 褓負商 作弊를 금할 것

4. 도내 환전을 舊 監司가 거두어 갔은즉 민간에 다시 徵收하지 말 것

5. 大同米를 상납하기 전 각 浦口의 米穀貿易을 금단할 것

6. 洞布錢은 每戶 춘추 2냥씩 정전할 것

7. 貪官汚吏는 아울러 罷免시킬 것

8. 위로 임금을 옹폐하고 賣官賣職하고 국권을 농간하는 자를 아울러 축출할 것

9. 官長이 된 자는 해 경내에 入葬할 수 없으며 또 水田을 만들지 말 것

10. 田稅는 전례에 따를 것

11. 煙戶雜役을 감성할 것

12. 포구 魚鹽稅를 혁파할 것

13. 보세 및 宮畓은 시행하지 말 것

14. 각 고을의 원이 내려와 民人의 산지에 勒票하고 偸葬하지 말 것[57]

또 김윤식(金允植)의 『속음청사(續陰晴史)』에 24개 조항이 수록되어 있다.

1. 轉運營의 조복은 해당 읍으로부터 상납하던 것을 복구할 것

2. 均田官의 幻弄한 陳結은 백성을 해치는 것이 크니 革罷할 것

3. 結米는 구대동법에 의하여 복고시킬 것

4. 군전은 春秋에 每戶 1냥씩으로 정할 것

5. 還米 가운데 전 감사가 거두어들인 것이 있는데 재징하지 말 것

6. 某處를 물론하고 洑를 축조하고 收稅하는 것을 혁파할 것

7. 각 읍 地方官이 답을 사고 본 읍에서 용산 하는 것을 法律에 의해 勘
處할 것

8. 각 읍 시정 각 물건의 分錢收稅와 도매 명색을 혁파할 것

9. 公錢의 犯逋에 천금이면 곧 殺身贖罪하고 族戚에 배정하지 말 것

10. 私債의 年久者를 관장을 끼고 勒捧하는 것을 금단할 것

11. 列邑吏屬처에 任債를 받고 출차하지 말고 엄금할 것

12. 勢力을 가지고 남이 먼저 쓴 무덤을 빼앗는 자는 사형에 처하고 징려
할 것

13. 각 浦口의 무미상은 禁斷할 것

14. 각 포구의 魚鹽稅錢은 시행하지 말 것

15. 각 읍의 각고 物種은 시가에 따라 취용할 것

16. 각 읍의 貪官汚吏는 아울러 罷黜할 섯

17. 東學人을 무고 살육하고 관계된 사람을 가둔 자는 일일이 신원할 것

18. 電報는 민간에 폐가 많으니 撤罷 할 것

19. 褓負商 잡상이 作黨 行悖하는 것을 영원히 혁파할 것

20. 凶年의 白紙徵稅는 하지 말 것

21. 煙役別 분정가렴조는 아울러 革罷할 것

22. 結上頭錢 고전명색이 해마다 증가하니 아울러 시행하지 말 것

23. 京營兵 邸吏料米는 舊例에 따라 減削할 것

24. 賑庫 즉 일도 내 人民의 진고이니 곧 革罷할 것[58]

동학농민군이 주장한 폐정개혁안의 핵심은 '동학도의 신원, 민씨 척족의
퇴진, 대원군 정권의 수립, 가렴주구에 반대하여 심정을 비롯한 조세 바로
잡기, 탐관오리의 축출, 농촌 장시 질서 회복과 사채 무효화 등 빈민들의 생

활환경 개선, 독점상인 및 외국 상인의 폐해 개선' 등으로 분류할 수 있다. 동학농민군은 구체적 실천의 차원에서 지방 관리의 응징과 농촌 경제의 활성화를 요구하였다. 홍계훈은 이러한 동학농민군의 폐정개혁안을 고종에게 보고하였다.[59]

5월 7일 홍계훈은 충청감영에 "요즈음 적의 동정은 귀화하기를 애걸하지만, 야간에 도망치는 자가 많을까 걱정스럽습니다. 청나라 군사가 상륙하면 그들을 접대하는 일이 극히 어려울 것입니다. 오고 오지 않는 것은 조정의 처분에 달려 있으나 아무튼 이곳의 동정을 보고 출발하는 것이 좋을 듯합니다. 비가 내리는 일이 계속되니 온 장병들의 젖는 것이 걱정스럽습니다."[60] 라는 전보를 보냈다. 이 전보에서 홍계훈은 청병의 차입과 군사의 장기 노숙을 이유로 마지못해 동학농민군의 요구를 수용해야 한다는 심정을 은연중에 밝히고 있다. 이날 홍계훈은 「효유문」을 통해 동학농민군과의 협정이 이루어졌음을 알렸다.

효유문

어리석은 백성들이 꼬임과 협박을 당해 비록 일찍이 점차 물들었을지라도, 곧바로 후회하고 무기를 거두어 가져온 각자의 읍에 반납하고 이전의 본업으로 돌아간다면, 이는 양민(良民)이다. 반드시 주리(州里)에서 더욱더 어루만지고 위로하여, 허물이 없는 사람과 똑같이 다루어 그들이 편안히 살 수 있도록 하라. 혹시라도 이전의 과실을 지목하여 스스로 반성하고 새로워지려는 길을 막지 말아야 한다.[61]

홍계훈은 5월 8일 동학농민군의 요구조건인 폐정개혁안을 수용하는 조건으로 '전주화약(全州和約)'을 체결하였다. 홍계훈은 동학농민군과의 전주화약을 공개적으로 언급하지는 않았는데 이는 그의 글을 보면 명확하게 드러난다.

(자) 적도들이 싸움에서 여러 번 패한 이후로 첨예한 기세가 꺾여 비록 호소하는 정상이 있고 계속 귀화하기를 애걸하지만 그 정형은 헤아릴 수 없고 믿을 수도 없습니다. 또 적도가 매우 많고 성첩은 견고하고 완전하니 적을 가벼이 여길 수 없습니다. 좀 더 생각해야 할 무렵에, 적도들이 동문과 북문의 두 문을 따라 도주하는 자가 있다고 들었습니다. 당일 사시경에 300여 개의 사다리를 만들어 성 밖에 가까이 세우고 병사들로 하여금 일제히 성을 넘어서 남문을 활짝 열게 하였습니다.[62]

(차) 이와 같이 여러 날을 두고 싸우던 中 忽然 바라보니 東學軍 一隊는 金溝 院坪으로부터 淸道院고개를 넘어 完山 七峰 西南 方面으로 들어오고 또 一隊는 淳昌에서 任實 等地를 거쳐 萬馬關으로 들어 完山의 東南 方面으로 에워싸는 바람에 官兵은 於是乎 四面 受敵에 困在垓心이며 兼해 糧道가 끊어져 어찌 할 수 없는 地境에 들어섰다. 洪將은 一邊으로 東學軍陣에 向하여 休戰하기를 請하고 一邊으로 政府에 報告하였다. 이때 政府에서는 議論를 거듭한 結果 官民이 서로 싸우는 것보다 講和로써 하는 것이 옳다 하고 全羅監司는 金鶴鎭으로 任命하고 또 按檢使 嚴世永을 特派하야 한 가지 全州에 내려왔다. 政府 側은 동학군 則에 向하야 여러 가지 弊政改革案을 提出케 하여 此를 앞으로 實施하기로 誓約을 定하고 兩方이 서로 退兵하게 하였다.[63]

(자)는 정부 측 기록이고, (차)는 동학농민군의 기록이다. (자)의 정부 측

기록을 살펴보면 '전주화약'이라는 표현이 드러나지 않는다. 다만 동학농민 군이 자신의 과오를 반성하므로 살 길을 마련해 주었다는 표현으로 화의가 체결되었음을 은유적으로 효유문에 담았다. 이는 조정의 입장을 대표하는 자신이 동학농민군의 요구를 수용해 화약을 체결했다는 내용을 담는 것은 결과적으로 동학농민군의 기포를 인정하는 것으로 내용에 담을 수 없었기 때문이다. 다만 "이전의 과실을 지목하여 스스로 반성하고 새로워지려는 길 을 막지 말아야 한다."라거나 "병사들로 하여금 일제히 성을 넘어서 남문을 활짝 열게 하였습니다."의 완곡한 표현을 쓰고 있다. 이는 동학도들을 역도 라고 보는 조정의 입장이 반영된 표현이다. 즉, 역도와 화약을 맺는 것은 성 리학적 가치에 부합하지 않기 때문에 화약을 맺었음에도 화약이라고 기록 하지 않았다. 그러나 정부 측의 기록과 달리 동학농민군 측의 기록인 〈차〉에 는 "폐정개혁안(弊政改革案)을 제출(提出)케 하여 차(此)를 앞으로 실시하기 로 서약"하였다는 내용으로 전주화약을 맺었다는 것을 명확히 밝혔다.

「전봉준판결선고서」에는 전주화약의 과정에 관하여 "초토사가 격문을 지어 성 안으로 던지고 피고 등의 소원을 들어줄 터이니 속히 해산하라고 효유하였습니다. 이에 피고 등은 전운소를 혁파할 것, …… 등등 27개조를 내어 가지고 국왕에게 아뢸 것을 청하였더니 초토사가 즉시 승낙하였습니 다."라고 하여 전주화약이 양측의 합의에 의해 이루어졌음을 밝히고 있다. 동학농민군은 폐정개혁안을 시행하겠다는 정부 측의 맹약을 받고 양쪽이 같이 병력을 후퇴시켰다고 하였다.

전주화약은 동학농민군과 관군의 입장이 서로 맞아떨어졌기 때문에 맺 어졌다. 조정의 입장에서는 청군과 일본군을 돌려보내기 위해서는 동학농 민군을 해산시켜야 했으나 홍계훈의 관병은 전주성 내의 동학농민군을 해 산시킬 수 있는 능력을 갖고 있지 못하였다. 그리고 동학농민군 측에서는 보리 수확과 모내기 준비에 바쁜 농번기의 도래와 오랜 객지 생활의 어려움, 전주성 전투의 패전이라는 내적인 요인과 보국안민이라는 혁명의 목적과 상치된 외병의 차입 등이 해산의 명분이 되었다. 전주화약으로 우리 역사상 처음으로 관민상화(官民相和)의 통치기구인 집강소가 설치되었다. 집강소는 9월 재기포 때까지 전라도 일대에서 폐정개혁을 시행하는 활동을 전개하였다. 오지영의 『동학사』에 나타나는 폐정개혁안 12개조는 전봉준과 김학진과의 협의에서 최종적으로 결정된 것으로 보인다.

동학농민군은 전주성에 극로백 1좌와 회선포 1좌, 실탄과 각 읍에서 탈취한 군기(軍器)인 총·창 1,000여 자루와 불랑기(佛狼機) 대포 24좌와 연환(鉛丸) 10두, 화약 1,000여 근과 그 나머지 활·화살·갑옷·투구·군도·도끼를 두고 물러 나왔다. 이렇게 동학농민군이 무기를 놓고 철수했다는 것은 홍계훈과 화약이 맺어졌음을 보여주는 내용이다.

그러나 홍계훈의 전주화약은 궁극적으로는 동학농민군을 속이기 위한 전술적 선택이었다는 의심을 갖게 하는 대목도 있다. 이는 다음의 글에서 확인할 수 있다.

> 군사를 거느리고 성안으로 들어가 한편으로는 공격하고, 한편으로는 도망치는 자를 쫓아갈 때에 적도들이 동문과 북문을 나와 머리를 싸매고 사방으로 흩어지니 모두 실탄에 맞아 부상을 입은 자들이었습니다. 일일이 잡아들이라는 뜻으로 특별히 각 읍에 명령하였고 또 몇 부대의 병력을 파견하여 보내서 뒤를 쫓아 섬멸할 계획입니다.[64]

전봉준과 홍계훈 사이에 전주화약이 체결된 이후 동학농민혁명은 집강소 시대로 접어들었다. 전주화약 이후 전봉준은 전주성을 빠져나와 각지를 순회하며 집강소 운영 현황을 살폈다.

　요컨대 전주화약은 완산 전투 와중에 청국군과 일본군의 차입, 오랜 노숙에 따른 피로 등 정부측의 입장과 완산 전투 패배로 인한 사기 저하와 이탈, 농번기의 도래, 외국군의 차입에 따른 명분 약화 등 동학농민군의 입장이 반영되어 체결되었다. 다만 정부에서는 화약이라는 용어는 사용하지 않고 원론적인 용어를 사용하였다. 동학농민군은 폐정개혁안 27개조의 시행을 약속 받고 화약을 체결하고 전주성을 관군에게 넘겨 주었다.

5. 맺음말

　이상에서 관군과 동학농민군, 그리고 제3자의 기록을 통해 동학농민군의 고부 기포와 본격적인 첫 전투인 황토현전투부터 전주화약까지를 살펴보았다. 먼저 각각의 기록이 몇 가지 특징이 있었다.

　첫째, 관군의 기록에 비해 동학농민군의 기록은 수나 내용 면에서 소략하다. 이는 동학농민혁명에 관한 서술이 관군의 기록을 중심으로 이루어지는 경향으로 나타난다. 동학농민혁명이 실패로 종결되면서 동학농민군 지도부가 사살되어 기록을 남기기가 쉽지 않았다. 동학농민혁명에서 생존한 이들의 기록이 일부 있지만 수가 많지 않다. 이마저도 혁명이 끝나고 10년 이상의 시간이 경과한 이후 서술되어 사료로서의 가치도 의심받고 있다. 따라서 동학농민혁명에 관한 기술은 관의 기록을 중심으로 이루어져 있다.

　둘째, 동학농민혁명의 전주 입성과 완산 전투의 실상을 밝히는 데 제3자의 기록이 유용함을 확인할 수 있었다. 이는 위의 사항과도 연관되는데 만약 제3자의 기록이 없다면 완산 전투에 관해서는 관군의 기록이 정설로 굳어지는 오류가 생기는 문제점이 나타난다. 따라서 동학농민군의 기록이 부족한 현 상황에서 관군의 잘못된 기록을 보완할 제3자의 기록이 동학농민혁명 연구의 중요한 사료임을 확인할 수 있었다.

셋째, 동학농민군과 관군의 기록은 자신들의 성과는 상세하게 서술하였지만 반면에 자신들에게 불리한 내용은 간략하게 서술하였다. 관군은 황토현 전투와 황룡촌 전투, 전주 입성의 전투에 관해서는 소략하게 서술하였지만, 완산 전투에 대해서는 상세히 저술하였다. 반면에 동학농민군의 기록은 황토현 전투, 황룡촌 전투, 전주 입성 전투에 관해서는 전투 상황을 상세하게 적고 있지만 5차례에 걸친 완산 전투에 대해서는 몇 줄로 정리하는 특징이 있었다.

넷째, 관군의 기록은 과장된 측면이 강하다. 이는 완산 전투에서 특히 강하게 나타나는데 동학농민군의 사살자를 10여 배 과장하였다. 이는 동학농민혁명 초기의 전투 실패를 회피하고 자신의 공적을 높이려는 의도가 반영되어 있기 때문이었다. 관의 과장된 기록은 제3자의 기록을 통해 확인할 수 있다.

결론적으로 동학농민혁명에서 고부 기포로부터 황토현 전투, 황룡촌 전투, 전주 입성 전투, 완산 전투, 전주화약에 관해서는 동학농민군의 기록과 관군의 기록, 그리고 제3자의 기록을 면밀하게 검토하는 것이 실상을 명확하게 밝힐 수 있음을 확인할 수 있었다. 즉, 고부 기포와 황토현 전투와 황룡촌 전투, 그리고 전주 입성은 동학농민군의 기록을 바탕으로 서술되어야 하고, 완산 전투는 관군과 제3자의 기록을 참고해 서술해야 실상을 명확히 파악할 수 있다. 전주화약에 관해서는 동학농민군과 관군 양측의 기록을 면밀하게 해석해야 실상을 파악할 수 있다. 특히 관군은 동학농민군과의 화약 또는 화의라는 용어를 사용하지 않았다. 이는 관군이 적도라고 비하하는 동학농민군과 협상을 맺었다는 현실을 인정하지 않으려는 것이었다. 또한, 관군의 기록이 성리학적 가치관을 바탕으로 기록되었음을 알 수 있다. 관군은 화의라는 용어를 사용하지 않았지만, 이후에 전개된 상황을 보면 화약이 맺어졌음은 분명하다 할 수 있겠다.

불완전한 협의였지만 전주화약은 우리 역사상 처음으로 관민상화의 기구인 집강소가 설치되어 민의가 국정에 반영되는 첫 사례를 만들었다는 점에서 큰 의미가 있다. 이는 왕조국가에서 보기 드문 사례로 이후 민의를 국정에 반영할 수 있는 계기를 만들었다. 따라서 동학농민군의 완산성 전투에서 비록 많은 희생을 치렀지만, 전주화약을 통해 민의를 국정에 반영할 수 있는 길을 열었다는 점에서 우리 역사를 한 걸음 더 민중의 편으로 이끌었었다는데 큰 역사적 의의가 있다.

동학농민혁명과 전쟁 사이,
집강소의 관민(官民) 협치(協治)*

안외순
한서대학교 국제관계학과 교수

1. 머리말

지금까지 1894년 동학농민혁명기 집강소(執綱所) 관련 적지 않은 연구가 이루어졌다. 하지만 그 설치 시기, 조직, 역할 및 성격에 대해서는 여전히 상이한 시각들이 존재한다.

집강소 운영의 성격과 관련하여 동학농민군 스스로 집강소의 통치 주체로서 혁명정부를 이끌었다는 시각에서부터 거기까지는 아니더라도 동학농민군이 집강소를 설치/운영한 것 자체가 사회적 의식의 성장을 의미하거나 근대질서 수립을 위한 의미 있는 이정표였다는 평가 등이 주조이기는 하지만,[1] 집강소에 대해 전통 시대 소산의 연장으로서 기껏해야 지방행정부의 보조기능 혹은 치안유지 기능을 넘어서지 않는 조직으로 보는 평가도 있다.[2] 물론 우리 역사 인식에 아직도 검고 깊게 드리우고 있는 지나친 서구중심주의 혹은 근대 중심주의 시각은 집강소에 대해서도 여전하다. 예컨대 전혀 근대적이지 않고 따라서 통치기구로서의 의미가 전혀 없다는 평가도 있고[3] 심지어 의도적인 식민사관적 왜곡된 평가[4]도 전혀 없지는 않다.[5] 또 집강소 설치 시기에 대해서도 3월 무장기포설(茂長起包說), 5월 전주화약설(全州和約說), 7월 관민상화설(官民相和說) 등 다양하다.[6]

하지만 이런 상이한 시각에도 불구하고 7월 전주성(全州城)에서 '관민상화(官民相和) 원칙'에 합의한 사실, 그리고 그 구체적 실천으로서의 '집강소 운영의 본격화'에 대해서만은 기존연구 대부분이 동의하고 있다. 1894년 7월 8일[7], 즉 동학농민군 대표 전봉준(全琫準)은 앞서 5월 7일 전주화약(全州和約)을 맺은 다음날인 8일 자진 철수했던 그 전주성에서 정부 대표 전라감사 김학진(金鶴鎭)과 관민상화(官民相和)의 원칙하에 폐정개혁 및 국난 해결을 위해 동학농민군 중심의 집강소(執綱所) 체제를 운영한다는 데 최종 합의하였다는 점에 대해서는 모두 동의한다는 것이다. 그것은 개인문집이든 관변자료든 이에 대한 일치된 증언을 하고 있기 때문이다. 요컨대 집강소의 성격을 부정하든, '전주화약'에 대해서 부정하든 -일부에서는 명확한 '화약' 행위가 있었던 것은 아니라는 점을 제기하기도 한다- 간에 '관민상화지책'의 행위 존재에 대해서는 누구도 부정하지 않는다는 사실이 중요하다.

이 논문은 이 점에 주목하여 기존 연구 토대 위에 전주화약 이후 2개월여 만에 이루어진 관민상화기 전주성 중심의 집강소 체제의 성격을 재평가하고자 한다. 집강소에 대한 기존 논의는 위에서 언급했듯이 그것이 농민 자치의 통치기구냐 아니냐를 중심으로 논해졌는데, 이는 말그대로 '관민상화지책으로서의 집강소'의 의미를 제대로 반영한 시각이라고 보기 어렵기 때문이다. 대신 이 글은 당시의 집강소는 어느 한쪽이 일방적으로 통치하는 기구가 아니라 말 그대로 '관과 민, 민과 관이 협치(協治)하는 구조'였다는 점, 곧 열린 행정의 거버넌스(governance)였으며, 이러한 정치 스타일은 오늘날 바람직하게 요청되는 행정이라는 시각에서 논하고자 한다.

이를 위해 필자는 특히 다음 두 가지 관점을 취한다. 첫째, 집강소 및 관련 사안을 접근함에서 서구 중심주의 혹은 근대 중심주의적 시각을 지양하고자 한다. 집강소를 긍정적으로 평가하든 부정적으로 평가하든 간에, 우리는 대체로 집강소의 전통적인 요소에 대해 '근대적이지 못하다'든지 여전히 '봉건적' 요소를 탈피하지 못했다는 인식의 연장선상 혹은 그 전제에 있었던 것이 사실이다. 그러나 시기적으로 근대 이전에 존재한 것이라고 해서, 곧 전통적으로 존재했던 양식 혹은 명칭이라고 해서, 무조건 진보적인 방향 혹은 성격과 상치하는 것은 아니다. 동학사상은 이름에서 보듯이 자칭타칭 유/불/도 전통사상의 단점은 기각하고 그 장점을 취합하여 '근대 서양' 곧 서학에 대항하고자 출범한 것이다. 곧 전통에서 자생적 근대를 도출한 고유사상이다. 이 글은 집강소 역시 이렇게 전통으로부터 진보적 성격을 취한 동학의 태생적 특성을 계승한 것이라는 관점에서 재인식함으로써 한국 근대사 인식에 상존하는 일종의 '근대 콤플렉스'를 극복하는 데 일조하고자 한다.

이 글에서 '관민상화기 집강소'를 바라보는 두 번째 시각은, 그것의 짧았던 생명력을 단점으로 보기보다는, '혁명'과 '전쟁' 사이에 위치하는 그것의 존재론적 구조에 기인하는 것으로 인식한다는 점이다. 곧 이 시기 집강소 정치는 혁명의 결실로 탄생하였음에도 불구하고 전쟁이라는 외적 변수가 등장하면서 전국적 확산이나 제도화를 못하고 해산될 수밖에 없는 구조였다는 관점에서 바라본다. 물론 이러한 시각은 새로운 것은 아니다. 하지만 기존의 논의에서는 이를 집강소 체제의 한계로 평가한 것이 사실이었기에, 이와 달리 이 글은 그 단기성은 이미 구조적으로 한계지워진 상황이었으며, 굳이 그 책임이 있다면 그것은 동학농민군이나 집강소가 아니라 당시 제국주의 일본이나 무능한 조선정부에 있다는 관점이다.

이러한 관점을 유지하면서 이하에서 관련 기존 연구 성과 및 1차 사료들을 토대로 집강소 설치의 배경, 과정, 조직 및 기능과 역할을 재검토함으로써 관민상화기 집강소의 협치적 성격과 그 의의를 고찰하고자 한다.

2. '관민상화의 방책', 집강소의 설치 배경과 조직 및 기능

1) 설치 배경: 혁명(革命) 전리품과 외환(外患)

관민상화기 집강소의 성격을 이해하기 위해서는 이것이 왜 출현하게 되었는지 그 배경을 이해하는 것이 중요하다. 기존 연구들에서 이미 제시되었듯이, 집강소라는 것은, 특히 동학의 집강소는 이 시기 이전에도 존재했다. 하지만 그것은 '관민상화의 방책'으로서의 집강소와는 성격이 전혀 다르다. 왜 새로운 형태의 집강소가 이 시기 다시 출현해야 했는가 하는 점은 이 시기 집강소의 성격을 규정하는 일차적인 요소가 된다.

이 시기 집강소는 동학농민혁명군의 승리의 1차적 결과물이자 정부와 동학농민군의 타협의 결과물이다. 그리고 이와 관련된 두 가지 배경이 관민상화의 집강소 출범에 큰 영향을 미쳤다. 첫째, 동학농민군이 혁명에서 승리하지 못했다면, 그리고 5월 8일 전주성 철수 이후에도 기세가 여전히 등등하지 않았다면, 둘째, 동시에 일본군의 조선 진주라는 구체적인 침략 행위가 없었다면 '관민상화의 집강소' 체제는 출범하지 않았을 것이다. 이러한 정황은 관민상화의 집강소 이해에 필수적이다.

5월 7일의 전주화약 다음날인 5월 8일 전주성 철수는 동학농민군의 약세에서 나온 것이 아니라 상대적 우세에도 불구하고 외국군의 조선 진주라는 위기 앞에서 정부군의 타협안을 농민군이 수용한 양보의 결과물이었다. 1894년 1월 고부(古阜) 군수 축출시도에서 시작된 동학농민군의 움직임은 2월 들어 이미 '보국안민창대의(輔國安民倡大義)'를 기치로 내걸었으며, 3월 20일 무장(茂長)에서는 마침내 공식적으로 기포하였다. 이후 고부 황토현과 장성(長城) 등을 대대적으로 격파하고 한 달여 후인 4월 27일에는 전라감영

(全羅監營)이 있는 전주성(全州城)을 점령하였다.[8] 이때 소위 조선 정부를 대표하는 전라감사 김문현(金文鉉)은 동학농민군의 기세에 눌려 이미 도망가고 없었다.[9]

한편 중앙정부는 동학농민군을 '난적(亂賊)', '도적(盜賊)'으로 취급하면서 전라지역 군사만으로는 감당이 어렵다고 판단하고 양호초토사(兩湖招討使) 홍계훈(洪啟薫)을 파견, 동학농민군을 '격퇴(擊退)'하도록 명하였다. 조정의 명을 받은 홍계훈이 현장에서 농민군을 추격하면서 대적하는 것이 여의치 않다는 것을 느끼고 정부에 청군(淸軍)의 도움을 구할 것을 요청하였다. 동시에 동학농민군의 전주성 입성 후인 4월 28일부터 성 밖에 진을 쳤다. 이후 양자는 5월 6일까지 10여 일 동안 몇 차례의 전투를 주고받으면서 대치 상태에 들어갔다. 이 와중에 전주성이 동학농민군의 수중에 들어가자 놀란 정부는 홍계훈이 제안한 대로 청(淸)에 원병(援兵)을 요청하였다. 그리고 청의 리홍장(李鴻章)은 이를 수락, 파병을 결정하고 기왕의 조약에 의거하여 일본에도 통지하였다. 하지만 일본은 청으로부터 통지를 받기 이전에 이미 조선의 청군 지원 요청 사실을 알고 있었고, 일본군의 조선 출병 준비에 먼저 돌입하였다. 일본으로서는 안 그래도 파병 구실을 찾고 있었던 차였기에 불감청고소원(不敢請固所願)의 상황이었던 것이다. 결국 5월 6일 청군과 일본군이 각각 아산만과 인천항에 정박하였다.[10]

그 사이 청군(淸軍)의 원군 요청이 결과적으로 일본군(日本軍)의 조선 진주도 함께 초래한다는 사실을 깨닫게 된 조선 정부는 새 전라감사로 김학진(金鶴鎭)을 발령하고 그에게 동학농민군을 토벌의 대상으로만 간주했던 기존의 입장을 바꾸어 그들과 타협/회유할 것을 명하였다.[11] 뒤늦게나마 원병의 초치 동기로 지목된 사안을 해소하면 일본과 청국 각군의 철병이 가능할 것으로 기대했기 때문이다.

신임감사 김학진으로부터 고종의 뜻을 전해들은 홍계훈은 5월 6일부터 동학농민군의 대장 전봉준과 전투 대신 협상을 진행했다. 동학농민군의 폐정개혁 요구안을 들어주고 기포의 책임도 묻지 않겠다는 고종의 뜻을 홍계훈이 전했다. 즉 동학농민군이 1차 기포(起包) 시 천명한 '4대명의(四大名義)'[12]와 각종 폐정개혁안(弊政改革案)의 요구를 정부가 들어주겠다고 약속했던 것이다. 동학농민군 역시 자신들의 기포가 청일 양군의 진주 빌미가 된 것을 알고 이 사태를 진정시킬 필요를 깨달았다. 예상 못한 청일 양군의 조선 진주 앞에서 더 이상 머뭇거릴 시간이 없었다. 여기에 동학농민군의 폐정개혁 요구를 수용한다는 정부까지 더해지자, 5월 7일 양자는 지금까지의 무력전을 중지하고 평화에 돌입하는 화약을 맺었다. 이른바 '전주화약(全州和約)'이다. 그리고 5월 8일 동학농민군은 전주성에서 자진 철수하였다. 그리고 그때까지 전주성에 입성도 못하고 삼례역에서 머물던 신임 감사 김학진이 비로소 입성하였다.[13]

이것이 기포 후 승승장구하면서 입경(入京)을 외쳤던 동학농민군이 파죽지세로 전주성까지 점령해 놓고는 고작 1주일여 만에 그리고 심지어 자진해서 무력을 철수하고 각자의 고향으로 돌아갔던 배경이다. 이는 당시 기록인 『갑오약력』의 증언도 일치한다.

(동학농민군들을) 끝내 극복할 계책이 없자 조정(朝庭)은 이를 심히 우려하여 김학진(金鶴鎭)을 전라관찰사로 삼아서 화해토록 하였다. 그러나 김 관찰사는 삼례역(參禮驛)에 머무를 뿐 입성할 수가 없었다. 그래서 (관찰사는 사신을) 관군(官軍)과 동학무리들(東徒)이 머무는 곳에 각각 파견하여 군주의 명(命)으로써 그들을 화해시켰다. 이에 동학무리들은 북문을 열고 나가고 관찰사 및 관군은 비로소 입성(入城)하였다. 5월 8일의 일이었다.[14]

전주성을 철수한 전봉준 휘하의 동학농민군은 한편으로는 정부와의 약속을 지키기 위해 5월~6월 동안 직접 전라도 지역을 돌면서 폐정을 찾아 지방관에게 고지하는 등 합법적 개선 시도를 하였고 다른 한편으로는 무장을 해제하지 않은 상태에서 각자의 고향에서 집강소를 만들거나 재무장을 강화하면서 유사시를 대비하고 있었다.[15] 그러는 사이 어쨌든 동학농민군의 세력은 점점 팽창하고 있었다. 하지만 군현 차원의 지방수령은 물론 신임 감영의 감사, 그리고 정부에 의한 폐정개혁 실천은 미진했다.

혁명의 성공, 그럼에도 불구하고 상대적인 군사적 우위에도 불구하고 외세의 조선 주둔이라는 국난앞에서 동학농민군이 양보했던 상황이었기에 언제든 상황에 따라 국면은 전환될 수 있는 형국이었다. 관민상화기의 집강소 출현은 이와같이 동학농민군의 '전주성 자진 철수'라는 양보에도 불구하고, 국내의 상황이 더욱 어렵게 전개되면서, 동학농민군의 더 적극적인 도움이 필요해진 지방정부와 이 요청을 받아들인 동학농민군의 두 번째 타협물이었다.

2) 관민상화의 집강소 설치와 조직

앞서 언급한 바와 같이 동학농민군의 대 양보로 가능했던 전주화약과 전주성 철수 이후 동학농민군은 점점 그 세가 커지면서도 일단 한발 물러서서 사태를 주시하고 있었다. 그러던 차에 6월 21일 일본군에 의한 경복궁(景福宮) 불법점령 사태가 일어났다. 전라감사 김학진은 국가 안위의 사태가 더 위태로워지자 마침내 자신의 군사마(軍司馬) 송인회를 남원에 있던 전봉준에게 급파, '국난을 헤쳐 나가기 위해 동학농민군을 끌고 와서 함께 전주를 지키자'는 내용의 친서를 전달하였다.[16] 한편 전봉준도 7월 초에 이미 이 소식을 접하였다. 보국안민(輔國安民)을 혁명의 기치로 내걸었던 전봉준으로서는 일본군에게 경복궁까지 점령당하는 국난 앞에서 폐정개혁의 실천과 국난 해결을 함께 도모하자는 감사의 제안을 외면할 수는 없었다.

또 그간의 동학농민군의 요구에 대해 정부가 6월 11일 교정청(教正廳)이란 개혁기구를 설치하여 그중 경제적 요구를 부분적으로 수용했던 점도 전봉준 등의 동학농민군이 재협상에 응한 계기가 되었다.[17] 실제 "앞서 폐정혁파의 여러 조항은 모두 동학당(東學黨)이 진정한 것"이라는 당시 일선에서 정치를 담당하였던 김윤식(金允植)의 소회에서 보듯이 동학농민군의 폐정개혁안이 교정청의 핵심 개혁안이 되기도 했기에[18] 이들이 정부의 협조요청을 외면할 수만은 없었던 것이다. 아무튼 전봉준은 말머리를 전주로 돌렸다.

관민상화기 집강소의 의의를 축소하는 시각에서는 집강소 설치가 김학진의 제안으로 설치된 것이고, 그 기능 역시 치안보조, 행정보조의 역할에 지나지 않는다고 주장을 하지만, 그것은 김학진의 초기 제안 즉 면리(面里) 단위의 집강소 설치 제안 단계의 논의만 고려한 것이다. 이는 이후 동학농민군이 이를 거절하고 끝내 군현(郡縣) 단위의 집강소 설치를 요구하여 승인받은 점, 역할 역시 명실 공히 민관/관민 협치의 수준이었음을 증명하는 자료들을 굳이 외면하는 것임을 인식할 필요가 있다. 예컨대 이것은 "여러분들이 거주하는 면리(面里)에 집강(執綱)을 각각 설치하였으니, 억울한 것이 있으면 해당 집강을 경유하여 각 영(營)에 상소하여 공결(公決)을 기다리라"[19]라고 하여 면리 단위에서 기존의 동학 조직인 집강 제도를 활용할 것을 제안했던 김학진의 초기 주장에만 의거하여, 이 시기 집강소를 관의 제안으로 설립된 것이고, 기능 역시 관의 둘러리였다고 축소평가했던 것이다.

하지만 이미 살펴본 바처럼 관민상화기의 집강소의 출현이 국가적 대외위기 앞에서 동학군의 적극적인 타협의 산물이었던 것처럼 그 규모 역시 군

(郡) 단위 집강소 체제라는 점에서 달리 평가해야 한다. 이것은 위의 면리 단위 제안을 동학농민군이 거절한 다음 김학진이 2차로 제안했던 것에 의한 바이다. 즉 동학농민군은 폐정개혁을 실천하기 위해서는 최소한 지방행정의 최소 단위인 군현(郡縣)에서의 집강소 운영이 필요하다는 판단에 따라 해당 요구를 고수하면서, 다른 한편에서는 직접 전라도 일대를 돌면서 고을 단위의 집강소 설치를 독려하고 있었는데, '관민상화의 집강소'는 이러한 요구가 관철된 결과였던 것이다.

어찌되었든 이것은 '전주화약' 이후 진행된 '전주성 회담'의 결과물이다. 1894년 7월 6일 동학농민군 대장 전봉준은 다시 전주성에서 김학진과 마주하였다. 5월 8일 자진 양보해 주었던 그 자리다. 그리고 이틀 뒤인 7월 8일, 마침내 관(官)과 민(民)이 서로 강화(講和), 화합(和合)하는 방책을 의론하고 그 결과물로 각 고을에 집강소를 설치하기로 합의를 보았던 것이다.

> "관찰사(: 김학진)는 전봉준 등을 전주감영으로 초청했다. 이때 전주성을 지키는 군졸들이 총과 창을 갖고 좌우로 정렬하였는데 정작 전봉준은 평상복인 삼베옷에 큰 갓을 쓰고 의젓하게 들어오면서 전혀 거리낌이 없었다. 관찰사는 그와 '관민상화책(官民相和之策)'을 상의한 결과 각 군현(郡縣)[20]에 집강(執綱)을 두기로 하였다. 이리하여 동학도들은 각 고을을 할거하고 집강소를 관청에 설치하고 (집강과 더불어) 서기/성찰/집사/동몽 등의 직책을 두었으니 온전히 하나의 관청을 이루었다.[21]

전주화약 당시에는 전봉준이 자진해서 성을 비워준 후에야 입성할 수 있었던 김학진이 이번에 공동으로 난국을 타개하고자 동학농민군 대장 전봉준을 감영으로 초청했던 것이다. 그럼에도 감영은 만일을 대비해 군사가 총과 창을 들고 양옆으로 도열하였다. 하지만 전봉준은 무기 없이 삼베옷과 갓 차림으로 보무당당하게 입성하였다. 동학농민군의 대표 전봉준과 정부대표 전라감사 김학진은 국내외적 국난 앞에서는 관과 민, 민과 관의 화합책이 필요하다는 데 합의하고 각 군현 단위마다 집강(執綱)을 두기로 합의하였음을 위 자료는 분명하게 증언하고 있다. 그리고 그 내부에 집강-서기-성찰-동몽 등의 직책을 두어 정부 파견의 군현 치소와는 별개의 독자적인 조직을 두기로 했다. 그 목적은 관민(官民), 민관(民官) 상화지책(相和之策) 도모였다. 이와 같이 전주화약 이후 2달여 만인 전주성 회담에서 관과 민, 민과 관이 같이 서정(庶政)을 도모하는 민관 협치(民官協治), 거버넌스(governance) 체제를 약속했던 것이다.

일단 중앙정부에서 파견된 감사로부터 집강소 설치가 공식 승인되자 이후의 전라도 내 집강소 설치는 빠르게 확산되었다. 그 전에는 지역에 따라 집강소 설치가 원만하지 않았던 곳도 있었다. 완강히 거부하는 곳도 있었다. 하지만 감사까지도 집강소 설치를 공인하자 종전 수령의 권한이 강력하게 작동해서 지지부진하던 군현까지 집강소 설치가 진행되어 53개 군현 모두 설치되었던 것이다.[22]

3) 전통조직의 근대적 진보

집강소를 통해 전라도 관내 폐정개혁과 국난 사태를 수습하기로 전라감사 김학진과 합의한 동학농민군 지도자 전봉준은 스스로 전주성에 그 총괄 지휘부인 대도소(大都所)를 설치하였다. 물론 논자에 따라서는 다른 시각을 갖기도 하지만[23] 당시 집강소는 역할과 크기에 따라 대도소(大都所), 도소(都所), 대의소(大義所), 행군의소(行軍義所) 등의 다양한 명칭으로 불리었다.[24]

관민상화기 민관 협치를 위한 집강소의 대략적인 조직은 다음과 같다. 집강소에서 가장 높은 직책인 집강(執綱)이 행정, 소송의 처리 등 직접적인 대민업무를 지방관과 함께 처리하는 구조였다. 전주성의 대도주 즉 전봉준이 해당 지역의 접주 중에서 명망 있고 유능한 사람을 집강으로 임명하였고, 이들이 중앙정부를 대표하는 지방관과 함께 고을의 행정과 공무를 협치하였다.[25] 물론 집강소 권한이 강한 곳에서는 "읍재(邑宰: 중앙에서 파견한 수령)는 단지 이름만 유지할 뿐 행정은 할 수 없었으며, 심하면 읍재를 추방하기도 했다"라고 하듯이 관민상화라기보다는 집강소 중심의 정치가 이루어지기도 하고 지방관의 힘이 강한 곳에서는 역의 현상도 일어났으나, 기본은 협치가 원칙이었다. 서기(書記)는 문서를 작성하고 정리하며 또한 관리의 서류를 검열하고, 집강의 비서와 같은 직책을 수행하였다. 곧 문서 출납과 비서 업무의 겸장이라고 하겠다. 성찰(省察)은 치안과 경비를 담당하고 순찰과 감찰을 담당하면서, 기율과 기강을 바로잡고, 탐관오리/불량한 양반/횡포한 부호를 조사하고 압송하는 일을 담당하였다. 동몽(童蒙)은 주로 미성년조직으로서 행정기관의 전령과 연락을 담당하거나, 집강소의 호위를 맡았으며 때로는 성찰의 보조적 역할도 수행하였다.[26] 이 외에도 관민 간에 군기(軍器)와 마필(馬匹)을 거두어 관리하는 집강소의 호위군(護衛軍)도 있었으니 그들은 만일의 사태를 경계하였다.[27]

또 집강소 조직 중에 주목할 만한 기구로 동학농민군의 의사를 수렴하는 기구도 있었다. 먼저 의사원(議事員)을 들 수 있다. 의사원은 대의기구로서 오늘날의 의회(議會)와 같은 성격이다. 『동학사(東學史)』의 저자이자 당시 참가자였던 오지영(吳知泳)에 의하면 의사원 약간인을 두었다고 한다.[28] 민회의 또 다른 존재는 도회(都會)이다. 의사원이 대의기구라면 도회는 직접 의사를 표명하는 오늘날의 총회(總會)에 속한다고 하겠다. 부여(夫餘) 대방(大房)면의 집강소 사례를 연구한 홍성찬에 의하면 부여 대방면에는 대의제 격의 의사원보다는 민회 격의 도회가 있었고, 이곳에서 제반 의사 결정을 행했다.[29] 도회의 경우 직접민주주의에 더 가까운 기구이다.

집강소 정치는 의사원이라는 대의기구였든 도회라는 직접민주기구였든 간에, 내부적으로 구성원들의 의사를 수렴하여 의결하는 민의정치, 곧 민주정치를 행하였다는 점에서 기존의 정치 방식과는 성격을 달리한다.[30]

다음 예문에서 보듯이 집강소의 행정 처리 수준 역시 반(反) 동학농민군 진영 인사도 인정할 정도로 높았다.

> "…비류(匪類: 동학농민군, 필자 주석)들이 이미 기미를 눈치 채고 도망을 갔길래 그들이 떠난 진(鎭)에 머물면서 살펴보았다. 온 진의 아전들이나 백성들이 거의 모두 사학(邪學)에 물들어 비류의 우두머리에게 부화뇌동(附和雷同)하였다. (동학도적들은) 방수(防守)한다는 핑계로 해당 진의 군기(軍器)를 약탈, 수거하여 아전이나 백성들에게 나누어 주었다. 또 공사선(公私船)을 막론하고 왕래할 때마다 총을 쏘아 선박을 잡아 곡물을 탈취하여 해당 진의 창고에 쌓아 두고 쓰임에 따라 출납(出納)을 자세히 답인성책(踏印成冊)한 것이 관부(官府)의 문서와 마찬가지였다…."[31]

모두 다 그러한 것은 아니지만 동학농민군 세력이 강력했던 집강소는 강력한 통치력을 장악하고 세련된 행정 능력을 발휘한 것을 알 수 있다. 고을에 따라서는 해당 고을의 재정은 물론 특히 진(鎭)의 군수물자 등도 집강소가 직접 관장하기도 했던 것을 위의 예문은 시사한다.

이제 살펴볼 점은 집강소라는 명칭과 관련된 성격 문제이다. 지금까지 집강이란 제도가 새로운 것이 아니고 멀리는 조선시대부터, 가까이는 이미 기왕의 동학에서 제도화되었던 것이라는 점이 집강제도의 의의를 축소평가하는 근거 중의 하나로 활용되는 경향이 있었다. 하지만 관민상화기 집강소 체제에 대해 바로 이 점, 곧 관민 협치라는 새로운 체제를 시행함에 있어서 외부에서 전혀 낯선 형태를 수입하는 것이 아니라 기존의 전통적인 제도를 완전히 새로운 형태로 혁신하면서 활용했다는 점이 오히려 '동학다운 진보'를 추구했다고 평가할 수도 있다.

　주지하듯이 집강(執綱)은 관민상화기에 처음 기원하는 것도 아니고 동학 고유의 조직도 아니었다. 원래 이것은 '기강(紀綱)을 확립하는 자'라는 의미로 조선시대에 해당 지방의 실정을 잘 아는 자 가운데 지식 있고 명망 있는 자를 뽑아서 주민들을 인솔하고 지방관들에게 행정자문을 하는 자들을 지칭한다. 본래 '기'와 '강'은 각각 벼리, 곧 그물의 밧줄을 지칭한다. 얼기설기 얽힌 그물망을 펼치기 위해서는 수많은 그물코 하나하나를 편다고 되는 것이 아니고 핵심이 되는 밧줄을 팽팽히 당기면 저절로 그물망들이 쫙 펼쳐지는 원리에 착안한 사회지도 원리라고 하겠다. 어쨌든 이 집강제도가 후일 다른 곳에서 유명무실해질 때도 동학에서는 유독 잘 운용되고 있었다. 이 직전에 이르면 동학 교단에서는 각 고을마다 설치한 접(接)의 수령인 접주(接主)를 대체로 집강(執綱)이라고 불렀다. 물론 고을의 단위에 따라 접주, 대접주, 수접주 등 접주도 여러 층위가 있었는데 그 중에서 집강을 임명하였다.[32]

　그런데 '집강소' 활동은 기존의 집강과는 달리 1893년 삼례(三禮)/보은(報恩) 취회(聚會)를 전후하여 '집강'은 동학 고유의 것이 되다시피 하였다가 1년 후인 1894년 3월 기포 이후 동학농민군은 혁명 활동을 전개함에 집강소를 토대로 각종 폐정개혁안 작성과 배포를 주관하는 등 기능과 역할을 강화했던 것이다.[33] 그리고 그것이 이 시기에 오면 김학진과 전봉준의 대타협으로 관민상황의 협치기구 집강소체제가 출범하게 되었던 것이다.

관민상화기의 집강소 제도는, 이와 같이 조선 전통의 것을 동학화하고, 그 위에 기존 동학에서 활용하던 육임제도(六任制度) 중에 집강의 지위를 격상시켜 만든 것으로서, 동학농민군 활동 시기, 곧 1차 기포 후 이 집강의 역할이 더 강화되었을 뿐만 아니라 기존의 집강과는 성격을 달리하면서 혁명과 전쟁 사이 위치했던 관민 협치기구의 고유한 체제가 된 것이라고 하겠다.[34]

따라서 집강소의 이러한 전통적 성격은 주어진 관변적 시혜물이 아니라 성공한 혁명의 성취물이었다. 사실 한국 근대 민주주의 실천 관련해서 흔히들 1896년, 1898년의 독립협회와 만민공동회에서 그 기원을 찾지만 민관 협치라는 이 새로운 체제야말로 독립협회보다 적어도 2-4년이 앞선 것이다. 게다가 그것은 전통적 유산에 의한 내재적 근대화 시도였다는 점에서 더 유의미하다고 하겠다.

3. 관민상화기 집강소의 성격과 의의

1) 관민상화의 협치 기구

호남에 국한된 것이기는 하지만, 관민상화기의 집강소 체제는 무엇보다도 한국정치사상 처음으로 혁명의 결실로 관민(官民)/민관(民官) 협치정부(協治政府), 거버넌스를 꾸렸다는 데 의의가 있다. 특히 행정에 있어서 관(官) 중심의 통치체가 아니라 관민이 같이 행정을 행한다는 관민상화의 정신은 오늘날의 거버넌스 정신, 곧 오늘날 정부/준정부를 비롯하여 반관반민(半官半民)/비영리/자원봉사 등의 조직이 수행하는 공공활동, 즉 공공 서비스의 공급 체계를 구성하는 다원적 조직체계 내지 조직 네트워크의 상호작용 패턴으로서 집단적 활동을 의미하는 거버넌스(governance) 원리와 통한다. 피치자가 직접 치자와 함께 자기통치를 행하는 이 협치 원리는 고대 아테네의 직접 민주주의나 오늘날 대의제적 근대 민주주의 원리를 넘어서는 측면이 있다. 왜냐하면 아테네식 직접민주주의는 정치에 관심이나 자질이 없는 자도 행하게 되어 자칫 무책임한 정치결과가 초래될 수 있는 반면 근대 대의민주주의의 경우 민의를 대변한다고 하지만 자칫 자신들의 이익만 대변할 가능성이 농후한데 반해 관민상화의 집강소 협치방식은 이 둘을 혼합한 성격으로서 일종의 정치전문가인 정부관료와 정치행위의 원천인 피치자가 함께 통치하는 방식이기 때문이다.

전봉준은 감영에 차려진 대도소에서 감사 김학진과 함께 도정(道政)을 협치하였다. 당시 관민상화의 집강소 체제를 못마땅하게 여기던 정부 측 인사로부터 비굴하다는 평[35]을 받을 정도로 김학진은 전봉준을 대등한 파트너로 대우했다. 그만큼 협치에 충실했다는 말이다.

"전봉준은 김학진을 끼고 전라도 전체를 혼자서 제어하였으며 김학진의 좌우는 모두 전봉준 무리였다. (김학진이) 몰래 도적(: 전봉준과 동학농민군)을 부른 명목은 수성(守城)이었지만 사실은 위성(圍城)이었다. 김학진은 괴뢰(傀儡)처럼 되어 감사(監司)로서의 뜻을 실현하지 못하고 동학군의 문서만 봉행(奉行)할 뿐이었다. 그래서 사람들이 '도인감사(道人監司)'라 하였다."[36]

"김학진은 전라도 각 군현에 농민군의 집강소 설치를 허가하였을 뿐만 아니라 자신이 정무를 보던 선화당(宣化堂)까지 전봉준의 대도소(大都所) 통치를 위해 양보하였다."[37]

따라서 위의 예문만 보더라도 집강소의 의의를 폄하하면서 '공식 행정기구의 보조역할'이라고 한 평가는 적어도, 특히 전주성의 대도소에는 어울리지 않는다. 또 전봉준도 감사의 이러한 노력에 적극적인 협치로 부응하였다. 예를 들어 그가 도내 최고 통솔자로서 각 고을 집강들에게 통문을 보내혁명의 목적이었던 위민제해(爲民除害)와 관련된 사안이 발생하면 즉각 현장에서 집강들이 보고하도록 하라고 훈령을 내리는 다음의 인용문을 통해우리는 전봉준이나 당시의 집강소가 공식 지방행정부의 단순 보조자가 아니라 명실공히 협치의 주체였음을 알 수 있다.

전봉준(全琫準)이 각 읍 집강에 보내는 통문을 요약하여 말하면 다음과같다. '지금 우리들의 이 거사는 오직 위민제해(爲民除害)를 위한 것이었으므로 …… 백성들을 괴롭히고 마을을 파괴하는 행동을 하는 자가 있으면비록 사소한 의혹이나 잘못일지라도 반드시 보고하도록 하라. 이들은 바로덕을 배반하고 선을 해치는 무리일 뿐이니 각 고을의 집강들은 명확히 살펴서 이런 일이 없도록 하라.……

- 지금부터 총과 말을 거두어들이는 일은 일절 금할 것
- 돈과 곡식을 강제로 요구하는 자들은 이름을 적어 감영에 보고하여 군율에 따라 조치할 것
- 남의 무덤을 파헤치는 일과 사적 채무를 받아내는 일은 옳고 그름을 막론하고 일절 금지할 것
- 만약 이 조항을 범하는 자는 감영에 보고, 법대로 처리하도록 할 것'[38]

어쨌든 이와 같이 관민상화기 집강소 체제의 출범은 부패한 조선의 지방및 중앙 정부를 상대로 들고 일어났던 동학농민군의 혁명적 행위의 결실이자 외국군의 철수 조건을 조성하기 위한 양보적 대타협의 결실이었던 것이

다. 그리고 혁명동학농민군들은 이제 혁명을 멈추고, 4월 말 승리하고도 전주화약의 대타협으로 양보했던 폐정개혁(弊政改革)의 실천을, 그리고 척왜양(斥倭洋)을 스스로 실천하는 장에 나서게 된 것이다.

2) 집강소의 폐정개혁 실천

관민상화기 집강소의 협치의 내용은 폐정개혁이었다. 사실 동학농민군의 기포는 폐정개혁을 위해서였다. 동학농민군은 기포 후 수차 격문(檄文), 통문(通文), 원정문(原情文), 소지(訴志) 등의 형태로 폐정개혁안을 발표하였다. 전주성에 입성한 직후인 4월 19일에도 양호초토사(兩湖招討使) 홍계훈(洪啓薰)에게 원정문(原情文)의 형태로 폐정개혁안을 보냈다. 그만큼 폐정개혁에 대한 동학농민군의 의지는 분명하고 확고하였다. 전봉준이 전주화약을 행한 것도 이러한 요구를 수용하겠다는 정부 측 답을 들은 결과였다. 5월 4일에도 전봉준은 홍계훈에게 〈제중생등의소(濟衆生等義所)〉에 27개조의 폐정개혁안을 써 보냈다.[39] 동학농민군은 이를 '전주화의'의 조건으로 제시하였고, 홍계훈은 이를 수용한다는 정부 약속을 전하였기에, 전봉준은 기쁜 마음으로 화의에 임했다고 술회한 바 있다.[40]

동학농민군의 폐정 인식은 고정된 것이 아니다. 동학농민군의 정치적 구상은 당연히 단계별로 변화, 발전하였다. 사안이 진전되면서 의식과 더불어 변화되고 구체화되었다.[41] 그리고 관민상화 이전의 집강소는 지역마다 편차도 심했다.

당시 집강소 참여자였던 오지영의 진술은 이와 관련하여 최근 많은 비판을 받아 왔다.[42] 하지만 그 비판이 주로 관변 자료에 의거한 것이라는 점을 고려할 필요가 있다. 반대로 개인의 경험과 그 기억에 의존한 기록이기에

'기억의 오류'는 있을 수 있지만, 과도한 일반화만 피한다면, 오히려 그렇기 때문에 하나의 사례 자료로서는 충분한 가치가 있다고 하겠다. 이러한 이유에서 기존에 이미 충분히 인용 소개되었지만, 또 보편적인 사례가 아니라는 이유로 많은 비판을 받았지만, 당시 집강소에서 실천한 폐정개혁의 하나의 사례로서 오지영의 폐정개혁안 12개조를 다시 소개하고자 한다.[43]

1. 도인(道人)(:초고본-동학교도)과 정부 사이의 오랜 감정을 없애고 서정(庶政)에 협력(協力)할 것(: 인명을 남살(濫殺)한 자는 목을 벨 것)

2. 탐관오리는 그 죄목을 조사하여 일일이 엄징할 것.(: 탐관오리는 거근(祛根)할 것)

3. 횡포한 부호들을 엄징할 것(: 동일)

4. 불량한 유림과 양반들을 엄징할 것

5. 노비문서는 불태워 버릴 것

6. 칠반천인(七盤賤人)의 대우를 개선하고 백정이 쓰는 평양립(平壤笠)을 벗게 할 것

7. 청춘과부의 개가를 허가할 것(: 없음)

8. 무명잡세를 거두지 말 것

9. 관리의 채용은 지벌을 타파하고 인재를 등용할 것

10. 외적과 내통하는 자는 엄징할 것

11. 공사채는 물론하고 기왕의 것은 무효로 할 것

12. 토지는 평균하게 나누어 경작할 것[44](: 11조로 가고, 여기서는 대신 '농군의 두레법은 장려할 것)

1항이 관민 협치, 민관 협치의 원리를 선언하는 대목이다. 관민상화지책

으로서의 집강소 출범 정신을 잘 담고 있다. 2, 3, 4항은 탐관오리의 제거와 횡포한 부호 및 불량한 유림과 양반들을 엄징할 것을 주문하는 것으로 동학농민군의 모든 폐정개혁안에 등장하는 요구사항을 실천에 담았다. 5와 6항은 노비와 천인에 대한 부당한 대우의 개선을 요구하는 신분해방적 요소이다. 7항은 과부 재가에 관한 항목으로 개인의 자유와 관련된 대목이다. 8항은 부당한 수세제도의 개선을, 9항은 공정한 인재 등용을, 10항은 매국노에 대한 엄징을, 11항은 모든 빚 탕감을, 12항은 토지분균이라 하여 공정한 토지 재분배를 요구하고 있다. 물론 ( )에 기재하였다시피 1차와 출판본의 작성 내용이 다른 부분도 있어서, 논란의 여지가 전혀 없는 것은 아니지만, 기본적으로는 출판본의 무게감을 인정하는 경향을 고려할 필요가 있다. 그리고 여기에는 당시의 요구사항들의 성격이 분명하게 표현된 것이다.

4. 2차 기포, 전쟁으로 인한 집강소의 해체

관민상화기 집강소의 한계를 지적하는 점 중의 하나로 흔히들 제도화되지 못하고 해체된 점을 들기도 한다. 하지만 이는 당시 상황을 전혀 고려하지 않은 지적이라고 하겠다. 본래 정치란 평화 시기에 내국인을 상대로 하는 것이고, 전쟁이란 정치의 실종을 의미한다.

사실 지금까지 이 시기 동학농민군의 성격에 대해 혁명이라고 부르기도 하고 전쟁이라고 부르기도 한다. 심지어 한 논문 안에서도 혼용되고 있다. 하지만 '혁명(革命, revolution)'과 '전쟁(戰爭, War)'은 본질적으로 다른 개념이다. '혁명'은 일국 안에서 적용되는 개념이고, '전쟁'은 국가와 국가 사이에 적용되는 개념이다.[45] 물론 당시 동학농민군의 투쟁은 이 두 가지 성격, 곧 '혁명'과 '전쟁'의 요소를 다 가지고 있었다. 바로 이 점 때문에 동학농민혁명이라는 용어와 동학농민전쟁이라는 용어가 혼용되어 왔다. 하지만 당시 동학농민군이 이 두 요소를 모두 지닌다고 해서, 양자를 동시에 부르는 것은 정확한 호칭이라고 할 수는 없다. 그 '혁명'과 '전쟁'은 동시적인 것이 아니고 순차적인 성격을 지니기 때문이다. 즉 동학농민군의 1차 기포(起包)는 조선의 지방정부 및 그 연장선상에 있는 조선정부를 상대로 폐정개혁(弊政改革)을 요구하는 맥락에서 전개되었다. 따라서 그것은 '혁명'의 성격이었다. 2차 기포는 제국주의 일본(日本), 그리고 그의 공수동맹국(攻守同盟國)이 된 조선정부를 상대로 한 것이었다. 따라서 이 시기는 '전쟁'의 성격을 띠었던 것이다. 이와 같이 동일한 시기에 동학농민혁명이기도 하면서 동학농민전쟁인 것이 아니고, 관민상화의 집강소를 기준으로 그 이전은 '동학농민혁명' 시기였다면 그 이후는 '동학농민전쟁' 시기였던 것이다.

아무튼 동학농민군의 기포를 핑계로 청/일군이 조선에 들어온 만큼 조선정부와 동학농민군이 화약을 맺었으면 청국군과 일본군은 조선에서 철수해야 마땅했다. 조선정부와 동학농민군은 이를 바랐고, 청국군은 일본에 이를 제안했다. 하지만 일본은 이를 외면했다. 동학농민군의 기포는 빌미였을 뿐 처음부터 이를 기회로 조선과 청국을 침략하는 것이 목적이었던 일본은 청국의 철수 제안을 무시하고 철군하는 청군의 후미를 공격하여 청일전쟁을 도발하였다. 조선 땅에서 지금까지 경제적 이익을 취한 것도 모자라 이제 합법적으로 무력 도발을 감행하고 있었다. 조선정부에 대하여 불법적으로 경복궁에 난입하여 고종을 핍박, 내정간섭을 행하고, 심지어 이 땅에서 타국과 전쟁을 벌이면서 강제로 조선정부로 하여금 자신들과 공수동맹을 체결하도록 만들었다.[46] 일본 앞에서 척왜척양과 보국안민을 기치로 내걸었던 동학농민군에게 막 시작한 관민상화의 집강소 정치는 이제 포기해야 할 이상이었다.

"금년 시월 개화간당이 왜국과 체결하고 밤을 타고 서울로 들어와서 군부(君父)를 핍박하고 국권을 천자(擅恣)하니 방백수령(方伯守令)이 모두 개화당(開化黨) 소속으로 인민을 무휼하지 아니하고 살육을 좋아하며, 생령(生靈)을 도탄에 빠뜨렸다. 이에 이제 우리 동학도들이 의병을 들고 일어나 왜적을 소멸하고, 개화를 제어하며, 조정을 깨끗이 평정하고, 사직을 편안히 보전하고자 하였다. … 조선사람끼리 도(道)는 다르다고 하더라도 척왜(斥倭)와 척화(斥化)하는 뜻은 한가지인지라 두어 자 글로 의혹을 풀도록 하게 하노니 …"[47]

2차 기포의 이유이다. 즉 '척양척왜 보국안민'의 기치를 걸고 기포하였던 동학농민군인 만큼 자신들이 권력을 잡았다고 해서 조국이 유린당하는 현실을 방관할 수 없는 일이었다. 조선정부와 화약을 맺고 집강소 협치를 하던 동학농민군은 결국 재기포(再起包)하지 않을 수 없었다. 하지만 이번에는 혁명이 아니라 일본을 상대로 하는 '전쟁'이었다.

전봉준과 동학농민군이 불법으로 국권과 국토를 유린하는 일본을 상대로 전쟁을 벌일 수밖에 없다고 판단한 사실은 곳곳에서 증명된다. 다음은 그의 재판기록인 공초문들 속에 나온 내용들이다.

"(공: 전봉준의 답) 작년 시월(十月) 나는 전주에서 (재)기포하고 손화중은 광주에서 기포하였다. … '귀국(貴國: 일본)이 개화(開化)라 해놓고 처음부터 일언반구도 없이 민간에게 공포한 바도 없이, 또 글 한 줄도 없이, 군대를 거느리고 우리의 서울에 들어와 밤중에 왕궁을 공격하여 임금을 놀라게 하였다는 말을 듣고 초야(草野)의 사민(士民)들이 충군애국(忠君愛國)의 마음으로 분개심을 금치 못하고 의병(義兵)을 규합하여 일본인과 접전(接戰)하여 이 사실을 묻고자 함이었다."[48]

(문) 2차 기포는 일본병이 궁궐을 침범하였다고 하므로 재봉기 하였다고 하니 재봉기 한 후에는 일본병에게 무엇을 하려고 하였는가?

공) 궁궐을 침범한 연유를 꾸짖고자 함이다.

문) 그러면 서울에 거주하거나 머무는 일본병들과 각국인들 모두 구축(驅逐)하려 하였는가?

공) 아니다. 각국인들은 통상만 하는데 일본인은 군대를 이끌고 와서 서울에 진(陣)을 치고 체류하는 까닭에 우리나라 영토를 침략하고자 하는 데 뜻이 있다고 생각했기 때문이다.[49]

위에서 보듯이 전봉준이 무조건 문호 개방을 부정한 것은 아니다. 일반적인 국제교류와 달리, 다른 나라와는 달리 일본군의 경우는 침략적 성격을 지니고 있다는 점을 분명히 인식, 성토하고 있다. 조국의 주권을 유린하는 침략자들 앞에서, 조선 땅에서 조선에 대한 영향력을 놓고 싸우는 전쟁 앞에서,[50] 동학농민군이 혁명 이후에 쟁취한 새로운 정치체제인 관민상화지책 집강소를 유지하고 나아가 이를 제도화하고자 하였다면 이는 매국이다. 외적에 의한 조국의 주권유린 앞에서는 방어전쟁에 임하는 것이 상도이다. 불가능한 구조 앞에서 그 한계 운운하는 것은 부당하다.

요컨대 관민상화 협치의 상징인 집강소의 해체는, 10여 년 후 전개된 조선정부의 피식민지로의 전락의 서곡이기도 하다. 또 그것은 2천 년 동안 유지해 온 옛적 동아시아 전통 국제질서가 힘에 의한 근대 국제질서로 지배권을 이양하는 서곡이기도 했다. 관민상화의 집강소 해체는 동아시아 세계의 주도권이 중국에서 일본으로 넘어가는 청일전쟁의 결과와도 직결된다. 전라도 지역에 한정된 것이기는 하나 조선 최초의 진정한 민관/관민 협치정부였던 관민상화기 집강소 정치는 동아시아 국제질서의 지배 판도 역전과 함께 역사 속으로 사라졌다.

5. 결론

지금까지 관민상화기 집강소에 관해 살펴보았다. 간단히 논의를 요약하고 그 정치사적 의의를 논하는 것으로 결론을 대신하고자 한다.

첫째, 관민상화기 집강소의 성격을 이해하는 데 당시 한반도 상황이 중요하다. 전주화약이 그랬듯이, 전주 회담의 산물인 관민상화의 집강소 설치 및 운영 역시, 당시 한반도를 둘러싼 심각한 국제 위협 앞에서 정부와 동학농민군, 동학농민군과 정부의 적극적인 2차 타협의 산물, 그것도 동학농민군의 상대적 우세 위에 진행된 타협의 결과물이었다.

둘째, 관민상화기의 집강소는 근대 시기 우리 역사에서, 아니 세계사에서 선구적인 관민/민관 협치(協治) 기구였다. 1894년 관민상화기의 집강소는 성공한 혁명의 성취물로서 국가로부터 승인받은 관민 협치의 공식기구였고, 정치전문가인 관료와 정치의 존재이유인 인민이 함께 협치를 함으로써 전문가정치와 민주주의정치의 장점을 혼합적용한 선례를 제공하였다. 오늘날 대의민주주의의 대안으로 제기되는 협치의 선례였다.

셋째, 관민상화기 집강소는 전통적 제도에서 발전한 자생적 산물이라는 점에서도 특별한 의의를 지닌다. '집강'은 조선시대 마을이나 조직의 윤리, 기강을 담당하던 직책으로 동학조직에도 활용되고 있었다. 이것이 특히 '교조신원(敎祖伸冤)'과 '보국안민(輔國安民)'을 표방했던 1893년부터는 종전의 집강과는 달리 운동의 중심이 되었다가 1894년 3월 국가를 상대로 혁명 형식의 무력투쟁이 전개되면서는 그 구심이 되었다. 이미 1882-3년부터 근대화 바람이 불어, 서구적 사회제도가 조선에 소개된 지 10년이 훨씬 지난 1894년에 동학은 그 대안을 서구가 아니라 전통적인 집강 제도를 혁신하는 데서 찾았다. 물론 이것은 동학의 출범 자체가 '서학이 아니라 동학', 타율보다는 한민족의 전통 속에서 근대화하고자 하였던 것과 맥락을 같이 하는 것이다.

넷째, 집강소 운영에서 나타난 의사원(議士員)이라는 일종의 대의 주체와 도회(都會)라고 하는 일종의 민회가 각각 대의민주주의와 직접민주주의 기구 성격을 띠었다. 대개 독립협회의 만민공동회나 관민공동회에서 한국 근대 국민의 모습을 찾지만 동학농민군의 집강소는 그보다 최소 2-4년 정도 앞서, 그것도 자생적 양태로 근대시민상 및 근대정치체제 원리가 관철되는 방식을 추구하고 모색하였다.

다섯째, 관민상화기 집강소가 제도화 혹은 상시체제화 하지 못한 점은 한계가 아니라 혁명과 전쟁 사이에 위치하는 집강소의 존재론적 구조 속에서 인식해야 한다. 이 시기 집강소는 동학농민혁명의 성공이라는 결실로 공식 출범/운영되었지만 민족과 국가에 닥친 일본의 제국주의적 침략 앞에서 동학농민군은 협치의 집강소 정치를 접고 전쟁을 선택하지 않을 수 없었다. 따라서 관민상화기 집강소는 혁명의 성공으로 일군 우리 역사 최초의 명실상부 관민, 민관 협치기구였다는 점만으로도 그 의의는 충분하다.

문학작품 속에 나타난
전주성 전투와 역사적 의미*

채 길 순

명지전문대학 문예창작과 교수

1. 서론

1894년 동학농민혁명 시기에 동학농민군[1]에 의해 전주성이 함락되었다는 소식을 접한 무능한 조정은 위기를 느끼고 바로 군사를 파견하는 한편 청나라에 군사를 요청했다. 이를 빌미로 일본군이 들어와 청일전쟁이 벌어졌고, 어쩔 수 없이 동학농민군 지도부와 조정의 훈령을 받은 전라감사 합의로 전주화약이 이루어졌다. 이 같은 역사적 과정은 당시 무능한 조정의 현실을 여실히 드러낸 패착이었고, 결과적으로 청일전쟁 끝에 일본이 한반도를 장악하여 일제강점기에 접어들었다. 이런 아픈 역사를 겪은 뒤에도 한동안 동학농민혁명사에 대한 연구가 정권의 이해관계와 맞물려 제대로 이뤄지지 못했다. 이에 따라 동학농민혁명사의 문학적 소재 활용 역시 제한적이었다. 아이러니하게도 5.16 군사 쿠데타 세력이 자신들의 행위를 동학농민혁명의 혁명성과 동일시하려는 정책에 맞물려 동학농민혁명의 문학적 형상화가 일부 허용되었다. 따라서 초기에는 '전봉준의 영웅화'가 주로 문학 소재로 활용되었다.

이 글은 전주성 전투가 문학작품에 어떻게 형상화되는지 양상을 살펴서 역사적 의미를 도출하는데 목적이 있다. 이를 위해 먼저 동학농민혁명 시기 전주성 전투의 전개 양상을 살펴본다. 그리고 '전주성 전투'라는 역사적인 사건이 문학작품에 어떻게 형상화되었는지 연대별로 고찰한다. 이를 근거로 문학작품 속에 나타난 전주성 전투의 역사적 의미를 도출할 것이다. 여기서 '전주성 전투'란 5월 11일 무혈입성 전후 시기 동학농민군의 활동과 전주감영과 경병의 대응, 뒤이어 치열하게 전개된 전주성 전투와 청일전쟁 발발로 말미암은 전주화약 과정, 그리고 집강소 설치, 9월 재봉기 시기에 전주성 안팎에서 일어난 사건을 의미한다.

동학농민군에게 1894년 당시 전주성 점령은 국가의 심장 격인 한양을 치기 위한 혁명의 첫걸음이었다. 이는 국가 정권에 대한 도전이고, 근대 왕권에 대한 도전으로 다분히 혁명적 행위였다. 이런 전주성 전투를 소재로 한 문학작품에 대한 탐구는 동학농민혁명사가 지닌 오늘의 의미도 포함될 것이다. 왜냐하면 역사란 역사가의 기록으로 그 의미가 고정되거나 단절되는 것이 아니라 역사가와 역사적 사실 사이의 상호작용의 계속적인 과정이며, 현재와 과거의 끊임없는 대화로써,[2] 역사는 단순히 지나간 과거 사실을 넘어 '현재를 향해 의미 있는 말 걸기를 해 오는 실체'이기 때문이다.

같은 맥락에서 동학농민혁명사의 문학 작품화, 혹은 더 구체적으로 소설화 과정에서는 당대의 '전주성 전투를 향해 던지는 말'에 귀 기울이지 않을 수 없게 된다. 이는 역사소설이란 역사인 동시에 소설이므로 일차로 역사에서 소재를 가져오지만 단순한 과거 사실의 재현이 아니라 현실과 어떤 관계를 맺고 있는지 작가의 의식에 주목하게 된다. 비록 문학적 표현이 제한된 시대라 할지라도 작가의 현실과 관련된 역사의식은 어떤 수단을 통해서든 그것을 드러내기 때문이다.

이 연구는 동학농민혁명을 소재로 한 문학작품[3]을 연대별로 살피면서 다음 몇 가지를 주목할 것이다.

첫째, 현재의 작가가 동학농민혁명이라는 과거 역사적 사실을 통해서 무엇을 구체화하려 하는가. 둘째, 과거 동학농민혁명사에 대한 인식이 작가의 문학 작품화 과정에서 어떻게 나타나는가. 셋째, 문학작품에 고유 정서가 얼마만큼 충실한가. 동학농민혁명이 서구화 이전의 역사이므로 당시의 풍속 언어 민속 등은 민족의 고유 정서를 이해하는 데 중요한 요건이 되기 때문이다.

2. 동학농민혁명과 전주성 전투 전개 양상

조선시대의 전주는 동학농민혁명이 발발한 전라도의 심장 격인 감영이 있던 곳이며, 풍패지향(豊沛之鄕, 건국자의 고향)으로서, 태조 이성계의 영정을 보관하던 경기전, 이씨의 시조 및 시조비의 위패를 봉사한 조경묘가 있는 영지(靈地)로 인식되었다. 따라서 동학농민군의 전주성 점령은 동학농민혁명 당시 조정이나 동학농민군에게는 중요한 의미가 있었다.

동학 및 동학농민혁명사 연구 초기에는 사회사적인 사건의 의미보다는 전봉준의 영웅적 행적이나, 혁명성에 초점이 맞춰졌다. 따라서 초기 역사 연구 역시 전봉준이라는 인물 중심이었다. 장봉선의 「전봉준실기(全琫準實記)」(1933)와 김재덕의 「갑오동학란(甲午東學亂) : 전봉준실기(全琫準實記)」(1933)이 대표적이다. 이 두 텍스트는 전봉준의 고부민란과 전주성 점령 과정을 그리고 있고, 대체로 비슷한 사건 흐름을 보이고 있다. 이와 같은 시기에 이돈화의 『동학란』(1933). 오지영의 『동학사』(1933)가 출판되었으나 전봉준의 영웅 행적과 이에 대한 전후사로 구성된 느낌이다. 이는 1980년대 들어서 최현식의 『갑오동학혁명사』에 이르러 체계화되었고, 여기서는 이를 중심 내용으로 삼았다. 문학 소재 활용에 대해서는 다음 장에서 상론하기로 하며, 여기서는 인물, 사건, 배경을 기본으로 하는 문학작품, 특히 소설을 중심으로 고찰하기 위해 사건별로 전개하고자 한다.

1) 동학농민혁명 초기의 전주성

1893년 정월, 전봉준의 고부관아 침탈 소식이 전주감영에 보고되면서 전주감영의 동학농민혁명 상황이 시작되었다. 고부민란이 새 고부군수로 내려간 박원명에 의해 원만하게 마무리되어 가던 중에 안핵사 이용태의 파견과 횡포가 보고된다. 이어 동학농민군이 무장에서 기포하여 백산으로 옮겨 진을 치면서 전주감영에서 감당할 사건을 넘어서자 조정에 급히 보고되었고, 조정은 토벌군을 급파하는 한편 청나라에 토벌군을 요청한다.

먼저, 한양에서 군사를 이끌고 전주감영으로 들어온 홍계훈이 전 영장 김의풍을 적과 내통했다는 이유로 목을 친 뒤, 동학농민군 토벌을 위해 출동했으나 황토재 전투와 장성 황룡강 전투에서 잇따라 패한다.

2) 전주성 무혈입성

동학농민군은 1894년 4월 23일 장성에서 이학승이 이끄는 경군을 격퇴시키고, 여세를 몰아 장성 갈재를 넘어 전주로 향했다. 원평 장터에서 원평대회를 열어 한양에서 효유문을 들고 내려온 왕의 사자를 공개 처단하고, 전주로 들어가는 지름길인 독배재(현 전주시 완산구 효자동)를 넘었다. 전봉준은 26일 전주의 턱밑인 삼천(三川)에 이르러 동학농민군을 장꾼으로 변복시켜서 전주성 안에 침투시켜 놓고 내응자와 긴밀하게 연락을 취하는 등 전주성 점령을 위한 만반의 전략을 짜놓고 동학농민군 본대는 이곳에서 야영했다.

다음 날 아침(27일), 장꾼으로 변복하여 들어갔던 동학농민군이 성안에서 소요를 일으키는 틈에 동학농민군 주력은 용머리고개를 넘어 전주성을 향해 진격해 들어갔다. 동학농민군은 전주성 서문과 남문을 통해 거의 무혈로 입성했다. 전라감사 김문현은 동학농민군이 물밀듯이 들어오자 전주판관 민영승, 영장 임태두 등과 함께 경기전 이태조 영정과 조경묘 위패를 챙겨 들고 가마에 올라 동문을 통해 달아났다. 이는 뒷날 문책을 피하기 위한 술책이었다. 동학농민군이 그들을 알아볼까 봐 가마를 버리고 평민 복장으로 달아났다.

위봉산성은 전주 8경의 하나로, 성안에는 위봉사가 있다. 유사시에 경기전에 있는 태조의 영정과 시조의 위패를 봉안하기 위한 곳이다. 동학농민혁명 당시 전주성이 동학농민군에 의해 함락되자, 전라감사 김문현, 전주판관 민영승, 영관 임태두 등은 달아나면서 태조의 영정과 조경묘의 위패를 이곳에 피난시켰다. 현재는 성벽 일부와 전주로 통하는 서문만이 남아 있는데, 문 위에 있던 3칸의 문루는 붕괴되어 없어지고 아치형 석문만 남았다.

3) 전주성 전투

동학농민군의 뒤를 따라다니던 정부군 홍계훈 군대는 동학농민군이 전주성에 입성한 다음 날 용머리고개에 도착했다. 이들은 완산칠봉 남쪽 구릉에 지휘본부를 설치하고, 완산 다가산 사직단 유연대 등 주변 산과 골짜기를 연결하여 진을 치고 포열을 정비했다.

이때부터 동학농민군과 홍계훈의 경군은 전주성을 두고 치열한 공방전을 벌였다. 5월 1일 동학농민군은 남문으로 나가 부대를 남북 2대로 나누어 완산칠봉의 경군을 목표로 돌진했다. 남쪽 1대는 남고천을 건너 곤지산 서쪽 벼랑의 골짜기를 공격했고, 북쪽 1대는 위봉으로 올라가 매곡(梅谷)을 사이에 두고 경군과 전투를 벌였다. 5월 2일 경군은 동학농민군과 직접 전투를 하지는 않았으나 완산에 설치된 야포와 기관총으로 전주성을 향해 무차별 사격을 가했다. 그러나 포탄은 성안까지 닿지 못하고 서문과 남문 밖의 민가에 떨어졌다. 5월 3일에는 경군과 동학농민군 쌍방에서 큰 희생이 따르는 치열한 전투를 치렀다. 전봉준은 직접 동학농민군을 이끌고 북문과 서문으로 나갔으며, 이날 전투에서 선봉장으로 앞장섰던 소년 장사 이복룡이 전사했고, 전봉준도 왼쪽 허벅지에 총상을 입었으며, 경군 역시 심각한 타격을 받았다.

완산칠봉에 진을 치고 대포 공격을 감행한 관군의 공세로 당시 전주성은 크게 파괴되었고, 경기전까지 훼손되었다. 게다가 수많은 동학농민군이 완산전투에서 희생되었다. 그런데 지금까지도 동학농민군과 관군의 구체적인 전투 양상이나 희생자가 체계적으로 정리되지 못했다. 최근에 발견된 일본 방위청의 자료에 의하면 이곳 완산칠봉에 동학농민군 희생자의 집단매장이 이뤄졌고, 그 현장을 확인할 수 있을 것으로 기대하고 있다.

4) 청일전쟁 전개와 전주화약

이처럼 전주성을 중심으로 동학농민군과 홍계훈의 경군이 치열한 공방전을 치르고 있을 즈음, 조정에서 요청한 청의 군대가 들어왔다. 청나라 군사가 5월 5일과 7일 아산만에 상륙하자, 일본군 역시 5월 6일 인천항에 선발대를 상륙시켰다. 이어 청일전쟁이 벌어졌다. 이 소식이 전주성의 동학농민군에게도 알려졌다. 전봉준은 조선을 두고 열강이 벌이는 싸움이니 관아와 타협하지 않을 수 없었다. 전봉준이 이끄는 동학 지도부는 폐정개혁을 실시한다는 조건이 수용되자 5월 7일 전주화약을 맺었다.

선화당은 당시 전라감사 김학진의 집무실로, 전라도 행정과 권력의 상징이라고 할 수 있다. 전봉준은 김학진과 타협한 이후 이곳 선화당에서 집무하면서 김학진과 함께 전라도 일대의 행정을 장악했으니 우리 역사상 최초의 민중 권력 기관이었다.

5) 2차 봉기와 관-일본군의 동학농민군 토벌

2차 봉기 시기의 전주성 상황에 대한 언급은 많지 않다. 전봉준과 김개남은 전주성을 거쳐 빠르게 북상했기 때문이다. 전봉준이 이끄는 주력부대의 공주 우금치 전투, 김개남 부대의 청주성 전투 후에 쫓길 때도 전주성은 뚜렷한 역할이 없었다.

다만 토벌군이 전주성에 머물며 동학농민군을 토벌한 기록이 보인다. 초록바위는 김개남 장군 처형지로 알려진 곳이다. 주한일본공사관기록에 따르면 1894년 12월 3일 신시(오후3시-5시)에 군인과 민간인을 서교장에 모이게 하여 김개남의 머리를 잘라 군중에게 보인 뒤 한양으로 올려보냈다. 당시 초록바위는 동학농민혁명 당시 죄인들의 처형터였다고 한다. 서교장이 꼭 초록바위라고 단정할 수는 없으나 전해오는 이야기를 종합해 보면 신빙성이 있어 보인다. 이곳은 전주 남부시장 맞은편 왼쪽의 산등성이가 끝나는 곳으로 여러 바위가 있는데, 그 색깔이 푸른색을 띠고 있으며, 천변도로가 개설되기 전까지 공터였다.

6) 전주 출신 동학농민군 활동

초기 기록에 속하는 『천도교백년약사(상권)』에는 전주 출신 20명의 접주가 소개되었다. 강수한(姜守漢), 고문선(高文善), 고천년(高千年), 구창근(具昌根), 김기성(金基成), 김춘옥(金春玉), 박봉열(朴鳳烈), 서영도(徐永道), 송덕인

(宋德仁), 송창열(宋昌烈), 이경화(李璟華), 이봉춘(李奉春), 이수일(李壽日), 이창돈(李昌敦), 이창순(李昌淳), 임상순(林相淳), 주백산(朱白山), 최대봉(崔大鳳), 한경숙(韓敬孰), 허내원(許乃元) 등이다.

이 밖에 전주 출신이거나 전주를 배경으로 활동한 동학 참여자 수가 109명에 달한다. 이들은 백산기포, 황토재 전투, 장성 황룡강 전투에 참여했고, 전주성 전투를 치렀다. 재기포 시기에는 공주성 전투를 치르거나 더러는 남쪽으로 내려가 장흥 석대벌 전투에 참여하고 남해 일대에서 총살되기까지 한 다양한 활동 기록이 보인다.

대표적인 예로 박채현(朴采炫, 異名 : 彩現) 등 40여 인의 전주 출신 동학농민군이 1894년 12월 28일을 전후한 시기에 장흥 장대, 보성 완도 등지에서 처형되었다.

참여자 기록을 통해서 본 전주 출신 동학농민군 활동은 다음과 같다.

● 허내원(許乃遠): 최대봉(崔大奉 異名 : 大鳳), 박기준(朴基準), 이복룡(李福龍, 異名 : 福用, 14세 소년장사로서 5월 3일 전주성 전투에서 전사), 선판길(宣判吉), 안만길(安萬吉), 민영일(閔泳一), 송덕인(宋德仁), 송창렬(宋昌烈, 접주), 서영도(徐永道, 접주), 고덕문(高德文) 등은 전주 전투에 참여했다가 전사했거나 5월 집강소 활동을 전개했고, 같은 해 10월 충청도 논산, 전라도 삼례전투에 참여했다.

● 박춘장(朴春長, 접주)과 김준식(金俊植), 홍관범(洪官範, 성찰): 동학교도로서 1894년 5월 전주성 전투에 참여했고 전사했다.

● 고문선(高文譔, 異名 : 文善, 대접주)은 1894년 전라도 전주에서 동학농민혁명에 참여했다가 1900년 체포되어 같은 해 3월 18일 옥에서 사망했다.

● 최화심(崔和心)은 동학농민혁명에 참여했다가 1894년 전라도 전주에서

처형되었다.

● 박봉열(朴鳳烈)은 1894년 전라도 태인과 전주에서 동학농민혁명에 참여했다가 체포되어 전주에 수감된 뒤 1896년 4월 '장삼십(杖三十)'의 처벌을 받았으나 사망했다.

● 황희성은 집안 동생 황화성과 함께 동학농민혁명에 참여하여 전라도 무장 기포에 참여한 뒤 1894년 5월 전라도 전주 전투에 참여했다.

● 김순명(金順明), 서상은(徐相殷), 정덕수(鄭德守)는 동학농민군 지도자로서 동학농민혁명에 참여했다가 김순명은 1894년 5월 3일 전라도 전주 용머리 전투에서 전투 중 초토사 홍계훈에게 체포되어 처형되었고, 서상은 정덕수는 전사했다.

● 윤상오(尹尙五)는 1892년 전라도 태인에서 동학에 입도한 뒤 1894년 전라도 고부, 전주에서 백형(伯兄) 윤상홍을 따라 동학농민혁명에 참여했다.

● 송일두(宋一斗, 접주), 장영식(張永植), 이봉안(李鳳安), 유달수(柳達洙), 안승환(安承煥), 박영준(朴泳準)은 1894년 5월 전라도 전주에서 집강소 활동을 하다가 같은 해 10월 논산·삼례전투에 참여했다.

● 황화성(黃化性)은 1894년 집안 형과 함께 무장기포에 참여했고, 이후 전주성 전투에서 전사했다.

● 김경수(金敬洙)는 1894년 3월부터 동학농민혁명에 가담했고, 전주 용머리 고개에서 전투 중 부상을 당한 뒤에 피신했다.

● 김흥섭(金興燮)은 전봉준의 진중 수행 비서로서 전주성 점령기까지 임무를 수행하고 이후 부친 최성칠을 도와 폐정개혁 활동에 나섰다가 동학농민혁명 퇴패기에 피신했다.

● 송학운(宋學運)은 전봉준과 함께 전주 황토현 전투에 참전한 뒤 피신했다.

●이문교(李文敎, 접주)는 1894년 무장기포, 황룡촌 전투, 전주성 전투에 참여했으며, 공주성 전투 패전 후 은신하다 체포되어 12월 26일 총살되었다.

●나재원(羅載元)은 동학교도로서 1894년 3월 최흥식 형제와 함께 김덕명 부대에 편입되어 백산봉기에 참여했다가 1894년 11월 26일 원평 전투 패전 후 피신했다.

●김상준(金商俊, 접주)은 전주성 전투, 삼례봉기에 참여했으며 공주 전투 패전 후 산속으로 피신했다가 귀가했다.

●김문환(金文桓)은 1894년 부친 김삼묵과 함께 고부, 전주에서 동학농민 군으로 활동했으며, 김개남을 따라 혁명에 참여하여 청주 전투에서 부상을 당한 후 김제로 피신했다.

●김양식은 형 김준식과 함께 전라도 익산에서 동학농민혁명에 가담하여 1894년 5월 전주 전투에 참여했다.

●김영서(金永西)는 동학농민군의 연락책을 담당했으며, 패전 이후 체포되어 전주감영에 투옥되었다가 방면되어 귀가했다.

●서단(徐鍛)은 사촌 서용(徐鏞)과 함께 김개남 포에 속하여 3월 백산봉기에 참여했고, 5월 초 전주성 전투에서 홍계훈 부대와 접전 중 전사했다.

●이응범(李應凡)은 1894년 1월 마을청년들과 함께 전봉준 장군이 이끄는 동학농민군에 가담하여 전주성 전투에 참여했다.

●김사엽(金士曄)은 동학도로서 1894년 3월 고부 백산 봉기에 참여했으며, 11월 우금치, 원평 전투에서 패한 뒤 피신했으나 체포되어 1895년 1월 전주에서 처형되었다.

●최중여(崔仲汝)는 1894년 9월 옥구지역 동학농민군으로 활동하다 12월에 체포되어 전주감영에서 12월 10일 처형되었다.

●황준삼(黃俊三), 김순여(金順汝)는 동학농민군 지도자로서 1894년 전라도 금구에서 동학농민혁명에 참여했다가 피신한 뒤 1896년 봄 전라도 나주에서 재봉기를 모의했다가 체포되어 1896년 8월 전주에서 처형되었다.

●유수덕(劉壽德, 異名 : 水德, 접주)은 1894년 전라도 광양에서 동학농민혁명에 참여하여 전주성 점령에 참여했다가 충청도 홍성 전투에서 패한 뒤 체포되어 전라도 고성으로 압송되었다가 살해되었다.

●전상률(全尙律)은 전라도 완도에서 활동했다.

●박태로(朴泰魯, 異名: 泰老)는 전봉준의 선봉으로, 1894년 전주 점령에 참여한 뒤 전라도 보성에서 1895년 1월 체포되었다.

●윤상홍(尹尙弘)은 1894년 3월 전라도 고부에서 기포한 뒤 전주성 점령에 참여했다.

●이창돈(李昌敦)은 1894년 5월 전라도 전주에서 집강소 활동을 전개한 후 같은 해 10월 논산·삼례 전투에 참여했다.

3. 동학농민혁명을 소재로 한 문학작품과 전주성 전투

1) 문학작품의 소재가 된 동학농민혁명사 초기 연구서

앞 장에서 살펴본 바와 같이 1933년 무렵부터 전봉준의 영웅적인 행적을 중심으로 동학농민혁명사(당시는 동학난, 혹은 동학운동)가 구전 혹은 사료를 중심으로 기술되기 시작했다. 김재덕의『갑오동학난: 전봉준실기』(1933, 경성서림 간)가 대표적인데, 이 저술은 총 36쪽에 불과하지만 조선말 동학 창도 시기부터 공주 우금치 전투 패배에 이르기까지 동학농민혁명사의 전 과정을 다루고 있다. 같은 해에 이돈화의『천도교창건사』(1933, 천도교중앙총부

간)가 출간되었다. 창도주 최제우, 해월 최시형과 동학농민혁명, 3대 교주 손병희의 행적까지를 아우르고 있다. 이 중 「갑오운동」이라는 장에서 15쪽 분량으로 동학농민혁명 전개 과정을 다루고 있다. 이보다 늦은 1938년에 오지영의 『동학사』가 출간되어 일단 문학적인 자료가 되었다. 본격적인 역사 기술은 1980년도 최현식의 『갑오동학혁명사』(신아출판사)에 이르러 전국의 동학농민혁명을 아우르는 사적 기술로 체계화된다.(1994년에 3판, 증보판 출간) 그런데 이 책의 부록에 장봉선의 「전봉준실기」(1938)가 실려 있다. 이렇게 되면 김재덕과 장봉선 두 사람이 같은 제목으로 「전봉준실기」를 쓴 셈이다. 두 텍스트는 전봉준을 중심에 두고 고부민란과 전주성 점령 과정 등 비슷한 사건 전개 양상을 보여준다. 이런 전봉준의 행적은 초기 모든 소설의 소재가 되었다.

동학농민혁명사 연구는 1980년대 들어서 최현식의 『갑오동학혁명사』에 이르러 체계화되어 풍부한 소설의 소재가 되었고, 풍부한 연구 저서가 나옴으로써 좀 더 다양한 문학 작품 생산을 위한 사료가 되었다.

2) 동학농민혁명을 소재로 한 문학작품 개관과 역사소설

한국문학사에서 동학농민혁명은 4.19 이후 민주화 운동이 활성화되면서 현실 대안적인 소재로 채택되기 시작했다. 이는 당시 펼쳐지고 있는 사회 상황, 즉 군부 독재에의 저항의 일환으로, 반외세와 민주화 열풍, 산업화 과정에서 열악한 노동구조와 소외된 계층의 등장에 따른 다양한 리얼리즘 문학의 소재로 활용되었다. 이에 따라 동학농민혁명사라는 소재는 한국문학에서 (1) 농민 해방 투쟁 (2) 서구 근대문명 부정과 연계된 반외세 민족운동 (3) 반독재 저항 투쟁운동에 대한 역사적 모티프 (4) 산업화에 따른 노동·

민중해방운동의 역사적 근거 등 척박한 현실 대안적인 문학 소재가 되었고, 다양한 장르의 문학작품으로 형상화되었다.

문학 작품화된 현황을 수치로 제시하는 것은 문제가 있지만 다음 내용은 참고할 만하다. 국립중앙도서관 보유 자료를 '동학농민혁명'으로 검색할 때 검색된 도서목록 중 문학 작품집이 355건으로 결코 적은 수치가 아니다. 이를 시대별로 고구하면 1971-1980년 2건, 1981년-1990년 35건, 1991년-2000년 162건, 2000년 2010년 95건, 2011-현재 61건 등이다. 이 같은 수치는 1995년 동학농민혁명 100주년 기념의 해가 있었던 1990년대부터 활성화된 사실을 알 수 있다. 이는 1990년대 민중 · 민주운동 같은 사회사적 분위기와 무관하지 않다.

여기서는 동학농민혁명을 소재로 한 문학작품 개관에 이어, 전주성 전투 양상이 잘 나타난 역사소설을 중심으로 살펴보고자 한다. 여기서 논의 범주를 역사소설에 국한하는 이유는 역사소설이 인물, 사건, 배경을 총체적으로 제시하기에 적합한 문학 장르이기 때문이다.

역사소설은 어차피 소설이므로 특정 시대의 특정한 사회적 리얼리티를 그 시대의 모든 특색과 독특한 환경 속에서 그려내는 것을 목표로 한다. 이를 위해 등장인물의 전형성 창조가 중요하며 중도적, 범용한 인물을 등장시켜 사건을 통해 서로 부딪치고 대적하는 사회 세력들의 총체성을 드러내야 한다.[4] 요컨대, 역사소설이란 역사적 사실-사건과 인생-속에 숨어 있는 역사적 진실을 작가의 투철한 역사의식과 상상력을 통하여 파악하고, 그것을 각각의 개성을 가진 인물의 활동을 통하여 작품으로 구체화시킨 것[5]이다. 이런 기준에 따라 동학농민혁명사를 소재로 한 역사소설을 살펴볼 때 대체로 다음 두 가지 경향을 보였다.

첫째, 당대의 현실문제와 대결할 용기나 의욕이 결여된 작가들이 과거로 도피할 의도에서 쓴 것으로 간주되었다. 가급적이면 당대의 현실과 동떨어진 과거의 역사를 신비롭게 형상함으로써 짙은 에로티시즘을 드러내며, 현실에 대한 문제의식이 배제된 흥미 위주의 오락물로 전락하는 경우가 많았다. 둘째, 역사소설의 진정한 의의는 과거를 우화로서가 아니라 '현재의 전사'로서 그려 보이는 데 있다. 즉 역사소설에서는 과거의 역사가 현재와 긴밀한 관련을 지녀야 함은 물론이고, 이를 위해서는 현재의 '이념'을 역사적 소재에다 일방적으로 투사할 것이 아니라 과거가 현재의 성립사라는 관점에서 과거를 생생하게 묘사함으로써 현재에 대한 인식을 좀 더 풍부하게 하는 것이 바람직하다는 것이다.

대체로 1980년대를 경계로 이전의 역사소설은 첫째의 경향을, 이후에는 후자의 경향을 보인다. 이같은 가설 규명이 이 글의 목적이기도 하다.

3) 동학농민혁명을 소재로 한 문학작품의 시대별 고찰

동학농민혁명사나 이를 소재로 한 문학작품 형상화 양상은 시대마다 다를 수밖에 없었다. 이를 연대별로 나누어 고찰하는 방법은 문제가 있을 수 있지만, 사회사적 사건이 내포된 작품 연대별 고찰은 학계의 보편적인 연구방법으로 쓰이고 있다.

(1) 일제강점기부터 1950년대까지

일제강점기에 이어 6.25전쟁이 있었던 1950년대까지는 동학농민혁명을 문학 소재로 활용하는 사례는 극히 제한적이었다. 최초의 동학 소재 소설은 엄혹한 일제시기에 이돈화의 장편소설 『동학당』(1935)이라고 할 수 있다. 역사소설 「동학당」의 내용은 전반과 후반으로 나뉘는데, 전반은 역사적인 인물인 이필제를 통해 동학 창도주 최제우와 2대 교주 최시형의 삶을 조명하며, 후반은 김석연이라는 허구적 인물을 통해 최시형의 포교 과정과 3대 교주 손병희의 사실적인 행적을 다루었다. 이런 구조는 이필제라는 역사적 인물과 김석연이라는 두 허구적인 인물을 통해 교단의 중추적인 인물 최제우 최시형, 손병희의 영웅적 행각을 드러내 보이려는 작가의 의도를 위한 것으로 읽힌다. 따라서 본격적인 동학혁명사의 중심에는 접근하지 못했다. 앞에서 살핀 바와 같이 이돈화가 역사를 모르는 것이 아니라 『천도교창건사』를 통해 「갑오운동」이라는 소제목으로 15쪽 분량으로 동학농민혁명 전개 과정을 다뤘다.

시 부문에서는 1947년 〈연간조선시집〉에 발표된 조운의 시 「고부 두승산(古阜 斗升山)」이 최초인데, 고부군수의 폭정에 따른 고부 지역의 민란과 전봉준이라는 인물을 정면으로 다뤘다.

이처럼, 이 시기에는 동학농민혁명 소재의 문학작품이 본격적으로 나타나지 않으며, 전봉준의 영웅적 행적은 물론 전주성 전투도 언급이 없다.

(2) 1960년대

1960년대는 4.19혁명 이후의 민주화 열풍으로 동학농민혁명사가 본격적인 문학 작품 소재로 등장하기 시작했다. 이는 4.19혁명을 거치면서 민주의식이 높아졌고, 사회 변혁과 동학농민혁명에 대한 인식이 달라지기 시작한 상황이 반영된 것이다. 1967년 신동엽의 장편서사시 「금강」과 「껍데기는 가라」 외 3편의 시가 발표되면서 동학농민혁명사가 반외세의 자주적 사건으로 노래되기 시작했다. 1963년 9월 29일자 전북일보에는 부안 출신 시인 신석정의 「갑오동학혁명의 노래」가 발표된다. 이 시는 1963년 5·16정권이 자신들의 행위를 정당화하기 위해 황토현에 '갑오동학혁명기념탑'을 세울 당시, 제막식 나흘 전에 급히 발표되었다.

이 같은 분위기를 타고 최인욱의 『초적(草笛)』(1961), 서기원 『혁명』 (1965), 최인욱 『전봉준』(1967) 등의 장편소설이 발표되었다. 여기서는 전봉준과 전주성 전투 등 본격적인 동학농민혁명사를 다룬 역사소설이라 할 최인욱 『전봉준』을 중심으로 고찰하기로 한다.

최인욱의 『전봉준』: 1967년도에 발표된 장편소설로, 소설이 나온 배경은 4.19이다. 동학농민혁명을 4.19와 같은 변혁기의 사건으로 보려는 최초의 시도였다는 점에서 문학적 의의가 크다고 볼 수 있다. 소설의 시작은 고부 지역이다. 전주성에 머물던 김문현은 동학군이 경군 홍계훈이 지휘하는 관군에 쫓겨 내려갔다는 보고를 받고 주흥에 빠진다. 그러나 장사꾼으로 변복하여 전주성으로 들어온 전봉준의 동학군에 의해 전수성은 일거에 함락된다. 한편, 남원의 민포대장 박봉양의 공격에 주춤하여 40여 일을 남원성에서 웅거하던 김개남이 군사를 이끌고 전주성으로 들어와 합류한다. 전주성에 머물던 탐관오리 김문현과 전주성 함락에 성공하는 동학농민군의 활약상을 통해 동학농민혁명 소재의 소설에서 전주성 전투에 대한 비중이 드러나며, 전봉준이 영웅화되고 있다. 그러나 전주성 전투를 중심으로 한 역사적 사건과 함께 영웅으로 관념화된 전봉준의 행적을 중심으로 하다 보니 문학작품으로서 입체적인 인물의 형상화는 제한적이었다. 즉, 전봉준이라는 영웅을 쫓다보니 다른 인물은 그다지 비중이 높지 않았다. 이 소설에서 전주성 전투의 범위는 동학농민군을 이끈 전봉준과 감사 김문현이라는 인물의 대응을 통해 (1) 동학농민혁명 초기의 전주성 (2) 무혈입성 (3) 전주성 전투 (4) 청일전쟁과 전주화약 (5) 2차 봉기와 동학농민군 토벌 등 전주성 전투의 전 과정을 통해 보여주고 있다.

(3) 1970년대

1970년대는 박정희 군부독재 정권에 맞서면서 시인 김관식, 황동규, 문병란 등이 동학농민혁명을 소재로 한 10편의 시를 발표하였고, 장편소설 이용선의 『동학』(1970), 유현종의 『들불』(1976), 박연희의 『여명기』(1978) 등이 발표되어 본격적인 장편 역사소설 창작이 활기를 띠기 시작했다.

이용선의 『동학』: 동학혁명사를 총체적 안목으로 보려 한 점이 이 소설의 특징이다. 이 소설은 경향신문사가 주최한 장편소설 공모에 당선된 작품으로, 소설의 구조는 창도주 최제우의 일대기와 동학 창도, 포교, 2대 교주 최시형 포교 과정, 전봉준의 창의와 동학혁명의 전 과정을 상·하 두 권의 소설로 형상화하였다. 소설 제목 앞에 '실록대하소설'이라고 밝혀서 역사적 사실에 충실했음을 내세우고, 동학혁명사를 폭넓게, 사실적으로 담고자 한 소설이다. 동학혁명이 전국적으로 전개된 사건으로 이해하려 했다는 점이 남다르다.

소설의 주요 사건 구조를 통해 전주성과 관련된 사건 비중을 이해할 수 있다. 상권은 최제우가 동학을 창도하지 않으면 안 되는 타락한 봉건사회와 최제우의 순교 과정을 보여주며, 도통을 전수받은 2대 교주 최시형의 포교 과정과 이필제의 교조신원운동인 '신미사변'(1871)[6]을 다루고 있다. 신미사변 실패 뒤로 동학에 대한 탄압은 한층 강화되며, 최시형은 잠행 포덕에 나서게 된다. 하권은 동학농민혁명이 일어나지 않으면 안 되는 정치 사회적 배경으로, '민씨과(閔氏科)도 있다네' '개땅이 곪네'와 같은 봉건 정부의 타락한 사회 상황과 '왜양(倭洋)은 가라' '농기(農旗)'와 같은 불안한 국제 정세를 타개하기 위한 동학농민군의 움직임을 역사적인 사건을 통해 사실적으로 보여준다. 마침내 '전봉준이 일어서다'로 동학농민혁명이 본격적으로 전개된다. 초기에 동학농민군이 승승장구하지만 '왜까마귀 되까마귀'와 같은 청일전쟁 때문에 '전주화약'을 맺고 물러설 수밖에 없는 시대적 아픔을, 전봉준의 비극적인 종말과 결부지어 전개하고 있다.

유현종의『들불』: 관비 임여삼(林汝三)이라는 허구적 인물을 내세운 작품이다. 임여삼의 아버지 임호한(林浩漢)이 여진민란의 주동자로 처형되었고, 임여삼은 어머니, 누이동생과 함께 관노비가 된다. 결국 누이동생 상녀는 여진 현감 최동진의 첩이 되고, 어머니는 이것이 '원한'이 되어 죽는다. 여삼은 힘이 장사인데, 아버지가 왜 민란을 일으켰는지 자각하지 못한 채 관아의 심부름을 간다. 심부름을 가는 길에 이웃집에 살던 친구 곽무출을 만나 전날의 약혼녀였던 상녀가 현감의 첩이 된 사실을 전한다. 여삼은 조선을 수탈하는 왜상인에게 붙어서 장사를 하는 배서방을 찾아갔다가 쌀을 수탈하는 왜상인의 일꾼이 되기도 한다. 곽무출이 약혼녀인 상녀를 차지한 현감을 죽이려고 들어갔다가 도리어 관아에 붙잡히자 여삼이 곽무출을 풀어준다. 이로 인해 여삼이가 도리어 옥에 갇혔지만 여삼은 옥을 부수고 탈출한다. 여삼은 세상 뜬 어머니를 매장할 때까지 세상에 대해 별스런 분노를 느끼지 못한다. 이때 여삼은 고부민란 소식을 듣게 되고 전봉준 앞에서 동학에 입도하여 동학농민혁명에 뛰어든다. 한편 곽무출은 이수정을 만나 야소교 포교사가 되고, 여삼이는 김개남의 부하가 되어 전주성 공략 전투에 뛰어든다. 여기서 옥이를 만나게 되고, 집강소 설치를 반대하는 남원감사를 공격하고, 9월 재기포 이후 공주성 전투에 참여하여 활약한다. 이 소설은 전봉준 일변도에서 탈피하여 김개남을 중심으로 전개된 특징이 있다.

박연희의『여명기』: 역사적인 인물보다 허구적 원민을 설정하여 전개한 장편소설이다. 박연희는 주로 역사소설을 써 온 작가로, 유신체제가 굳어지고 군사독재정권이 나치즘을 닮아갈 무렵에『민란시대』를 써서 저항한 투쟁적인 작가다. 그는 표현의 자유가 제한된 시절에도 굴하지 않고 역사소설을 통해 현실을 고발하였다. 『여명기』는 하층 원민을 주인공으로 삼아 현실 인식 과정을 보여줌으로써 한층 성숙된 민중 의식을 보여준다. 소설의 줄거리는 다음과 같다. 홍주 고을 호첨지네 집 머슴 육손이 김진사에게 억울하게 땅을 빼앗긴다. 그바람에 아버지도 죽고 뒤이어 어머니마저 죽자, 부모의 원수를 갚고자 전봉준이 사는 전라도로 내려가 동학농민혁명을 치러내는 내용이다. 상권에서는 육손이 전봉준을 찾아가 백산기포에 동참하는 과정을, 중권에서는 호남의 동학군과 관군의 전투 과정과 전주성 함락까지를, 하권에서는 공주 싸움까지를 다루어 동학농민혁명의 전 과정을 비교적 사실적으로, 긴박하게 좇고 있다. 이 소설은 김첨지에게 원수를 갚고 관에 쫓기는 육손이의 행적이 주된 흐름인데, 온전히 원민의 시각에서 접근하고 있다. 낫으로 아버지의 원수 김첨지를 처단하는 장면은 전에 없던 사실적 기법으로 묘사하는 등 작품 전반에 서슬이 퍼렇다. 동학농민혁명을 다룬 역사소설들이 전라도와 전봉준 중심으로 전개된데 비해 『여명기』는 비교적 충청 전라 지역 통합적인 시각을 지녔다.

1970년대의 문학, 특히 장편소설에서는 박정희 군부독재 철권에 맞선 동학농민혁명 소재의 창작 활동이 활성화된 시기였다. 특히 장편소설에서는 전주성 전투와 전주화약의 역사적 의미를 총체적으로 형상화하고 있다. 하지만 투쟁일변도의 '원민'의 한계를 넘지 못했던 사실을 지적하지 않을 수 없다.

이용선의 『동학』, 유현종의 『들불』, 박연희의 『여명기』, 이 세 편 소설의 공통점은 허구적인 인물을 통해 이야기를 전개하지만, 이들은 동학 지도자 전봉준 아래 들어가 활동한다는 점이다. 따라서 이 소설들은 (1) 동학농민혁명 초기의 전주성 (2) 무혈입성 (3) 전주성 전투 (4) 청일전쟁과 전주화약 (5) 2차 봉기와 동학농민군 토벌 등 전주성을 배경으로 모든 활동을 보여주고 있다. 곧 전주성 함락은 동학농민군의 구체적인 소망이고, 좌절인 셈이다.

(4) 1980년대

1980년대는 신군부 독재정권에 대한 민중들의 민주화운동이 활성화되면서 동학농민혁명을 소재로 한 문학 작품도 본격화되었다. 시에서 임홍재의「청보리의 노래」(1980), 장효문의「서사시 전봉준」(1982), 안도현의「서울로 가는 전봉준」(1985), 양성우의「만석보」(1985), 고운기의「봉준이 성님」(1987), 고은의「첫닭 울면」(1988), 김남주의「황토현에 부치는 노래」(1988)가 발표되었다.

소설에서는 안도섭의『녹두』(1988), 강인수의『하늘보고 땅보고』(1988), 박태원의『갑오농민전쟁』(1988), 문순태의『타오르는 강』(1989) 등이 발표되어 동학농민혁명 소재의 문학작품이 양적으로도 한층 풍부해졌다. 뿐만 아니라 전대의 소설들이 분노어린 원민이 중심이었다면, 이념적인 민중이 사회사적 모순을 극복하려 하는 과정을 형상화함으로써 동학농민혁명사의 전개과정을 한층 실증적으로 제시한다. 이에 따라 동학농민혁명 과정에서 조정이나 보수 지배층 인물들의 움직임을 사실적으로 보여준다는 점도 특징이다.

안도섭의『녹두』: 장편소설『녹두』는 전대의 동학농민혁명 소재의 역사소설과 달리 동학농민혁명사의 역사적 전개 과정을 폭넓게 보여주고 있다. 제1권 백산기포, 제2권 청일전쟁, 제3권 항일의 기로 등 동학농민혁명의 전 과정은 물론 1895년 민비 시해 사건과 의병 전쟁까지 통합적으로 다루고 있다. 1권 〈백산기포〉에서는, 탐관오리의 갖은 탐학에 떨쳐나선 고부 농민 봉기와, 점차 혁명의 기운이 싹트는 정세 아래 조직적인 투쟁으로 연거푸 승리를 쟁취하는 과정을 보여주며, 전주화약 이후 새 시대를 여는 집강소 통치가 열린다. 2권의 〈청일전쟁〉에서는, 동학농민군이 전주성을 함락하자 조정이 청국에 동학농민군 토벌을 부탁하여 청국 군대가 조선에 출동한다.

청국군이 조선에 원병을 오자 이에 일본군은 천진조약을 빌미로 때를 놓칠세라 조선에 상륙한다. 일본군은 궁성을 짓밟고 대원군을 앞세워 괴뢰정권을 세우는 동시에 청일전쟁을 도발한다. 전주화약 후 전라도 53군현에 집강소를 두고 농민자치 통치에 주력하던 전봉준은 마침내 항일 구국의 기를 내걸고 항전의 길로 나선다. 이에 동학 진영은 남북접 대립의 과정을 거쳐 전국이 동학농민혁명전에 휩쓸리게 된다. 3권의 〈항일의 기〉에서는, 동학 농민군의 피어린 항전이 온 조선에 번지지만 일본군의 신무기 앞에는 속수무책으로 패전의 쓰라린 과정을 겪게 된다. 청일전쟁에 승리한 일본은 청국과 강화(講和)를 맺고 농민군을 추격, 학살로 이들을 제압한 다음 조정에서는 옥호루를 짓밟아 민비를 시해하고 이어 단발령을 내린다. 조선의 민중들은 의병 전쟁에 나선다.

문순태의 『타오르는 강』: 민중들의 한과 집단운동을 소설화한 본격적인 역사소설이다. 『타오르는 강』은 영산강을 공간 배경으로 동학농민혁명을 전후한 시기에서부터 일제강점기까지의 역사를 다룬 전 7권의 대하역사장편소설이다. 여기서는 노비세습제가 폐지된 1886년부터 갑오년 동학농민혁명까지 9년여의 과정인 1·2·3권을 주된 논의 대상으로 한다. 노비세습제가 폐지되었다지만 실제로는 여전히 양진사네 세습종으로 매인 몸인 웅보가 밤에 쌀분이와 도망가다 붙잡히는 이야기에서 시작되는 이 소설은 한 많은 하층민들의 생존 투쟁을 그려 보이고 있다. 종문서보다 땅문서가 더 필요한 이들은 땅을 찾아 떠난다. 이들은 큰물 때문에 버려져 있던 영산강 주변의 황무지를 일구어 새로운 삶의 터전을 마련한다. 땅에 대한 애착으로 수마(水魔)와 싸우며 일궈낸 생명과 같은 땅을 이번에는 3년간 계속된 가뭄으로 버려 둘 수밖에 없었다. 그러나 이번에는 3년간 세금을 내지 않았다는 이유로 관에 궁토(宮土)로 몰수당한다. 생존권을 박탈당하자 농민들이 항의하지만 도리어 감금된다. 이들은 마침내 동학군과 합세하여 나주성을 공격하지만 실패하고, 동학군은 그곳을 떠나 버린다. 이들은 야음을 틈타 갇힌 자들을 구해내고 관군을 습격한 뒤에 마을로 돌아오지만, 이제 새끼내에서 더 살 수 없게 되자 토지와 집을 버리고 마을에 불을 지른 후 떠나 버린다. 이 소설의 지리적 공간은 영산강 주변 나주 지역인 점이 특징이다.

1980년대는 신군부 독재정권과 대결하는 민중운동과 민주화운동이 왕성하여 동학농민혁명을 소재로 한 문학작품이 더불어 활성화된 시기였다. 특히 대하소설로 장르가 확장되면서 전 시기의 '원민관'을 탈피하여 '민중'의 본격적인 집단적 저항으로 보여주며, (1) 동학농민혁명 초기의 전주성, (2) 전봉준이 이끄는 동학농민군의 전주성 무혈입성 (3) 전주성 전투 (4) 청일전쟁과 전주화약 (5) 2차 봉기와 동학농민군 토벌 등 전주성 전투의 전 과정이 사실적으로 구체화된 특징을 들 수 있다.

(5) 1990년대

1990년대는 동학농민혁명 100주년이 있었다. 이 시기에 문학계는 반독재운동과 민중 노동운동의 분위기를 타고 동학농민혁명사에 대한 다양한 역사 인식을 기반으로 창작 활동이 활성화되었다. 김남주, 곽재구, 김용락 등이 단편 시, 그리고 장효문, 송수권 김용관 공저로 장편 서사시『파랑새 전봉준』(1997)을 발표했다.

역사소설 활성화의 분위기를 타고 많은 소설이 발표되었다. 채길순『소설 동학』(1991, 뒤에『동트는 산맥』으로 개작), 강인수『낙동강』(1992), 박일『이제 동학을 이야기하자』(1994), 강인수『최보따리』(1994), 한승원『동학

제』(1994), 송기숙『녹두장군』(1994), 서기원『광화문(부분)』(1994), 이병천
『마지막 조선검 은명기』(1994), 박경리『토지(부분)』(1994), 채길순『흰옷 이
야기(부분)』(1995), 윤영수『광야에서』(1996), 이윤희『네가 하늘이다』(1998)
등이다. 이는 동학농민혁명 100주년 기념 분위기에 편승하여 동학농민혁명
소재의 문학작품이 양산되었기 때문이다.

송기숙의『녹두장군』: 동학농민혁명 소재 소설의 대표적인 작품으로, 14
년에 걸쳐 쓴 총 12권의 대하소설이다.『녹두장군』은 19세기의 평범한 농
민들을 중심으로 하여 농촌사회의 기본적 생산관계 속에서 봉건 말기의 사
회경제적 모순을 포착해내고, 그 모순을 극복하려는 농민들의 투쟁을 투철
한 역사관과 풍부한 역사적 자료를 바탕으로 형상화한 작품이다. 특히 풍부
한 풍속 묘사를 생생한 형상으로 펼쳐 보이는 데 성공한 소설이다. 이는 작
가가 농민적 정서와 체험이 풍부할뿐더러, 1980년 광주민중항쟁이라는 '대
중적 역사체험'을 통해 역사와 변혁운동에 대한 사회과학적인 인식을 획득
한 후 풍부한 자료 조사를 거쳐 집필한 수작으로 평가된다.

『녹두장군』에서 전주성 전투는 제4부(8, 9, 10권)에서 방대하게 다뤄지고
있다. 역졸들의 만행에 분노한 고부 농민과 농민전쟁을 준비해 오던 무장
등 여러 고을 농민들이 3월 23일 고부로 진군한다. 4월 6일에는 야습으로
황토재 전투에서 승리하고, 4월 22일 황룡강 전투에서도 승리를 거둔 여세
를 몰아 4월 27일 마침내 전주에 입성하고 치열한 전투가 벌어진다. 그러나
5월 초 청군이 들어오고 일본 군대가 출동하여 전투가 벌어졌다는 소식이
들려온다. 보리걷이와 모내기 철이라 농민군이 동요하는 가운데 신임 전라
감사 김학진과 전주화약을 맺고 각 고을마다 집강소를 두어 농민투쟁의 목
표를 차례로 실천해 나간다. 그리고 재봉기와 우금치 전투까지 동학농민혁
명의 전 과정을 숨 가쁘게 다루고 있다.

박경리의 『토지』[7] : 한국문학에서 대표적인 대하소설 『토지』는 1890년대 평사리 최참판댁을 배경으로, 최참판을 중심으로 한 소작인과 노복들, 그리고 농민들 사이에 벌어지는 파란만장한 삶을 파노라마식으로 전개한 소설이다. 그러나 『토지』에서 동학농민혁명은 '역사의 불행한 씨앗이 된 역사'의 관점으로 형상화되었다.

동학농민혁명과 연관된 『토지』 1부 내용을 살펴본다. 최참판댁 최치수는 조선시대 전형적인 양반 선비로, 그는 선대로부터 물려받은 만석의 부를 누리며 청상과부인 어머니 윤씨, 그리고 외동딸 서희와 함께 살고 있다. 그런데 어머니 윤씨는 일찍이 동학당의 장수인 김개주에게 욕을 당해 환(일명 구천)을 낳은 비극을 안고 있는 여인이다. 이 같은 비극을 배경으로 태어난 환이는 최참판댁 노복으로 흘러들어 왔다가 별당아씨와 눈이 맞아 도피한다. 이에 대한 보복 일념으로 살아가던 최치수가 시리산에 숨어든 구천을 추격했지만 사살에 실패한다.

작가는 『토지』가 굳이 역사소설이 아니라고 선을 긋고 있다. 하지만 이 대하소설에서 숱한 민중의 핏값으로 얻은 생산적인 의미의 동학농민혁명사가 아닌 최참판댁 몰락의 단초가 되는 사건으로 설정되었다. 소설에 등장하는 김개주는 윤 씨 부인이 연곡사에 불공을 드리러 갔다가 우관스님의 친동생이자 동학군 장수인 김개주에게 겁탈을 당해서 환이 태어난다. 역사적인 인물 김개남을 염두에 둔 인물 설정이지만 전혀 역사에서의 김개남이 아니다.

박태원의 『갑오농민전쟁』[8] : 1930년대를 대표하던 작가 박태원이 월북 이후에 남긴 역사소설이다. 북한에서 최고의 역사소설이라 불리는 『갑오농민전쟁』은 반봉건의 기치 아래 민족의 자주성 확립을 부르짖은 농민전쟁의 이야기이다. 소설은 모순된 현실에 대한 민중들의 의식화 과정과 투쟁을 사실적으로 보여준다. 주인공 오상민이 농민봉기의 주동자인 전봉준에게 영향을 받음으로써 모순된 현실을 각성하고 사회적 성장이 이루어지는 의식화 과정을 상세하게 보여주고 있다. 이렇게 의식화된 주인공이 목격하는 농민전쟁 발발 전야의 각박한 정황, 사회모순의 첨예한 대립이 전체적인 전쟁 과정에서 잘 드러난다. 이런 의식화된 개인이 고부 농민봉기에서는 집단화되어 나타나게 되는데, 그 본격적인 저력은 결국 '황토재 싸움', '장성 싸움' 등에서 확인되며, 마침내 '전주성 함락'에서 절정을 이룬다. 이런 역사적 과정은 김재덕의 『갑오동학난: 전봉준실기』(1933, 경성서림 간)를 기본 텍스트로 전개된다는 특징이 있다.

채길순의 『흰옷이야기』: 충청도 동학농민혁명이라는 사건 속에서 여인 3대의 삶을 소설화했다. 전 3권의 장편소설로, 한국일보사가 주최한 광복 50주년 기념 1억원 고료 당선작이다. 한국일보에 1996년 1월부터 연재하여, 이듬해 11월에 출판된 책이다. 『흰옷이야기』는 동학농민혁명에서부터 일제강점기를 거쳐 한국전쟁 6.25전쟁에 이르는 격동의 역사를 여인 3대의 고난과 한을 중심으로 그려냈다.

조선 말, 개화양반 조 씨는 청상의 며느리를 불쌍히 여겨 종 노미와 밤도망을 놓아 보내고 후에 면천까지 시켜주었지만 이들에게서 태어난 딸 작은녀이는 이미 다른 사내에게 팔렸다. 주막집으로 흘러 들어간 작은녀이는 도망 종 욱종이를 만나 함께 도망을 치지만 결국 잡혀서 더 험난한 종살이를 하게 된다. 작은녀이는 동학에 입도한 큰아들 때문에 결국 목숨을 잃게 되고, 그녀의 딸 막금이는 밤도망을 친다. … 막금이, 똥칠개 등 주인공 이름에서 알 수 있듯이 천민 계층의 여인들이 급변하는 역사 속에서 계급, 분단, 성 등 여러 겹의 피해자가 되어 가는 과정을 통해 한국 역사의 아픔을 조명하고 있다. 이 소설은 배경이 충청도 중심이라는 것이 특징이다. 욱종이 전라도 일대의 각종 전투 현장과 우금치 전투에 참여하고, 참패한 소식을 전해 듣는 구조의 소설이다.

1990년대, 동학농민혁명 1백주년과 민족 민중 노동운동의 활성화로 동학농민혁명이 리얼리즘 소재로 활용됨으로써 동학농민혁명 소재의 문학작품이 만개한 시기였다. 전 시기에 이어 장편소설화 경향에 따라 전주성 전투 전후 시기의 상황이나 역사적 의미가 한층 더 자세하게 형상화된 특징을 들 수 있다.

(6) 2000년대 이후

1990년대 이념이 붕괴된 빈자리에 꽃피운 2000년대의 한국문학은 각별했다. 문학의 내면에 깊이 자리한 포스트모더니즘은 대량 생산과 대량 소비의 사회구조를 반영하며 다양한 형태로 변주되었다. 이에 편승된 2000년대 이후 한국 문학의 특징은 집단 서사적 빈자리에 '개인의 감성과 감각'에 의존하는 측면이 강하게 나타나면서 리얼리즘 퇴조로 동학농민혁명사의 문학적 소재는 극히 제한적이었다. 이에 따라 동학농민혁명사를 소재로 한 문학작품도 많지 않았다. 채길순의 대하소설 『동트는 산맥』 7권(소설동학 개작, 2001), 『조캡틴정전』(부분, 2010), 『웃방데기』(2014) 등 본격적인 동학농민혁명 소재의 소설이 발표되었고, 전진우 『동백 전봉준』(2014)도 발표되었다.

채길순의 『동트는 산맥』 : 대하소설 『동트는 산맥』은 동학농민혁명을 전국 통합의 사건으로 접근한 점이 특징이다. 이 소설은 동학농민혁명을 전라도를 중심으로 보려는 기존의 동학 역사소설과는 달리 충청도의 동학농민혁명의 흐름을 소설의 주류로 삼으면서도, 동학농민혁명의 전국적 양상을 그려 보이고 있다.

채길순의 『웃방데기』 : 이 소설 역시 동학농민혁명을 서울, 충청도, 경상도, 전라도 등 전국의 시각으로 그려낸 1권 분량의 장편소설이다. 『웃방데기』에 등장하는 인물은 남원 고을 종 갑이, 양천 고을 백정 을동개, 계집종 아랑이 등 대부분 계급이 낮은 천민들이다. 당시는 전통적인 양반 세력이 몰락하고, 평등사상이 싹트던 때였다. 하지만 갑이가 아내 아랑이를 양반인 이 대감에게 빼앗기는 등 천민들이 당하는 핍박과 천대는 여전했다. 이들은 단지 사람같이 사는 세상을 위해 동학농민운동에 뛰어들었다. 동학농민군은 고부민란, 전주성 함락 등으로 전라도 지역을 장악하며 수도 한양으로 향했으나 공주성 전투 패배와 관·일본군의 잔인한 토벌로 인해 수없이 스러지는 과정을 숨 가쁘게 그려낸다. 갑이와 아랑은 한과 분노를 남기고 사라져간 민초들을 상징한다.

이 시대의 소설들 역시 전주성 전투 전후 시기의 전 과정을 보여줄 수 있지만 대하소설 『동트는 산맥』을 제외한 대개의 소설들은 전주성 전투가 간략하게 다뤄지고 있다.

4. 결론

이상과 같이 전주성 전투를 중심으로 동학농민혁명을 소재로 한 문학작품 속의 전주성 전투 양상을 고찰했다. 문학작품, 특히 소설에서는 '원민'의 저항은 관이나 지배자를 향하고 있으며, 전주성을 향하고 있다. 특히 1980년대로 넘어오면서 민족 민주운동이 급성장하여 동학농민혁명의 민중성과 변혁지향성을 중심으로 문학 소재로 활용되었고, 동학농민혁명을 소재로 한 문학작품 창작은 크게 늘었다.

역사와 문학에서, 동학농민군은 전주성을 교두보로 지배 권력의 핵심인 서울을 향했지만 청일전쟁으로 좌절되었고, 전주화약이 이뤄졌다. 비록 제한적이었지만 집강소를 통해 대중들의 꿈이던 대동 세상을 열었다. 그러나 청일전쟁에서 승리한 일제의 경복궁 침탈 사건으로 동학농민군은 9월 18일을 전후한 시기에 재기포했다. 전주성을 떠나 서울을 향한 열망은 공주 우금치에서 좌절되었다. 이 같은 역사적 도정은 문학작품에 투영되었고, 전주성 전투는 다음과 같은 역사 문학적 의미로 형상화되었다.

첫째, 전주성 점령은 동학농민군의 목표점이었고, 일정하게 그 뜻을 이루었다. 둘째, 전봉준을 영웅화하는 과정에서 전주성 전투의 역사 문학적 의미가 큰 비중을 차지하게 되었다. 셋째, 전봉준이 이끄는 동학농민군은 청일전쟁으로 인해 서울로 올라가는 대신 전주화약을 맺게 되었지만, 전라도 전 고을에 집강소를 설치하여 대동 세상을 열었다. 넷째, 2차 봉기 때 전주성은 서울 점령의 교두보로 인식되었지만, 우금치 패배 후 속절없이 관군에게 내주고 말았다.

이렇게, 동학농민혁명사에서 전주성 및 전주성 전투는 매우 중요한 의미를 지녔다. 하지만 당시 전주 출신 동학농민군의 투쟁 활동이 많았지만 소년 장수 이복룡을 제외한 이들 인물의 활동이 소설인물로 형상화 되지 못했다. 또, 동학농민혁명을 소재로 한 방대한 문학작품을 구체적으로 분석해내지 못했다. 다음 연구로 미루어 둔다.

참고자료1 : 동학농민혁명 소재 주요 문학작품

1. 동학농민혁명 소재의 시

작 가	작품명	연 도	게재지 및 출판사	비 고
신동엽	錦江	1967	韓國現代新作全集 제5권	
장효문	서사시 전봉준	1982	전예원	
오태환	북한산(부분)	1986	청하	개인시집 [북한산]
송수권	새야 새야 파랑새야	1987	나남	
김지하	이 가문 날에 비구름	1988	동광출판사	
오봉옥	붉은 산 검은 피(부분)	1989	비창과비평사	
이병훈	녹두장군	1990	신아출판사	
박영복	동학농민전쟁	1994	학민사	

- 장편 시

작 가	작품명	작 가	작품명
김남주	죽창	최 형	녹두새 울던 여름
김용택	눈 내리는 모악	박두규	돌멩아 돌멩아
박남준	전라도 사내	안도현	척왜척화 척왜척화

- 단편 시

작 가	작품명	연 도	게재지 및 출판사	비 고
조 운	고부 두승산	1947	연간조선시집	
신석정	甲午東學革命의 노래	1963	전북일보(9. 29)	
신동엽	그 입술에 파인 그늘	1966	시극본, 국립극장 공연	
	4月은 갈아엎는 달	1966	조선일보	
	三月, 껍데기는 가라	1967	52人詩集	
신석정	穀倉의 神話	1967	삼남일보. 개인시집	
신동엽	수운이 말하기를	1968	동아일보(6. 27)	
황동규	삼남에 내리는 눈, 전봉준	1975	시집 [삼남에 내리는 눈]	
김관식	黃土峴에서	1976	시집 [광야에서]	
정 렬	동학혁명기념탑	1976	시집 [바람들의 세상]	
박봉우	쓰레기 역사	1976	시집 [황지의 풀잎]	
문병란	죽순밭에서, 전라도 뻐꾸기	1977	시집 [죽순밭에서]	

작 가	작품명	연 도	게재지 및 출판사	비 고
김규동	부여	1977	시집 [죽음 속의 영웅]	
정희성	피의 꽃, 황토현에서 곰나루까지	1978	시집 [저문 강에 삽을 씻고]	
고은 외	첫닭 울면 외 240여 편	1980		

2. 동학농민혁명을 소재로 한 소설

작 가	작품명	연 도	게재지 및 출판사	비 고
이돈화	東學黨(동학당)	1935	〈신인간〉 연재	도서출판 모시는사람들 재출간
최인욱	초적	1961	을유문화사	
서기원	革命(혁명)	1965	신동아	삼중당(1972 재출판)
최인욱	전봉준	1967	어문각	단행본
이용선	동학(上·下)	1970	성문각	단행본
유현종	들불	1976	세종출판	단행본
박연희	黎明期(上·中·下)	1978	동아출판	단행본
안도섭	녹두 1, 2	1988	한마음사	
박태원	갑오농민전쟁(전6권)	1988	공동체	북한 소설
강인수	하늘보고 땅보고	1988	지평	
문순태	타오르는 강, 7권(부분)	1989	창작과비평사	
강인수	낙동강	1992	남도	
박 일	이제 동학을 이야기하자	1994	태양문화사	
한승원	동학제 3권	1994	고려원	
강인수	최보따리 2권	1994	풀빛	
서기원	광화문(부분)	1994	조선일보사	
이병천	마지막 조선검 은명기 2권	1994	문학동네	
박경리	토지(전16권, 부분)	1994	나남	
송기숙	녹두장군(전12권)	1994	창작과비평사	2008-07-10
채길순	흰옷 이야기 3권(부분)	1994	한국문원	
윤영수	광야에서	1996	푸른 숲	
채길순	소설 동학 5권	1997	하늘 땅	
이윤희	네가 하늘이다	1998	푸른책들	현암사 재출간(1999)
채길순	동트는산맥 7권	2001	신인간사	(소설동학개작)
채길순	조캡틴정전(부분)	2010	화남	
채길순	웃방데기	2014	모시는사람들	
전진우	동백 전봉준	2014	나남	

3. 동학농민혁명 소재 기타 예술 장르

마당극 · 민족극 · 굿	「황토현의 항전」, 「황토현의 햇불」, 「이걸이, 저걸이, 갓걸이」, 「녹두꽃」, 「1894-1919」, 「멈춰선 저 상여는 상주도 없다너냐?」, 「금강」, 「새야 새야」, 「고부봉기 역사맞이 굿」, 「동학해원 상생 열림 굿」, 「우리동네 갑오년」, 「서울로 가는 전봉준」
뮤지컬 · 총체극	「천명」, 「들불」, 「징게맹개 너른들」, 「녹두꽃이 다시 피리라」
음악극	「새야 새야」, 「새야 새야 파랑새야」, 「천리」
무용	「파랑새」, 「서울로 가는 전봉준」, 「들의 노래」, 「새야 새야 파랑새야」, 「검결 · 칼노래 칼춤」, 「녹두꽃이 떨어지면」, 「새하늘! 새땅!」, 「다시 피는 그대에게」, 「무수장삼 떨쳐 입고 이칼 저칼 넌 들어」
오페라	「녹두장군」, 「동녘」 등
영화 · 드라마 · 연극	「동학란」, 「개벽」, 「역류」(MBC), 「가두어진 역사, 그 백년 동안의 빗장을 열다」, 「한 개땅쇄의 땅」
미술 · 전시	「황토현에서 광화문까지」, 「희망의 무등을 넘어」, 「녹두꽃이 떨어진 그 이후」, 「역사의 정신, 역사의 인물」(서예전), 「갑오동학미술대전」[공모전 : 제10회(2012년)]

참고자료2 : 국립중앙도서관 소장 동학 관련 도서목록

1. 동학농민혁명 백주년 기념사업백서(김은정 외 2), 기념사업회(1995)

2. 강진동학농민혁명 강연회(강진문화연구회), 강진문화연구회(2000)

3. 동학과 동학농민혁명운동 연구(최기성), 서경문화사(2002)

4. 역사의 정신, 역사의 인물(기념사업회), 기념사업회(1997)

5. 동학농민혁명의 지역적 전개와 사회변동(기념사업회), 새길(1995)

6. 동학농민혁명의 동아시아적 의미(기념사업회), 서경문화사(2002)

7. 전남지방 동학농민혁명 자료집(박맹수 외 2), 전라남도(1996)

8. 동학농민혁명과 농민군 지도부의 성격(기념사업회), 서경문화사(1997)

9. 동학농민혁명 100년(김은정 외 2), 나남출판(1995)

10. 대접주 김인배 동학농민혁명 선두에 서다(이이화, 우윤), 푸른역사(2004)

11. 동학농민혁명과 광주 · 전남(이상식), 100주년기념사업회(1994)

12. 동학농민혁명의 역사적 의의(윤철상), 사회와연대(2003)

13. 정백현 서울 일기(유족회), 삼희(1995)

14. 전봉준 일기(김의환), 정음사(1974)

15. 전봉준(최인욱), 어문각(1967)

16. (동학혁명)녹두장군 전봉준(김용덕 외 2), 동학출판사(1973)

17. (갑오)동학란과 전봉준(장도식), 덕흥서림(1926)

18. 전봉준의 생애와 사상(신복룡), 양영각(1982)

19. 전봉준(최인욱), 평민사(1983)

20. 1894: 갑오농민전쟁 최고의 지도자 전봉준(우윤), 하늘아래(2003)

21. 동학사상연구자료 1~50(열린문화사), 열린문화사(2002)

22. 서울로 가는 전봉준(안도현), 문학동네(1997)

23. (김용관 서사시) 파랑새 전봉준, 신아출판사(1997)

24. 파랑새 전봉준(김용관), 윤시스템(2002)

25. 전봉준 평전(신복룡), 지식산업사(1996)

26. 갑오동학혁명사(최현식), 신아출판사(1994)

27. 전봉준(채영숙 외), 대우출판사(1994)

28. 전봉준과 갑오농민전쟁(우윤), 창작과비평사(1993)

29. 전봉준(이이화 외), 두손미디어(1994)

30. 전봉준과 그의 동지들(100주년추진위), 역사비평사(1997)

31. (안도현 시집) 서울로 가는 전봉준(안도현), 민음사(1985)

32. 전봉준을 위하여 : 동학농민혁명 현장기행 판소리 전봉준(장효문), 자유세계(1993)

33. 선원보략교정청의궤(-), 국립중앙도서관(1996)

34. (신유)전봉준의 개혁사상(전하우), 영원사(1993)

35. 지식청년과 농민사회의 혁명(유용태), 문학과지성사(2004)

36. 동학난 기록(국사편찬위원회), 국사편찬위원회(1959)

브랜드로서 전주동학농민혁명과
지속가능한 역사교훈여행의 과제*

장 세 길
전북연구원 사회문화연구부 연구위원

1. 머리말

일반인에게 전주동학농민혁명은 낯설다.[1] 전주성 점령과 전주화약, 집강소라는 역사의 한 획을 그은 현장이지만 그 의미를 제대로 알지 못하고, 알수 있는 기회조차 많지 않다. 2015년에 전주화약일(양력 6월 11일)이 동학농

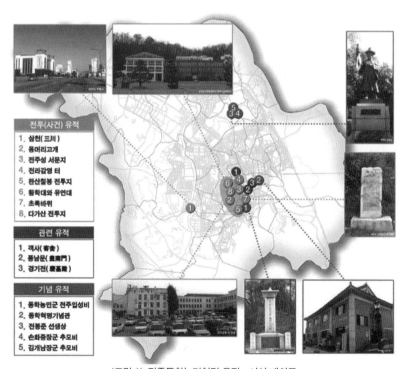

<그림 1> 전주동학농민혁명 유적 · 시설 배치도

민혁혁명 국가기념일로 논의되면서 전주동학농민혁명의 위상이 높아질 것으로 기대되었으나, 황토현전승일(양력 5월 11일)이 국가기념일로 정해지면서 전주동학농민혁명을 대중에게 알릴 수 있는 기회가 줄어들었다.

전주동학농민혁명을 현대적으로 계승하려면 전주동학농민혁명을 일반인에게 알리고 역사현장에 찾아오게 해야 한다. 생생한 역사가 오롯이 담겨 있는 공간을 조성하는 것이 대표적인 방법이다. 전주동학농민혁명과 관련되어 있는 유적지 및 기념시설이 모두 16곳(〈그림 1〉, 〈표 1〉 참조)에 이르지만 일반인이 이를 대부분 알지 못하고, 찾아오는 이도 많지 않다. 전주동학농민혁명을 상징하는 대표 공간을 시급하게 조성해야 하는 이유가 여기에 있다. 이러한 이유에서 전주시는 2015년에 동학농민혁명 역사문화벨트 기본구상을 수립하였고, 1단계 사업으로 동학농민군 지도자 유골이 안장되는 '녹두관'을 조성하고 있다. 또한 2021년까지 전주동학농민혁명의 홍보·교육관인 '파랑새관'(가칭)과 '민(民)의 광장', 쌈지갤러리 등이 조성된다.

이 글은 전주성 점령, 전주화약, 집강소로 대표되는 전주동학농민혁명을 현대적으로 계승하기 위한 방안과 관련하여 기존 계획을 살펴보는 데 일차적인 목적이 있다. 이 글에서 살펴볼 계획은 2015년에 수립된 '전주동학농민혁명 역사문화벨트 기본구상'이다. '녹두관' 조성과 맞물려 전주동학농민혁명의 위상을 높이기 위한 새로운 전략 모색 또한 이 연구의 목적이다.

〈표 1〉 전주동학농민혁명 관련 주요 유적 및 시설 현황

구분	유적지	위치	내용	현황
전투 유적	삼천(三川)	완산구 효자동1 가 410-23 일원 (우림교 부근)	전주성 함락 전날 동학농민군의 숙영지로 원평에서 독배재를 넘 어 1894년 4월 26일 전주 삼천 에 이르러 하룻밤을 숙영함	생태하천복원사업으로 정비되 어 체육공간으로 활용됨. 동학농 민혁명과 관련된 역사적 사실에 대한 시설물은 전무한 상황임
	용머리고개	완산구 서완산 동1가 6, 94-1 일대	전주성 밖 서문과 남문에 서는 장날을 이용하여 27일 정오 무 렵 용머리고개 정상에 진을 친 후 대포를 쏘고 함성을 지르며 전주성으로 돌진함	현재는 노후단독주택이 밀집하 고 있으며, 동학농민혁명과 관련 된 안내판조차 설치되어 있지 않 음
	전주성 서문지	완산구 다가동 1 가 128	동학농민군이 가장 먼저 진격해 들어온 곳임. 또한 농민군이 전 주성을 점령한 동안 농민군과 관 군의 치열한 접전이 벌어진 곳임	1907년 도시계획에 따라 신작로 를 내면서 풍남문을 제외한 성곽 과 성문이 모두 철거됨 현재 전주서문교회 뒤편 '전주부 성서문지'라는 표지석이 설치되 어 있으나, 주변 정비가 시급함
	전라 감영 터	완산구 중앙동 4가 1번지 일원 (구 도청)	동학농민군 혁명 당시 대도소가 설치되었던 곳임 1894년 4월 27일 전주성을 점령 하였고, 〈전주화약〉을 맺고, 전 라도 53개 군현단위에 집강소를 설치하여 실질적으로 행정권을 장악함	전라북도 기념물 제107호로 지 정됨 현대 전라감영 복원사업이 추진 되고 있음. 감영 터에 세워진 안 내판에 당시 집강소 총본부인 대 도소가 설치되었던 곳임을 알려 주고 있음
	완산칠봉 전 투지	완산구 평화동 1 가 산 43번지 일 대	4월 27일 전주성을 점령한 농민 군이 5월 8일 전주성에서 철수 할 때까지 수차례에 걸쳐 관군과 치열하게 전투를 벌였던 곳임	완산칠봉 안내판 가운데 동학농 민혁명 당시 격렬한 전투를 벌였 던 곳으로 간략하게 기록되어 있 음
	황학대와 유 연대 등	완산구 중화산 동 2가 산 119 일대	동학농민혁명 당시 전주성을 점 령한 농민군과 외곽 포위한 관 군 사이에 치열한 전투가 벌어졌 던 곳임. 5월 3일 대규모 전투가 벌어졌고, 전봉준이 부상당하고 5000여 명이 희생됨	황학대는 현재 신흥중학교가 있 는 자리이며, 유연대는 신흥중학 교와 기전대학교에서 진북사로 로 이어지는 남북으로 뻗친 산줄 기를 말함
	초록바위	완산구 동완산 동 산 1-4	동학농민혁명 지도자 가운데 한 사람이었던 김개남 장군과 전주 접주 서영두가 처형된 곳으로 알 려짐	1936년 홍수가 났을 때 제방공 사를 하면서 상당한 부분이 깎 여나감. 초록바위 도로변 곤지산 안내돌비에 김개남장군 참형장 소라는 언급이 있음

구분	유적지	위치	내용	현황
관련 유적	객사	완산구 중앙동 3가 1-1	동학농민군 대도소가 설치되었던 전라감영의 부속 건물로 전라감영의 권위와 명예를 상징하는 매우 중요한 의미를 지닌 문화재임	1975년 보물 제583호로 지정되어 잘 관리되고 있음. 동학농민혁명과 직접적인 관련 사실을 입증할 사료가 없어 현재 동학농민혁명 연관성 인식이 미약함
	풍남문	완산구 전동 83-4	전주성 점령 시 서문과 함께 농민군이 진입한 곳임 성 함락이후 관군과 치열하게 전투를 벌인 곳임	현재 보물 제308호로 지정되어 있으나, 안내판에는 동학농민혁명 관련 사실이 전혀 기록되어 있지 않음
	경기전	완산구 풍남동 3가 102번지 일대	전주성을 점령했을 때 초토사 홍계훈이 쏜 포탄에 맞아 지붕 일부가 훼손됨	보물 제931호, 사적 제339호로 지정되어 있으나, 안내판에는 동학농민혁명 내용은 없음
기념 유적	동학농민군 전주입성비	완산구 서서학동 20(완산공원 내)	1991년 8월 전라북도 문화재위원회에서 건립함	동학농민군의 전주성 점령과 관련된 유일한 기념물이지만, 동학농민혁명에 대한 명확한 이해나 시민적 공감이 없이 세워져 있다는 지적을 받고 있음
	동학혁명 기념관	완산구 풍남동 3가 76-2	종교단체인 천도교의 건물로 동학농민혁명 100주년을 기해 천도교중앙총부 동학혁명100주년 기념사업회가 정부의 지원을 받아 1995년 건립함	"동학의 역사와 정신, 그리고 그 꿈과 비전을 현창하기 위한" 목적을 가지고 개관하였으며, 지하 1층 지상 3층의 규모임 (한옥마을 내 위치)
	전봉준 선생상	덕진구 덕진동 1가 1314-46 (덕진공원 내)	청동상으로, 전봉준 장군의 애국단심을 기리기 위해 세운 것으로 전해짐. 1981년 10월 한국 청년회의소 제30차 전국대의원대회를 기념하여 전주청년회의소와 풍남청년회의소에서 건립함	전두환 정권이 취약한 정권의 정통성을 미화하고자 상징조작 차원에서 추진한 '황토현 갑오동학 유적지 정화사업'과 같은 맥락 속에서 세워진 것으로 알려짐
	손화중장군 추모비		1998년 '손화중장군을 추모하는 사람들'에 의해 조성됨	시민공원인 덕진공원 내 자리하고 있지만, 많은 시민들이 인식하지 못하고 있음
	김개남장군 추모비		1993년 '김개남장군을 추모하는 사람들'에 의해 조성됨	

자료 : 전주시(2015), 「전주동학농민혁명 역사문화벨트 기본구상」 참조

2. 전주동학농민혁명에 대한 인식[2]

2015년에 전주시민 및 한옥마을 관광객 1000명에게 전주동학농민혁명의 일곱 가지 역사적 사실을 물어본 결과 전체 응답자 중 61.7%가 아는 것이 없다고 말하였다. 그나마 응답자 중 27.1%는 '동학농민군의 전주성 점령'을 알고 있었다. 눈에 띄는 점은 전주성 점령을 알고 있다는 응답률은 상대적으로 높게 나왔으나 전주화약 및 집강소 설치 등을 알고 있다는 응답률은 높지 않다는 사실이다. 전주화약, 집강소의 역사적 의의에 비하면 의외의 결과이다. 한옥마을 관광객의 응답률에 비해 다소 높으나 전주시민 또한 이같은 사실을 잘 알지 못함을 알 수 있다.

〈표 2〉 전주동학농민혁명의 역사적 사실에 대한 인식 유무

구분	한옥마을 관광객		전주시민 (완산구)		전주시민 (덕진구)		합계	
동학농민군의 전주 진입 과정	38	(7.5%)	54	(19.5%)	34	(15.8%)	126	(12.6%)
동학농민군의 전주성 점령	89	(17.5%)	103	(37.2%)	79	(36.7%)	271	(27.1%)
전주성 점령 이후의 완산전투	40	(7.9%)	55	(19.9%)	29	(13.5%)	124	(12.4%)
동학농민군과 관군이 맺은 전주화약	38	(7.5%)	61	(22.0%)	43	(20.0%)	142	(14.2%)
전라도 집강소 설치와 전주대도소 설치	32	(6.3%)	58	(20.9%)	39	(18.1%)	129	(12.9%)
2차 동학농민혁명 농민군의 삼례 집결	52	(10.2%)	74	(26.7%)	60	(27.9%)	186	(18.6%)
김개남 장군 등 농민군 지도자 순교	39	(7.7%)	45	(16.2%)	37	(17.2%)	121	(12.1%)
아는 것이 없음	389	(76.6%)	129	(46.6%)	99	(46.0%)	617	(61.7%)

전주동학농민혁명의 역사적 사실을 모르니 관련 유적·시설을 모르는 것이 당연하였다. 전주동학농민혁명의 유적·시설을 전혀 모른다는 응답이 전체 대상자 중에서 70%를 넘었다. 한옥마을 관광객의 경우 80%가 넘게 전주동학농민혁명의 유적·시설을 모른다고 말하였는데, 한옥마을에 있는

동학혁명기념관조차 74.7%가 모른다고 응답하였다. 전주시민의 경우 한옥마을 관광객에 비해 전주동학농민혁명의 유적·시설에 대한 인지도가 조금 높은 편이나, 그래도 60% 이상이 모른다고 응답하였다.

〈표 3〉 전주동학농민혁명의 유적·시설에 대한 인지 정도

구분	전혀 모른다		조금 모른다		보통이다		조금 알고 있다		잘 알고 있다	
전주 삼천	823	(82.3%)	55	(5.5%)	60	(6.0%)	43	(4.3%)	17	(1.7%)
용머리고개	770	(77.0%)	59	(5.9%)	70	(7.0%)	72	(7.2%)	28	(2.8%)
전주성 서문지	794	(79.4%)	61	(6.1%)	65	(6.5%)	59	(5.9%)	18	(1.8%)
전라감영터	752	(75.2%)	55	(5.5%)	61	(6.1%)	94	(9.4%)	38	(3.8%)
완산칠봉 전투지	765	(76.5%)	72	(7.2%)	62	(6.2%)	72	(7.2%)	27	(2.7%)
황학대와 유연대	840	(84.0%)	72	(7.2%)	41	(4.1%)	35	(3.5%)	11	(1.1%)
초록바위	810	(81.0%)	63	(6.3%)	47	(4.7%)	56	(5.6%)	23	(2.3%)
동학농민군 전주입성비	739	(73.9%)	58	(5.8%)	74	(7.4%)	95	(9.5%)	34	(3.4%)
동학혁명기념관	700	(70.0%)	47	(4.7%)	88	(8.8%)	105	(10.5%)	60	(6.0%)
전봉준/손화중/김개남장군 추모비	703	(70.3%)	66	(6.6%)	86	(8.6%)	110	(11.0%)	35	(3.5%)

방문 경험 또한 매우 적었다. 전체 응답자의 64.6%가 10개의 유적·시설을 방문한 경험이 없는 것으로 나타났다. 한옥마을관광객은 동학혁명기념관(10.8%)을 제외하고 방문 경험 비율이 5%에도 미치지 못하였다. 전주시민의 경우 용머리고개, 완산칠봉 전투지, 동학농민군 전주입성비, 전봉준·손화중·김개남장군 추모비를 방문한 경험이 있다는 응답이 상대적으로 높았다. 이러한 유적·시설이 전주시민이 자주 방문하는 완산공원과 덕진공원에 있기 때문이다. 하지만 역사적 사실 유무와 함께 살펴보면 방문했던 유적·시설을 전주동학농민혁명과 관련지어 이해하고 있는 것 같지 않다. 즉 전주시민 역시 전주동학농민혁명 유적·시설로서의 방문 경험은 그리 높지 않다는 것을 말해준다.

〈표 4〉 전주동학농민혁명의 유적 · 시설별 방문 경험

구분	한옥마을 관광객		전주시민 (완산구)		전주시민 (덕진구)		합계	
전주 삼천	8	(1.6%)	35	(12.6%)	23	(10.7%)	66	(6.6%)
용머리고개	17	(3.3%)	81	(29.2%)	53	(24.7%)	151	(15.1%)
전주성 서문지	9	(1.8%)	22	(7.9%)	12	(5.6%)	43	(4.3%)
전라감영터	13	(2.6%)	59	(21.3%)	35	(16.3%)	107	(10.7%)
완산칠봉 전투지	11	(2.2%)	43	(15.5%)	30	(14.0%)	84	(8.4%)
황학대와 유연대	1	(0.2%)	5	(1.8%)	4	(1.9%)	10	(1.0%)
초록바위	7	(1.4%)	38	(13.7%)	19	(8.8%)	64	(6.4%)
동학농민군 전주입성비	18	(3.5%)	50	(18.1%)	31	(14.4%)	99	(9.9%)
동학혁명기념관	55	(10.8%)	89	(32.1%)	63	(29.3%)	207	(20.7%)
전봉준/손화중/김개남장군 추모비	16	(3.1%)	59	(21.3%)	43	(20.0%)	118	(11.8%)
없음	430	(84.6%)	117	(42.2%)	99	(46.0%)	646	(64.6%)

　　조사 과정에서 응답자에게 전주동학농민혁명 역사문화공원을 조성하려는 목적을 설명한 뒤에 역사문화공원을 조성해야 하는지를 물었는데, 전체 응답자 중 78.8%가 필요하다고 응답하였다. 또한 전체 응답자 중 79.7%가 역사문화공원이 조성되면 방문할 의향이 있는 것으로 나타났다. 한옥마을 관광객보다 전주시민의 방문 의향 비율이 더 높았다.

〈표 5〉 전주동학농민혁명 역사문화공원 조성 이후의 방문 의향

구분	한옥마을 관광객		전주시민(완산구)		전주시민(덕진구)		합계	
방문의향이 있다	392	77.2%	225	81.2%	180	83.7%	797	79.7%
방문의향이 없다	116	22.8%	52	18.8%	35	16.3%	203	20.3%

〈표 6〉 전주동학농민혁명 역사문화공원의 조성 방향(핵심 기능)

구분	한옥마을 관광객		전주시민 (완산구)		전주시민 (덕진구)		합계	
동학농민군 및 지도자 등의 추모 · 기념 기능	78.76	(3)	71.24	(4)	71.15	(4)	75.06	(3)
전주동학농민혁명에 대한 교육 · 체험 기능	85.12	(1)	84.41	(1)	84.41	(1)	84.87	(1)

구분	한옥마을 관광객		전주시민 (완산구)		전주시민 (덕진구)		합계	
전주동학농민혁명에 대한 문화·관광 기능	81.10	(2)	77.84	(2)	76.62	(2)	79.25	(2)
전주 시민 및 공원 주변 주민들의 휴식 기능	70.55	(4)	74.63	(3)	72.17	(3)	72.02	(4)

　　전주동학농민혁명 역사문화공원은 어떤 기능을 수행해야 하는지를 물어본 결과, 교육·체험 기능이라는 응답이 가장 많았고 문화관광 기능, 추모·기념 기능이 뒤를 이었다. 추모·기념보다 교육·체험을 강조한 기능에 대한 응답률이 높은 것은 한옥마을 관광객과 전주시민 모두에게서 동일하게 나타났는데, 현장에서의 역사 교육이 중요하다는 사실을 다시 한번 일깨워준다.

　　이러한 결과와, 전주동학농민혁명의 역사적 사실에 대한 인지도는 낮지만 이를 알고자 하는 욕구가 높다는 앞의 조사결과를 종합하면, 전주동학농민혁명을 일반인에게 알리는 거점공간이 필요하고 이 거점공간이 수행할 가장 중요한 기능은 전주동학농민혁명에 대한 시민교육임을 설문조사결과가 말해주고 있다. 전주시민이 전주동학농민혁명을 제대로 이해하고 현재에 계승하려고 노력하여야 외지인(관광객)도 방문한다는 사실이 확인된 셈이다.

3. 전주동학농민혁명 역사문화벨트 기본구상

1) 역사문화벨트의 비전과 전략

　　전주동학농민혁명은 역사적으로 첫째, 전주성 점령, 둘째, 완산전투, 셋째, 전주화약과 집강소 설치로 구분된다. 전주성 점령은 동학농민혁명의 전

과정에서 가장 빛나는 승리이자, 상징적인 사건으로 평가된다. 완산전투는 가장 치열한 전투이면서 동시에 많은 사상자를 낸 전투이다. "완산전투 당시 흰옷을 입은 농민군이 완산칠봉을 오르다 관군의 총에 맞아 죽었는데, 이를 매화꽃이 떨어지는 것과 비교하여 매곡(梅谷)이라 부른다"는 이야기가 있을 정도로 완산전투는 최대 승전인 전주성 함락과 대비되어 가장 치열하면서도 가슴 아픈 전투로 기록되어 있다. 전주화약과 집강소 설치는 근대 민주정치의 효시(嚆矢)로 평가받는다. 집강소 설치는 관민상화(官民相和)의 상징이다.

역사문화벨트에는 전주성 함락과 전주화약이 상징하는 '근대 민주주의의 효시', 집강소 설치가 상징하는 '관민상화의 실현', 전주성 점령과 완산전투가 상징하는 '민중의 저항', 그리고 전체를 아우르는 '민(民)의 땅'이라는 가치를 포함시키고 있다. 이러한 가치에 따라 역사문화벨트의 비전을 근대 민주주의의 발원지로서 전주동학농민혁명 계승의 중심으로 설정하고, 전략과 사업을 구상하였다.

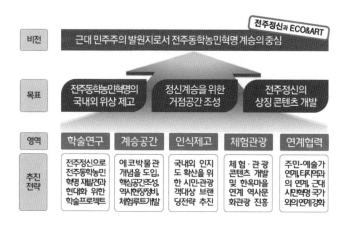

〈표 7〉 전주동학농민혁명 역사문화벨트 추진전략 및 구상사업(안)

사업영역	추진전략	구상사업
학술연구	1. 전주정신으로서 전주동학농민혁명의 재발견과 현대화	1-1. 유물/기록 발굴 및 아카이브 구축
		1-2. 한국학으로서 전주동학농민혁명의 재발견
		1-3. 아카데미(역사교실) 및 현장답사 운영
		1-4. 비지정 유적지의 문화재 지정
계승공간	2. 전주동학농민혁명 역사현장 정비 및 상징공간 조성	2-1. 역사현장 및 관련 기념물 정비
		2-2. 전주동학농민혁명 역사문화공원 조성
		2-3. 발견의길: 1894 · 611 ROAD 조성
		2-4. 역사문화공원 주변마을 문화재생
인식제고	3. 전주성 함락 및 전주화약의 국내외 인지도 확산 브랜딩	3-1. 홍보콘텐츠 제작 및 보급
		3-2. 전주화약 기념 국제 학술대회 정기 개최
		3-3. 전주화약 상징 브랜드콘텐츠 개발
		3-4. 국제 혁명영화제 (또는 혁명미술제)
체험관광	4. 관광콘텐츠 개발 및 한옥마을 연계 역사문화관광 진흥	4-1. 전주동학농민혁명 스토리북 제작
		4-2. 전주동학농민혁명 해설사 양성
		4-3. 함께 만드는 民의 개혁안
		4-4. 희망깃발 프로젝트
연계협력	5. 주민-예술가, 타 지역 및 타 국가와의 연계협력 강화	5-1. 역사문화공원 대지예술프로젝트 추진
		5-2. 전라북도 내 주요 거점지역과 연계 강화
		5-3. 초광역 동학농민혁명 광역관광권개발계획
		5-4. 세계 시민혁명 국제네트워크 구축

2) 역사문화공원 기본계획(안)

　전주동학농민혁명 역사문화공원은 동학농민군 지도자 유골을 모시는 핵심 시설이자, 이곳을 기반으로 전주동학농민혁명을 기념하고, 교육하고, 체험하는 사업이 확장되는 중심 공간이다. 역사문화공원이 들어서는 완산공원은 수많은 동학농민군이 붉은 매화가 되어 떨어졌다고 전해지는 완산전투의 현장이며, 전주의 대표적인 민(民)의 땅으로서 상징성이 있다. 이곳의 역사적 장소성을 회복하면서 새로운 장소성을 부여하여 전주동학농민혁명을 대표하는 거점으로 조성하는 것이 역사문화공원 기본계획이다.

4. 전주역사문화공원과 역사교훈여행

전주동학농민혁명 역사문화공원 조성에서 가장 중요한 녹두관이 개관을 앞두고 있다. 녹두관은 전주동학농민혁명 선양사업의 핵심 시설이다.

이전까지 전주동학농민혁명의 현대적 계승은 전주성 점령과 전주화약을 기념하면서 개최된 행사, 사람들이 찾지 않거나 장소성이 없는 곳에 세워진 기념물 등이 전부였다. 사람들은 기념행사와 기념물에 장소성이 없거나 진정성(authenticity)이 결여되어 있으면 찾지를 않는다. 전주동학농민혁명을 알리기 위해 부단히 노력했음에도 전주시민 대부분이 전주동학농민혁명을 제대로 이해하지 못하는 이유가 여기

〈그림 2〉 동학농민군 지도자 유골 및 전주시장 기자회견

〈그림 3〉 동학농민군 지도자 유골이 모셔질 녹두관(투구봉 정상 배수장) 발견 당시 사진 및 내부 모습

〈그림 4〉 전주동학농민혁명 역사문화공원의 단계별 기본계획(좌: 1단계, 우: 2단계)

에 있다. 진정성이 있는 콘텐츠와 장소성을 확보한 전주동학농민혁명의 거점 공간, 즉 녹두관의 개관이 전주동학농민혁명의 선양에 있어 중요한 분수령인 이유도 이 때문이다.

개관을 앞둔 녹두관은 전주동학농민혁명의 시민교육 및 역사교훈여행의 중심이 될 것이다.[3] 우리나라에서 유일한 동학농민군 지도자의 유골이

〈그림 5〉 역사교훈여행 구성 요소(자료: 장성곤·김동진, 2017: 67)

모셔지기 때문에 진정성이 있는 가시적 콘텐츠를 확보함과 동시에 완산전투라는 장소성을 확보함으로써 이전 사업과는 다른 선양효과를 가져올 것으로 기대된다. 역사교훈여행 또한 핵심요소별 조건을 충족한다면 이전과는 다른 결과를 낳을 것이다.

역사교훈여행은 죽음이나 재난재해와 관련된 장소, 전쟁이나 학살 등 비극적 역사를 간직한 현장을 회상하거나 교육받기 위하여 방문하는 여행을 말한다. 역사교훈여행은 단순히 관광 활성화의 수단이 아니라 한 사회의 과거와 현재와 미래를 이어주는 촉매제라는 점에서 '지속가능한 관광'[4]으로

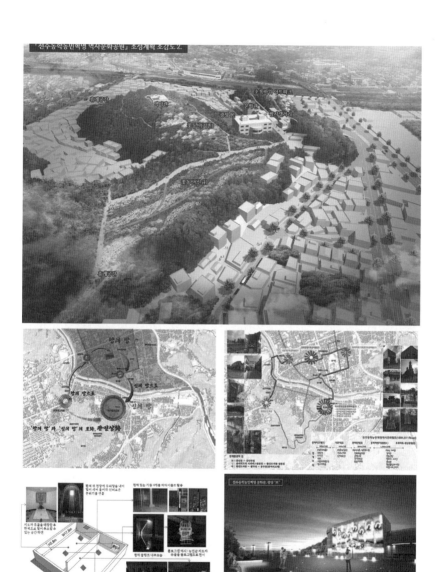

1. 전주동학농민혁명 역사문화공원 조감도(가운데의 역사관을 중심으로 구상)
2. 전주동학농민혁명 역사문화벨트 개념도 : 관민상화
3. 전주동학농민혁명 역사문화벨트 전체 추진체계도
4. 전주동학농민혁명 역사관 구상도 : 동학농민군 유골 보존 및 전시관
5. 전주동학농민혁명 문화관 및 광장 '民' 조감도

농민군 지도자 흉상(전주역사박물관)

전주역사박물관 내 상설전시실

이해된다.

역사교훈여행은 세 단계를 거치는데, 첫째, 어두운 역사를 가진 자원 혹은 죽음이나 재난과 관련된 자원을 해체 소멸되는 대상이 아닌 역사적 교훈의 대상으로 최초로 인식하는 '자원 인식 단계'이다. 둘째, 관광자원으로 인식된 역사교훈여행 대상과 다양한 관광매체가 결합되면서 관광객이 방문하게 되는 역사교훈여행의 '족발 단계'이다. 셋째, 역사교훈여행을 구성하는 핵심요소인 관광자원, 관광매체, 관광객, 지역주민, 관리체계가 유기적으로 작동하면서 이뤄지는 '지속화 단계'이다.

전주동학농민혁명은 오래전부터 역사교훈여행의 자원으로 인식되었다. 다만 진정성이 있는 관광자원이 부족하고 특별한 관광 매체가 없었기 때문에 역사교훈여행이 촉발되지 않았다. 하지만 동학농민군 지도자 유골이 모셔지는 녹두관이라는 새로운 관광매체가 문을 열게 되면 지금과 다른 역사교훈여행이 촉발될 것으로 기대된다. 앞으로의 문제는 역사교훈여행의 활성화와 지속화이다.

지속 가능한 역사교훈여행이 되기 위한 조건을 살펴보면, 첫째, '관광자원'에 있어 역사적 사실에 근거한 진정성이 확보되어야 하기 때문에 역사적 자원이 최대한 보존되어야 한다. 역사 현장이 미흡하다면 진정성이 있는 유물이나 기념물이 필요하다. 전주동학농민혁명의 경우 동학농민군 지도자 유골과 완산전투지가 진정성이 있는 역사적 사실이자 현장이다. 하지만 동학농민군 지도자 유골 외에 진정성이 있는 유물이나 기록물은 여전히 부족하다. 전주역사박물관에 보존되어 있는 전주동학농민혁명 유물 역시 특별히 내세울 만한 관광자원이 없다. 완산전투 역시 기록뿐이다. 그렇기 때문에 관광매체 개발이 더없이 중요하다.

둘째, '관광매체'는 방문객에게 관광자원의 내포된 사실을 정확히 전달하기 위한 창의적인 연출과 전달 방식을 가져야 한다. 특히 관광자원에 내재되어 있는 사실에 기반을 두면서 물리적이지 않은 관광매체가 중요하다. 전주동학농민혁명의 경우 물리적인 관광매체인 녹두관 외에 다른 매체가 필요하다. 파랑새관(가칭), 민의광장 등이 계획대로 조성되어야 하는 이유이다. 또한 예술 또는 교육과 관련된 새로운 접근 방식이 고민되어야 한다. 동학농민군과 관련된 이야기, 완산전투 이야기(예, 매곡이라는 지명의 상징성)를 발굴하는 것도 중요하다.

셋째, 역사교훈여행에서 '관광객'은 일반 관광객과 달리 관광자원에 대해 특별히 이해가 높거나 호기심이 많기 때문에 관광자원에 대한 특별한 정보를 제공해줄 필요가 있다. 이들은 역사 현장을 한번 훑어보고 가는 것이 아니라 교육과 체험을 위한 참여형 관광콘텐츠를 원한다. 이러한 욕구가 충족됐을 때 역사교훈여행의 재방문율이 높아진다. 전주동학농민혁명의 경우 녹두관에 동학농민군 지도자 유골이 모셔졌다 해도 참여 콘텐츠가 없으면 역사교훈여행 효과를 기대하기 어렵다. 전주동학농민혁명의 핵심 가치를 습득할 수 있는 연령별 방문동기별 참여 콘텐츠가 개발되어야 한다. 지나친 대중화보다, 동학농민혁명에서 전주동학농민혁명의 위상을 대내외적으로 알리는 목적에서 역사교사, 관계공무원, 전공대학생, 언론인 등 대상을 특화하여 추진해 보는 것도 하나의 방법일 수 있다. 불특정 다수 모두를 위해 개발된 콘텐츠가 누구에게도 환영받지 못하는 경우가 많다.

넷째, '지역주민'은 관광자원을 밀착하여 보호하는 주체이다. 관광자원의 관리자, 모니터 요원, 여행 참여자 역할을 비롯하여, 특히 외부 방문객에게 올바른 정보를 전달하는 안내자이자 해설사가 되어야 한다. 전주동학농민혁명의 경우 녹두관을 중심으로 완산공원 일대 주민에게 역사문화공원 일원에 관련된 역사적 사실과 장소성, 현대적 계승의 진정성을 이해시키고, 스스로 안내자이자 해설사로서 활동하도록 전주시가 적극적으로 지원해야 한다. 완산공원 주민과 별도로 전주시민 대상의 시민교육사업이 병행되어야 한다. 앞의 조사결과에서 살펴봤듯이, 전주시민은 전주동학농민혁명의 역사적 사실을 알고자 하고, 이와 관련된 교육과 체험을 기대한다.

다섯째, '관리체계'는 관광자원, 관광매체, 관광객, 지역주민 사이에서 발생하는 다양한 문제를 조정하고 완화할 수 있는 통합적인 운영관리체계를 말한다. 전주동학농민혁명의 경우 아직까지 독자적인 운영체계가 없다. 다른 국외 사례를 보면 국가나 지자체 공공기관이 역사교훈여행을 운영한다. 전주동학농민혁명 선양사업과 그 일환인 역사교훈여행을 담당할 전문조직을 지정하고 민·관 협력체계를 하루라도 빨리 구축해야 한다. 한 가지 주의해야 할 점은 민간의 자율성이 반드시 옳은 결과만 낳는 것은 아니라는 사실이다. 역사와 관련한 지역 민간단체가 관료화되어 현대적 계승의 유연성을 저해하거나 역사적 진정성을 헤치는 경우를 수많은 사례가 보여주고 있다.

5. 전주동학농민혁명의 브랜드 전략

전주동학농민혁명은 전주성 점령, 전주화약, 집강소 설치의 역사적 현장이지만 일반인에게 동학농민혁명에 대한 브랜드가 형성되어 있지 않다. 전주시가 아무리 전주동학농민혁명에 많은 예산을 투자하더라도 사람들에게 각인되어 있지 않으면 밑 빠진 독에 물붓기이다. 전주하면 전통문화가 떠오르듯, 전주하면 동학농민혁명이 함께 떠오르도록 만들어야 한다. 브랜드 전략이 필요한 이유다.

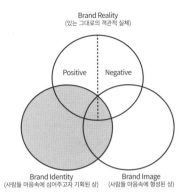

〈그림 6〉 지역브랜드 관리체계(자료: 문화관광부, 2003 : 56)

지역 브랜드를 관리하는 틀은 브랜드 리얼리티(Brand Reality), 브랜드 아이덴티티(Brand Identity), 브랜드 이미지(Brand Image)로 구성되어 있다.[5] 지역에서 원하는 브랜드를 형성하기 위해서는 변하지 않는 사실에 가까운 브랜드 리얼리티보다 이미지 형성에 영향을 미치는 브랜드 아이덴티티를 도출하고 타 지역과 차별화되는 방향으로 정립해야 한다. 역사적 사실보다 일반인에게 심어주고 싶은 전주동학농민혁명의 기획된 상(像)이 더 중요하다는 이야기다.

브랜드 아이덴티티는 지역 브랜드 수립의 첫 번째 전략인 장소의 핵심 가치 구축과 관련돼 있다. 다른 장소와 차별화되는 기획된 상(브랜드 아이덴티티)을 기반으로 지역 브랜드의 세부전략인 브랜드 아키텍쳐(체계적인 마케팅 관리체계) 구축, 하드 브랜딩(상징적인 경관과 공간) 구축, 커뮤니케이션(브랜드 마케팅 실행) 전략을 추진해야 한다.

전주동학농민혁명을 보면 하드브랜딩 구축의 대표사업으로 역사문화공원의 첫발(녹두관)을 뗐다. 아직 장소의 핵심가치가 확정되지 않았기 때문에 브랜드 아키텍처나 하드 브랜딩, 커뮤니케이션 전략을 구체화하기 어렵다. 그러면 전주동학농민혁명의 핵심가치를 무엇으로 삼을 것인가? 역사적인

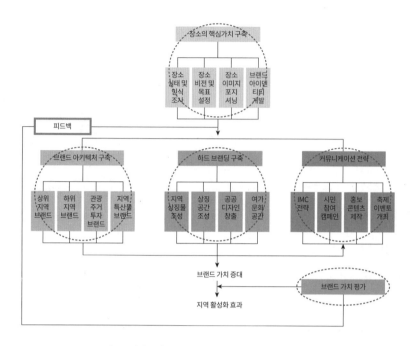

〈그림 7〉 지역브랜드 수립 전략(자료 : 이소영·오은주, 2009)

사실이 아닌 사람들 마음속에 심어주고자 하는 기획된 상은 무엇인가?

우선 생각해볼 수 있는 전주동학농민혁명의 현대적 의의로 '집강소'와 관련된 지방자치제를 떠올릴 수 있다. 역사적 사실만 놓고 보면 지방자치가 타당하나, 브랜드라는 측면에서 보면 대중적으로 더 관심을 보이는 '민주주의' 개념을 적용하는 것이 적합하다. 3·1운동, 임시정부, 독립운동을 거쳐 형성된 '한국 민주주의'의 뿌리(기원, 발신지, 효시)가 전주동학농민혁명이라고 기획하는 것이 낫다.

두 번째로 생각해볼 수 있는 기획된 상은 새로운 세상을 위한 '민중의 저항'과 '학살'이다. 민중의 저항으로 전주성을 점령한 이후에 동학농민군이 관군에게 패배하면서 순응하는 모습을 보였다면서 '저항과 순응'을 핵심가치로 제시하기도 한다. 이것은 역사적 사실이다. 브랜드 아이덴티티 관점에서 보면 순응보다는 '저항과 학살'이 더 적합하다. 실제로 동학농민군과 전주 주민은 관군과의 전투에서, 그리고 패배 이후에 학살을 당한다. 심지어 동학농민군 지도자는 죽어서까지 실험의 대상으로 전락한다. 동학농민군 지도자 유골은 저항과 학살을 보여주는 상징이자, 역사문화공원이 들어서는 완산공원은 수많은 동학농민군이 학살 당한 역사의 현장이다.

원도연(2007)은 동학농민혁명 기념사업이 "혁명의 대의와 역사적 의미를 깊이 인식하고 있으나, 가슴 뜨거운 분노와 자긍심 그리고 그에 기반 한 감성적 기념사업의 단계에는 이르지 못했다."고 지적하면서, "동학농민혁명 역사공원은 동학농민혁명만의 독특한 장소의 영혼(Genius Loci)이 있어야 한다."고 말한다. "동학농민혁명 기념사업이 향토사의 복원이라는 의미"를 담아야 한다는 점도 강조한다. "우리 지역과 우리 선조들의 역사"라는 관점에서 기념사업이 고민되어야 한다는 것이다.

동학농민군 지도자 유골을 중심으로, 완산전투라는 장소성을 더하면 '학살'이라는 이미지를 기획할 수 있다. 그러면 "가슴 뜨거운 분노와 자긍심에 기반한 감성적 기념사업"이 가능하다. '학살'이라는 이미지와 더불어 '한국 민주주의 뿌리'라는 브랜드는 전주동학농민혁명과 역사문화공원에 담을 '장소의 영혼'이다. 전주에서의 저항과 학살, 즉 전주동학농민혁명에서 '한국 민주주의'가 탄생하였다는 논리이다. 게다가 새로운 세상을 향한 저항(혁명), 학살, 이 속에서 피어난 '한국 민주주의'는 '꽃심'이라는 전주정신과 맞닿아 있어 향토사의 복원과 직접적으로 관련된다.

저항과 학살은 브랜드를 위한 핵심요소이고, 결국 전주가 전주동학농민혁명을 활용하여 기획하려는 상(像), 즉 장소의 가치는 '한국 민주주의의 뿌리'이자 '아시아 민주주의의 효시'이다. 이를 대중적으로 확산하여 사람들

마음속에 심어주기 위해서는 관련 법률 개정부터 통합 마케팅, 공간 조성, 시민 교육, 세계화 등 종합적인 계획이 수립되고 추진되어야 한다.

전주동학농민혁명 역사문화벨트에 담겨진 구상사업을 제외하고 브랜드 전략에서 과제와 사업을 제안하면 첫째, 정부의 인식이 바뀌어야 한다. 동학농민혁명에 뿌리를 두고 있는 3·1운동, 임시정부, 광복군 활동 및 독립운동이 한국 민주주의로 이어졌다는 것은 누구나 아는 사실이다. 그럼에도 민주화운동기념사업회는 2018년 6월 7일 '한국 민주주의 100년, 세계적 물음에 답하다'라는 제목의 학술토론회를 열었다. 한국 민주주의의 시작을 1919년 3·1운동에서부터 보고자 한 것이다(이나미, 2018). 한국 민주주의의 뿌리를 3·1운동까지 확대한 것은 대한민국 정부수립 이후로 보던 기존 입장에서 진일보했다고는 하지만 3·1운동의 뿌리인 동학농민혁명, 특히 전주화약과 집강소 설치를 고려하지 않는다는 것은 앞뒤가 맞지 않다. 이를 개선하기 위한 학계와 현장의 노력이 요구된다.

둘째, 관련 법률이 개정되어야 한다. '한국 민주주의'와 관련된 법률인 「민주화운동기념사업회법」에 따르면 '한국 민주주의'는 1948년 8월 15일 대한민국 정부수립 이후인 1960년 2·28대구민주화운동부터 포함되며, 이전에 있었던 3·1운동 및 동학농민혁명, 독립운동, 임시정부 활동 등은 한국 민주주의에 해당되지 않는다. 법적으로는 그렇다. 이 법에 의해서 민주화운동기념사업회가 활동하고 있고, 이 사업회에서 '한국민주주의연구소'를 운영하면서 '한국 민주주의'의 학술적 개념과 주요 내용을 정립하고 있다. 이 법에 '한국 민주주의' 또는 '민주화운동'이 동학농민혁명에 뿌리를 두고 있다는 내용이 명시되어야 정부 정책에서 '한국 민주주의의 뿌리로서 동학농민혁명'이 바로 설 수 있다. 이러한 맥락에서 대한민국 헌법 전문에 동학농민혁명의 정신을 명시하려는 노력 역시 계속되어야 한다.

셋째, 동학농민혁명의 가치를 현재에서 계승하기 위한 새로운 접근 방식이 필요하다. '동학을 넘어', '기념을 넘어', '전주를 넘어' 전주동학농민혁명의 가치가 현재에 재해석되어 지역 현안과 미래비전을 해결하는 핵심가치로 작동하도록 전략을 새로 짜야 한다. 시민교육이 그중 하나이다. 역사적 사실을 주입하는 교육이 아닌, 전주동학농민혁명의 가치(브랜드 아이덴티티)를 공감하고 이를 기반으로 지역 현안을 해결하는 새로운 시민교육이 필요하다. 동학농민혁명을 넘어 '한국 민주주의'로 확장한다면 '역사교실'의 한계를 벗어나 대중적이며 혁신적인 교육이 가능하다. 새로운 세상을 염원한, 꽃심의 땅과 연계하면 '미래지도자 양성'을 핵심 사업으로 구상할 수 있다. 예를 들어, 유럽 정치 엘리트의 산실인 유럽칼리지(College of Europe)처럼 아시아정치엘리트 또는 미래지도자를 꿈꾸는 인재를 양성하는 칼리지를 설립하여 전주를 아시아를 이끌어갈 미래인재를 양성하는 도시로 만들 수 있다. 이러한 노력이 더해져 동학농민혁명의 정신이자 전주의 정신(꽃심)이 세계화된다.

미래인재육성 사례: 유럽칼리지

유럽에는 초국적 엘리트를 양성하는 유럽대학으로 연구중심 유럽대학원(EUI, 이탈리아 피렌체)과 교육중심 유럽칼리지(College of Europe, 벨기에 브뤼헤)가 있다. 유럽칼리지는 유럽통합 전인 1949년에 민간 중심으로 설립

됐으며, 유럽대학원은 1976년에 개원하였다.

"영국 타임스는 하버드경영대학원이 미국의 경영 엘리트를 양성하듯이 유럽칼리지는 유럽 정치 엘리트의 산실이라고 평가한다. 현재 덴마크의 토르닝 슈미트 총리와 핀란드의 스투브 총리, 그리고 영국의 클레그 부총리 등이 유럽칼리지 졸업생이며, 유럽연합 기관과 회원국 다수의 장관 및 고관이 이 학교 출신이다. 유럽칼리지의 목표는 처음부터 명확했다. 다양한 국가의 우수한 학생들이 함께 모여 공부하고 생활하는 과정에서 '유럽의 정신'을 만들어 내고 유럽 대륙의 미래를 이끌어 가는 데 필요한 인재를 양성하는 것이다."(경향비즈엔라이프 2014.11.30. 조홍식 국제칼럼 참조)

넷째, 지역 간, 사업 간 연계가 필요하다. 동학농민혁명 국가기념일이 확정되면서 이와 관련된 지역 간 극한 대립은 줄어들고 있다. 하지만 여전히 지역별로 기념사업이 추진되고 있고, 연계는 없다. 지역이 손을 잡을 수 있는 공동사업이 발굴되어야 한다. 예를 들어, 동학농민혁명을 '한국 민주주의 뿌리'로 정립하기 위하여 공동으로 법률을 개정하거나 전국 단위 학술대회를 공동으로 개최할 수 있다. 일반인이 저항과 학살의 동학농민혁명을 분노하면서 체험하는 감성적 선양사업을 위하여 문화예술을 결합한 전국 순회사업을 공동으로 기획할 수도 있다.

'한'과 동학의 사상적 특성과 정치실천적 과제*

최 민 자

성신여자대학교 교수

1. 서론

생장·분열의 천지비괘(天地否卦)에서 수렴·통일의 지천태괘(地天泰卦)[1]로 넘어가는 문명의 대변곡 점에서 '한'사상은 오늘날 다시 주목받고 있다. '한'사상은 '대일(大一)'의 사상이며 '무경계(no-boundary)'의 사상이다. 그런 점에서 '한'사상의 근대적 발현인 동학(東學) 역시 '한'사상과 본질적으로 상통한다. 실재(reality)는 경계가 없다. 이는 철학적 사변이 아니라 구체적인 삶의 문제다. 원래 자연에는 경계가 없지만 분별지(分別智)에 사로잡힌 에고(ego 個我)가 경계를 긋기 시작하면서, 선과 악, 삶과 죽음, 행복과 불행 등 이분법의 신화가 창조된 것이다. '한'사상과 동학을 관통하는 '하나(一)'의 원리는 천·지·인 삼재의 연관성에 대한 자각에 기초해 있는 까닭에 국가·민족·인종·성·계급·종교·이념 등 일체의 경계를 초월하여 평화로운 이상세계를 창조하는 토대가 될 수 있다.

'한'사상과 동학은 '한'족(한민족)에게 귀속되는 특수 사상이 아니라 인류 보편의 사상이다. 역사상 지성세계를 뜨겁게 달구었던 논쟁들 역시 생명의 본체[天, 神, 靈]와 작용[우주만물]의 관계성에 관한 것이었다. 플라톤(Plato)의 이데아계와 현상계, 아리스토텔레스(Aristotle)의 형상과 질료, 성 아우구스티누스(성 어거스틴 Saint Augustine of Canterbury)의 『삼위일체론』, 중세 스콜라철학(Scholasticism)의 보편논쟁(controversy of universal), 베네딕투스 스피노

자(Benedictus Spinoza)의 실체와 양태, 이(理)・기(氣) 개념에 근거한 송대(宋代)와 조선시대의 이기론(理氣論) 등은 천・지・인 삼신일체나 동학의 불연기연(不然其然)과 마찬가지로 모두 본체계[의식계]와 현상계[물질계]의 관계성에 관한 것이었다. 진여(眞如: 본체, 본체계)인 동시에 생멸(生滅: 작용, 현상계)로 나타나는 생명의 본질적 특성을 알지 못한 채 세상을 논하는 것은, 마치 달과 달그림자의 관계를 이해하지 못한 채 단순히 천강(千江)에 비친 무수한 달그림자에 대해서만 논하는 것과 마찬가지로 실재성이 없다.

이 시대의 가장 큰 사건은 현대 과학의 발달에 따른 생명의 재발견이다. 현대 물리학은 고대 동양의 현자들이 물리적 세계의 구조가 마야(maya 幻影) 또는 '유심(唯心)'이라고 말한 것을 실험적으로 입증하고 있다.[2] 영성(靈性, 一)과 물성(物性, 多)의 역동적 통일성을 이해하지 못하는 정신적인 소음 상태에서는 생명의 자기조직화(self-organization)에 의해 실재세계와 그림자 세계, 즉 본체계와 현상계의 양 차원이 생겨나는 것을 이해할 수가 없다. 그런 상태에서는 거대한 홀로그램적 투영물인 우주를 어떤 부분들의 단순한 집합(assemblage)으로 간주하게 되고, 파동체인 생명현상을 단순한 물리 현상으로 귀속시키게 된다. '한'사상과 동학은 통섭적 세계관에 기초한 생명사상이고 에코토피아적 지향성을 띤 천인합일의 사상이며 실천적 삶과의 관계성에 주목하는 삶의 사상이다. 이들 사상이 우리 시대에 긴요한 것은 무경계의 실재를 통찰할 수 있는 핵심 원리를 제공하기 때문이다.

'한'사상과 동학의 가르침은 진지(眞知)를 통해 만사의 정합성(整合性)을 온전히 이해할 수 있게 함으로써 새로운 계몽시대를 여는 길라잡이 역할을 할 수 있을 것이다. 이원성을 넘어선 진정한 앎에서 평등성지(平等性智)가 드러나고 삶 자체에 대한 전적인 수용과 더불어 '큰 사랑'의 실천이 나오게 된다. 현실과 유리된 영성에 관한 논의는 관념에 불과한 것이고, 진리와 유리된 지식이나 학문은 '지적 희론(知的 戱論)'에 불과한 것이므로 인류가 추구하는 제 가치를 실현할 수가 없다. 오늘날 '한'사상이나 동학이 긴요한 것은, '하나됨'에 대한 인식과 실천이 없이는 인류가 추구하는 제 가치가 실현될 수 없기 때문이다. 우리가 '한'과 동학의 사상적 특성과 정치실천적 과제에 대해 고찰하려는 것도 개인과 공동체가 '자기조화(self-consistency)'를 이루는 새로운 계몽시대를 개창하기 위한 것이다.

2. '한'과 동학의 사상적 특성

1) 공공성과 소통성을 본질로 하는 생명사상

'한'사상의 '한'은 전일(全一)·광명(光明) 또는 대(大)·고(高)·개(開)를 의미한다. '한'은 무경계이며, 전체성이며, '자기조화'의 의미를 함축하고 있다. '한'은 생명의 전일성과 자기근원성, 근원적 평등성과 유기적 통합성의 의미를 내포하고 있다. 이 세상 그 어떤 것도 포괄하지 않음이 없고 포괄되지 않음도 없다. 따라서 '한'사상은 특정 국가나 민족, 인종과 성(性), 종교와 계급 등 그 어떤 것에도 귀속될 수 없다. '한'사상의 보편성이 여기에 있다. '한'사상의 정수(精髓)를 담고 있는 『천부경(天符經)』[3]은 생명의 유기성과 상호 관통을 바탕으로 한 생명경(生命經)이다. '한'은 생명의 비밀을 그 어떤 종교적 교의나 철학적 사변이나 언어적 미망에 빠지지 않고 단 한 자로 열어 보인 '대일(大一)'의 사상이다. '한'사상은 영성과 물성, 본체와 작용의 합일에 기초한 생명사상이다.

본체계와 현상계를 회통(會通)하는 동학의 불연기연의 논리는 이분법적 사유체계를 초월해 있으므로 생명의 전일성과 자기근원성을 드러낸다. 동학의 핵심 키워드인 「시(侍: 모심)」의 세 가지 의미 가운데 '신령(神靈)'과 '기화(氣化)'는 일심의 이문(二門)인 진여(眞如)와 생멸(生滅)의 관계와도 같이 내재와 초월, 본체와 작용의 관계로서 생명의 전일성을 밝힌 것이다. 하늘과 만물의 일원성을 깨달아 순천(順天)의 삶을 사는 것이 '불이(不移, 不二)'다. 이는 곧 생명이 영성임을 깨닫는 것이다. 무시무종이고 불생불멸이며 무소부재(無所不在)인 생명의 영성을 깨달으면 물질일변도의 사고에서 벗어나게 되므로 공공성과 소통성, 자율성과 평등성의 발휘가 극대화된다.

2) 일즉삼·삼즉일의 논리 구조에 기초한 천인합일의 사상

'한'사상은 일체의 생명이 근원적으로 평등하고 유기적으로 연결되어 있다고 본다. '한'사상에는 천도(天道)에 부합하는 도덕적 인격의 완성을 통해 이화세계(理化世界)를 구현하려는 의미가 함축되어 있으며, 인류 사회의 평화와 행복을 추구하는 홍익인간·광명이세(光明理世)의 정치이념이 내재되어 있다. 일즉삼·삼즉일(一卽三·三卽一)[4]의 논리구조가 말하여 주듯, 우리 상고시대로부터 이어져 온 '한'사상은 영성과 물성이 하나라고 보는 천·지·인 삼신일체의 사상이다. 상고시대의 신교(神敎) 역시 삼신일체에 뿌리를 두고 있다. 생명은 본체의 측면에서는 분리할 수 없는 절대유일의 '하나(一)'이니 '한'사상이지만, 작용의 측면에서는 천·지·인 삼신[三神 우주만물]이니 삼신사상이다. 생명은 생사를 포괄하는 홀로무브먼트(holomovement)라는 것이 '한'사상의 가르침의 핵심이다.

생명의 본체는 분리 자체가 불가능한 절대유일의 하나[유일자, 유일신, '하나'(님)], 즉 영성 그 자체이므로 전일성의 속성을 띠지만, 본체의 자기복제(self-replication)로서의 작용으로 우주만물이 생겨나는 것이니 전일성[神靈]은 동시에 다양성[氣化]의 속성을 띤다. 전일성과 다양성, 영성과 물성을 통섭하는 원리가 바로 '불이[不移, 一心]'다. 이 우주에는 우리의 인식 여부와는 무관하게 내재된 필연적인 법칙성에 따라 움직이는 진리의 차원이 분명 실재하며, 그러한 내재적 법칙성에 의해 끝없는 생명의 순환이 일어난다. 이를 수운은 '무왕불복지리(無往不復之理)', 즉 '가고 돌아오지 아니함이 없는 이법'이라고 하였다. 본체계와 현상계를 관통하는 생명의 순환을 이해하면 순천의 삶을 살게 되므로 영성과 물성의 간극이 사라지고 하늘과 사람과 만물의 '하나됨'을 자각적으로 실천하는 '인내천(人乃天)'이 발휘된다.

3) 통섭적 세계관에 기초한 삶의 사상

'한'의 통섭적 세계관은 무수한 사상(事象)이 펼쳐진 '다(多)'의 현상계와 그 무수한 사상이 하나로 접힌 '일(一)'의 본체계가 외재적(extrinsic) 자연과 내재적(intrinsic) 자연, 작용과 본체의 관계로서 상호 조응하는 것으로 본다. '한'사상의 통섭적 세계관의 특질은 『천부경』 81자가 표징하는 '생명의 3화음적 구조(the triad structure of life)[5] 속에 잘 나타나 있다. 즉 상경(上經) 「천리(天理)」에서는 생명의 본체인 '하나(一)'에서 우주만물(三)이 나오는 일즉삼의 이치를 드러내고, 중경(中經) 「지전(地轉)」에서는 음양 양극 간의 역동적인 상호작용으로 천지 운행이 이루어지고 음양오행이 만물을 낳는 과정이 끝없이 순환 반복되는 '하나(一)'의 이치와 기운의 조화작용을 나타내며, 하경(下經) 「인물(人物)」에서는 우주만물의 근본이 '하나(一)'로 통하는 삼즉일의 이치와 소우주인 인간의 대우주와의 합일을 통해 하늘의 이치가 인간의 삶 속에 징험(徵驗)됨을 보여준다.[6] 천부경의 정수(精髓)가 담겨진 '인중천지일(人中天地一)'은 천·지·인 삼신일체의 천도(天道)를 체득한 일심의 경계다.

동학 역시 통섭적 세계관을 바탕으로 하고 있다. 동학의 불연기연[7]의 논리와 「시천주(侍天主: 하늘(님)을 모심)」 도덕은 천·지·인 삼재의 통합성에 대한 자각에 기초하여 우주만물이 하나의 기운으로 꿰뚫어진 까닭에 만물의 생성·변화·소멸 자체가 모두 지기(至氣, 混元一氣)인 하늘의 조화작용인 것으로 본다. 통섭적 세계관에 기초한 천·지·인 삼신일체의 삼신사상, 불교의 삼신불(三身佛: 法身·化身·報身), 기독교의 삼위일체(聖父·聖子·聖靈)와 마찬가지로 동학 「시(侍)」의 세 가지(內有神靈·外有氣化·各知不移) 의미가 진리의 정수(精髓)로 여겨지는 것은 그것이 바로 본체-작용-본체와 작용의 합일이라는 생명의 비밀을 푸는 마스터키이기 때문이다. 「시천주」 도덕의 실천은 하늘의 조화(造化) 기운과 하나가 됨으로써 진실로 우주만물의 근본이 '하나'임을 자각하는 것[萬事知]을 전제로 한다. 동학의 인식과 존재의 변증법적 통합은 인내천이 발휘되는 '조화정(造化定)'의 삶 속에서 현실화된다.

4) 현대 물리학의 전일적 실재관의 원형으로서의 개벽사상

'한'의 우주관은 주체와 객체의 이분법이 폐기된 양자역학적 실험결과나, 일리야 프리고진(Ilya Prigogine)이 밝힌 산일구조(dissipative structure)의 자기조직화 원리와 마찬가지로 이 우주를 자기생성적 네트워크 체제로 인식한다. 근원적 일자인 '하나'는 스스로 생성되고 스스로 변화하여 스스로 돌아가는 '스스로(自) 그러한(然)' 자이므로 본체와 작용이 둘이 아니다. '한'은 쉼 없이 열려 변화하는 우주의 본성을 나타내는 개벽사상이다. '한'의 우주관은 부분과 전체가 함께 진화하는 공진화 개념이나, '참여하는 우주(participatory universe)'의 경계를 밝힌 양자역학적 관점을 이해할 수 있게 한다. '한'은 '무주(無住)의 덕(德)'[8]에 계합한다. 평등성지(平等性智)가 드러난 '무주의 덕'을 이해하면, 소립자(elementary particle)의 수준에서 물질이 비국소성(non-locality)을 띠는 안개와도 같은 것으로 나타나는 '미시세계에서의 역설'의 의미 또한 이해할 수 있다. '한'의 우주관은 현대 물리학의 전일적 실재관(holistic vision of reality)[9]의 원형(prototype)을 보여주는 것으로 생명의 근원적 평등성과 유기적 통합성의 본질에 접근할 수 있게 한다.

동학의 우주관은 절대유일의 '하나'가 만유의 본질로서 내재해 있는 동시에 만물화생(萬物化生)의 근본원리로서 작용한다는 사실을 밝힘으로써 생명의 순환을 이해할 수 있게 한다. '무위이화(無爲而化)의 덕'은 적정(寂靜)한 일심(一心)의 체성(體性)이 그대로 드러난 것이므로 그 덕과 기운과 하나가 되면[造化定], "공(空)도 아니고 공 아닌 것도 아니어서 공함도 없고 공하지 않음도 없다."[10] 따라서 '신령(神靈, 眞如)'인 동시에 '기화(氣化, 生滅)'로 나타나는 마음의 구조를 이해하면, 파동인 동시에 입자로 나타나는 양자역학적 세계관을 이해할 수 있다. 이는 곧 물질[色. 有]의 궁극적 본질이 비물질[空, 無]과 하나[11]라는 것이다. 동(東)에서 났으니 동학(東學)이라고 한 것일 뿐, 동학은 무경계의 사상이다. 동학의 후천개벽은 무위자연(無爲自然)의 천지개벽과 인위(人爲)의 정신개벽 · 사회개벽이, 하늘과 사람이 변증법적 통합을 이루어 새 하늘과 새 땅을 창조하는 '다시개벽'[12]이다.

5) 에코토피아적 지향성을 가진 무극대도의 사상

'한'사상은 인간 존재의 '세 중심축'—종교와 과학과 인문, 즉 신과 세계와 영혼의 세 영역(天地人 三才)—의 연관성에 대한 자각에 기초해 있는 까닭에 본질적으로 생태적이며 영적이다. '한'사상은 일체 생명이 동일한 내재적 가치(intrinsic value)를 지니며 인간과 비인간 모두가 평등하다고 보는 점에서 이분법의 해체(deconstruction)를 근간으로 한 서구의 탈근대 논의에 나타난 생명관과 일맥상통하는 바가 있다. 한마디로 생명은 곧 영성(靈性)이다. 생명의 본체인 절대유일의 '하나'가 바로 만물이 만물일 수 있게 하는 제1원인[神, 天, 靈]이며 그것이 우주지성[性]인 동시에 우주 생명력 에너지[命]이고 우주의 근본 질료[精]라는 사실을 알게 되면, 우주만물이 모두 이 '하나'의 자기현현(self-manifestation)임을 자연히 알게 된다. '한'사상은 생명의 전일성과 자기근원성에 대한 갈파(喝破)이며 생태적 지속성(ecological sustainability)을 띤 지구생명공동체의 구현에 기여할 수 있을 것이다.

동학은 삼경(三敬: 敬天·敬人·敬物)을 실천함으로써 하늘(天)과 사람(人)과 만물(物)이 소통하는 세상을 구현하고자 한다. '자기원인'이자 만물의 원인인 하늘은 만물과 분리될 수 없다. 그런 까닭에 특정 종교의 하늘(님)이 아니라 만인의 하늘이며, 우리가 경배해야 할 초월적 존재가 아니라 마음이 곧 하늘이다. 이 세계는 생물적·심리적·사회적·환경적 현상이 상호 긴밀히 연결되어 있는 까닭에 시스템적 세계관에 입각한 생태적 통찰(ecological insight)이 필요하다. 동학사상은 국가·민족·인종·성·계급·종교 등 모든 경계를 초월하여 평등무이(平等無二)의 평화로운 이상세계를 창조하는 토대가 될 수 있다는 점에서 에코토피아(ecotopia: 생태적 이상향)적 지향성을 가진 무극대도(無極大道)의 사상이다.

3. '한'과 동학의 실천적 전개

1) '한'의 실천적 전개

'한'사상은 천·지·인 삼재의 융화에 기초한 경천숭조(敬天崇祖: 제천을 기반으로 한 '경천'사상과 충효를 기반으로 한 '숭조'사상의 합성어)의 '보본(報本: 근본에 보답함)'사상이다. 고조선에서는 본래 제왕을 '한'이라고 호칭했으며, '태양=하느님[天]=단군=단굴(단군이 계신 전당)' 숭배가 하나의 체계로 통합되어 고조선 문명의 신앙적 특징을 형성했다.[13] 상고시대 우리 조상들은 박달나무 아래 제단을 만들고 소도(蘇塗)라는 종교적 성지가 있어 그곳에서 '경천숭조'하는 수두교를 펴고 법질서를 보호하며 살았다. 예로부터 높은 산은 하늘로 통하는 문으로 여겨져 제천의식이 그곳에서 거행되었다. 천제의식을 통해 해혹복본(解惑復本: 미혹함을 풀고 참본성을 회복)함으로써 광명이세·홍익인간의 이념을 구현하고자 했다. 이러한 이념이 정치의 근간이 되어왔음은 상고시대 환인씨(桓因氏)가 세운 나라인 '환국(桓國: 밝고 광명한 나라, 즉 태양의 나라, BC 7199~BC 3898)'[14]이라는 국호가 잘 말하여 준다. 이처럼 하늘에 제사지내고 근본에 보답하는 소도의식을 통해 군왕과 백성이 일체감을 이루어 국권을 세우고 정치적 결속력을 강화하며 국운의 번창을 기원했다.

우리 고유의 사상인 '보본'사상은 일즉삼·삼즉일의 원리를 생활화한 것이다. '집일함삼(執一含三)'·'회삼귀일(會三歸一)'[15]을 뜻하는 이 원리는 생명의 본체인 '하나'에서 우주만물이 나오고 다시 그 '하나'로 되돌아가는 다함이 없는 생명의 순환과정을 도식화한 것으로 생명의 근원적 평등성과 유기적 통합성을 명징하게 보여준다. 삼라만상의 천변만화(千變萬化)가 모두 한 이치 기운(一理氣)의 조화(造化)작용인 까닭에 생명의 본체인 '하나'와 그 작용인 우주만물은 상호 연관·상호 의존 관계에 있다는 것이다. 마고(麻姑)의 삼신사상, 즉 '한'사상은 고조선의 개국을 주도한 '한'족(한민족)—맥(貊)·예(濊)와 결합해서[16]—의 근간이 되는 사상일 뿐만 아니라 모든 종교와 진리의 모체가 되는 사상이다. 우리 조상들은 참본성을 따르는 것이 곧 천도(天道)이며,[17] 만유를 떠난 그 어디에 따로이 하늘이나 신이 존재하는 것이 아님을 알고서 경천·경인·경물의 '삼경(三敬)'을 생활화해 왔다. 홍익인간·광명이세의 건국이념과 경천숭조의 보본사상, 천·지·인 삼신일체의 천도에 부합하는 천부(天符)사상[18]과 신교, 우리 고유의 풍류(風流, 玄妙之道)[19]는 '한'사상의 전형을 보여준다.

널리 인간 세상을 이롭게 하고 천리(天理)에 순응하는 광명한 세상을 만들고자 했던 홍익인간·광명이세의 정치이념은 국가나 민족, 인종, 성, 종교, 계급의 경계를 넘어선 인류 보편의 이념을 함축한 것이었다. 비록 상고시대에는 오늘날과 같이 인터넷이나 언론매체, 각종 SNS를 통해 동(同)시간대에 연동되는 지구촌 차원의 '한마당'이 형성되지는 못했지만, 그 시대 나름의 전 지구적 문명이 있었다. 신라 눌지왕(訥祇王) 때의 충신 박제상(朴提上)의 『부도지(符都誌: 『澄心錄』 15誌 가운데 제1誌)』에 따르면,[20] 파미르 고원의 마고성(麻姑城)에서 시작된 한민족은 황궁씨(黃穹氏)와 유인씨(有因氏)의 천산주(天山州) 시대를 거쳐 환인씨의 적석산(積石山) 시대, 환웅씨(桓雄氏)의 태백산(중국 陝西省 소재) 시대, 그리고 단군 고조선 시대로 이어지는 과정에서 전 세계로 퍼져 나가 천·지·인 삼신일체의 가르침에 토대를 둔 천부사상['한'사상]과 문화를 세계 도처에 뿌리내리게 했다. 우리 상고시대 정치대전이자 만백성의 삶의 교본으로 국본(國本)을 상징했던 『천부경』은 환국으로부터 전승되어 온 것이었으니, 천부사상['한'사상]의 전승은 실로 오래된 것이다. '한'사상이 '한'족에게 전승되어 오고 있는 것은 아마도 우리 '한'족이 장자민족이기 때문일 것이다.

국내에서는 일부 연구자들이 『환단고기(桓檀古記)』의 사료적 가치에 대해 의문을 제기하기도 하지만, 서울대 천문학과 박창범 교수와 표준연구원 천문대의 라대일 박사는 『환단고기』 「단군세기(檀君世紀)」에 나오는 13세 단군 흘달(屹達) 50년(BC 1733) 무진(戊辰)에 수성, 금성, 화성, 목성, 토성의 다섯 행성이 결집한 오성취루(五星聚婁) 현상과 같은 단군조선시대의 천문현상을 컴퓨터 합성 기법을 이용해 역으로 추적하여 시각화함으로써 『환단고기』의 내용을 과학적으로 검증한 바 있으며,[21] 그 연구 결과는 『하늘에 새긴 우리역사』(2002)라는 책으로 출간되었다. 또한 일본에서는 『환단고기』의 사료적 중요성에 대해 일찍이 주목한 바 있다. 즉 대동아전쟁이 끝나자 일본에서는 고사 고전 연구가 붐을 이루면서 『환단고기』가 일본의 고사 고전 가운데 『호쯔마 전』(秀眞傳) 및 웃가야(上伽倻) 왕조사의 내용과 부합하는 것에 주목한 것이다. 일본의 가시마(鹿島昇)는 『환단고기』를 일어로 전역(全譯)하고 그것이 또 하나의 웃가야 왕조사[22]라고 주장한다.

환국의 12연방 중 하나인 수밀이국(須密爾國)은 천부사상으로 수메르 문화·문명을 발흥시켰고, 그것이 오늘날 서양 문명의 뿌리라고 할 수 있는 기독교에 상당한 영향을 미쳤다는 점, 그리고 그 옛날에는 아시아 대륙이 오늘날처럼 여러 국가나 민족으로 분화되지 않고 열려있었다는 점에서 '한' 사상은 '한'족만의 사상이 아니라 인류의 뿌리사상이며 동·서양의 문화·문명을 발흥시킨 모든 종교와 진리의 모체가 되는 사상이라고 해야 할 것이다. 조선 초기의 학자이자 생육신의 한 사람이었던 매월당(梅月堂) 김시습(金時習)의 『징심록추기(澄心錄追記)』[23]는 우리 역사상 왕권과 결부되는 것으로 간주되는 금척(金尺)에 『천부경』이 새겨져 있었음을 확연히 보여준다.

금척은 환단(桓檀)시대로부터 전래되어 온 영원성·무오류성을 지닌 우주 만물의 척도로서 천부경을 새겨서 천권(天權)을 표시한 천부인(天符印)[24]의 일종이다. 천부경의 원리와 가르침은 반안군왕(盤安郡王) 대야발(大野勃: 발해국 시조 대조영의 아우)의 『단기고사(檀奇古事)』에도 나타나 있으며,[25] 또한 조선 정조(正祖) 5년 구월산 삼성사에 올린 치제문(致祭文)[26]에도 '천부보전(天符寶篆 또는 天符寶典)'이 세세로 전해져 왔다는 사실이 기록되어 있어 천부사상의 지속적인 전승과 심대한 가치를 짐작케 한다.

『천부경』은 상고시대 조선이 세계의 정치적·종교적 중심지로서, 사해의 공도(公都)로서, 세계 문화의 산실(産室) 역할을 하게 했던 '천부보전'이었다. 당시 국가지도자들은 사해(四海)를 널리 순행했으며, 천부에 비추어서 수신하고 해혹복본(解惑復本)을 맹세하며 모든 종족과 믿음을 돈독히 하고 돌아와 부노(符都)를 세웠다. '부도'란 천부의 이치에 부합하는 나라 또는 그 나라의 수도라는 뜻으로 환국·배달국·단군조선에 이르는 우리 상고시대의 나라 또는 그 수도를 일컫는 것이다. '한'사상에서 복본을 강조한 것은, 본연(本然)의 참본성을 회복하면 일체의 이원성에서 벗어나 조화세계를 구현할 수 있기 때문이다. 참본성을 회복한다는 것은 천·지·인 삼신일체의 천도를 체득한다는 것이고, 이는 곧 근본지(根本智)로 돌아가 하늘과 사람과 만물의 '하나됨'을 자각적으로 실천하는 것이다. 인내천(人乃天)이란 것이 바로 이것이다.

『삼일신고』의 요체인 '성통공완(性通功完)', 즉 참본성이 열리고 공덕을 완수하는 것이나, 『천부경』의 요체인 '인중천지일(人中天地一)', 즉 천·지·인 삼신일체의 천도를 체현하는 것, 그리고 『참전계경(參佺戒經)』의 요체인 '혈구지도(絜矩之道)', 즉 남을 나와 같이 헤아리는 추기탁인(推己度人)의 도는 모두 우주만물의 근본이 하나임을 자각하는 것을 전제로 한다. 마음을 밝히고 세상을 밝히는 '큰 덕과 큰 지혜와 큰 힘', 즉 우주 '큰 사랑'은 바로 생명의 전일성에 대한 자각적 실천에서 발휘된다. 천부경의 원리와 가르침은 단군팔조교(檀君八條敎),[27] 부여 구서(九誓)의 가르침에도 나타나 있으며, 고구려인들의 삶과 정신세계에도 깊이 용해되어 있었다.[28] 『대학(大學)』「전문(傳文)」 치국평천하(治國平天下) 18장에서는 군자가 지녀야 할 '혈구지도'를 효(孝)·제(悌)·자(慈)의 도(道)로 제시하고 있다. 이러한 '한'사상의 자각적 실천은 무명(無明)의 삶의 행태를 벗어날 수 있게 함으로써 '만방의 백성들을 편안케 하는' 것으로 오늘의 우리에게도 절실히 요구된다.

2) 동학의 실천적 전개

동학의 사회정치적 참여가 활성화된 것은 영성 공동체로서의 성격과 정치적·사회적 운동체로서의 성격이 복합된 접포제(接包制)의 형성에 따른 것이다. 1862년 수운(水雲) 최제우(崔濟愚)는 '접주제(接主制)'를 창설하였으나 1864년 3월 10일 그가 대구에서 참형을 당하면서 동학의 접 조직은 일시 괴멸되었다. 동학의 접 조직이 재개된 것은 해월(海月) 최시형(崔時亨)에 의해서였다. 그는 1863년 8월 14일 도통(道統)을 전수받았다. 1875년 강원도 정선에서 거행된 수운의 51회 탄신 기념식에서 해월은 천시(天時)에 조응해서 세상일을 한다는 '용시용활(用時用活)'의 법설을 하였고, 그로부터 3년 만인 1878년에 동학의 접은 재개되었다. 특히 1884년 12월 동학도가 수적으로 증가하면서 기능적 분화와 전문성 및 효율성을 극대화하기 위해 해월은 육임제(六任制)를 도입하게 된다. 이로써 동학은 명실공히 조직으로서의 체계성과 유기성을 갖추게 된다. 그리하여 1890년대에 '접'은 전국적인 조직으로 뿌리를 내리게 된다.

동학도들이 늘어나면서 사회세력화하자, 토호와 관원들의 탄압도 심해져 일부 동학도들은 재산을 약탈당하고 온 가족이 길거리로 내몰리기까지 했다. 정부는 동학을 이단으로 규정하고 엄금하고 있었기 때문에 탄압을 막는 유일한 길은 정부로 하여금 동학을 공인하도록 만드는 것이었다. 이에 동학지도부가 생각해낸 것이 교조신원운동이었다. 정부로 하여금 참형을 당한 수운의 죄를 사면케 하고 동학을 합법화시켜 수용하게 하는 운동이었다. 그리하여 동학의 도가 이단이 아니라는 것과, 일본과 청국을 비롯한 외세의 침략성을 폭로하여 보국안민(輔國安民)을 위해 궐기해야 한다는 것을 기치로 내걸고 1892년 10월 하순부터 11월 초순경까지 교조신원운동에 들어가는 계획을 세웠다. 교조신원운동은 종교의 자유를 위한 것이었다기보다는 동학의 사회화 운동이었다.[29] 그러나 공주에 이어 삼례(參禮)에서도 뜻을 이루지 못하자 동학지도부는 보은 장내리에 동학도소를 설치하고 육임 등을 임명하여 정부를 상대로 하는 교조신원운동 준비에 들어갔다. 광화문 복합상소(伏閤上疏) 일자는 1893년 2월 11일로 정하였다.

중앙정부를 상대로 한 교조신원운동은 3일 만에 성과 없이 막을 내렸지만, 공주와 삼례의 교조신원운동 때부터 내세웠던 반외세운동이 광화문 앞 복소(伏疏)를 계기로 적극적인 형태를 띠게 되면서 동학의 척왜양운동(斥倭洋運動)에 온 나라의 관심이 집중되었다. 1893년 3월 10일 옥천에서 해월을 비롯한 동학지도부는 교조신원운동이 더는 성과가 없을 것으로 판단하고 '척왜양창의(斥倭洋倡義)'와 '보국안민'을 기치로 내걸고 사회정치적 변혁 운동체로서의 새로운 출발을 다짐했다. 3월 11일부터 수일 사이에 보은 장내리에는 2만여 명이 운집하였고 삼례와 금구 원평에도 수많은 동학도들이 운집하여 '척왜양창의'를 부르짖었다. 3월 17일 조정은 사태 수습을 위해 호조참판 어윤중(魚允中)을 양호도어사(兩湖都御史: 충청·전라도 도어사)로 임명했다. 당시 동학도들은 매우 질서정연하게 움직였으며 이들이 머물고 간 자리는 너무나 깨끗했다고 한다.[30]

그동안 동학의 단위조직은 수운이 창설한 '접'으로 50호 내외의 조직이었다. 그런데 1884년 갑신정변 이후 세상이 어수선해지자 동학도의 수가 늘면서 한 연원(淵源) 내에 여러 '접'이 생겨났고, '접'을 포괄하는 포(包)라는 호칭이 생겨나면서 '포'조직(연원조직)이 단위조직으로 부상했다. 1890년대에 이르면 동학의 단위조직은 '포'로 바뀌었고, 연원의 대표자는 대접주(大接主)로 바뀌었다. 포명(包名)이 없었기 때문에 대접주의 이름을 따서(예컨대, 손병희 包) 자연스럽게 지어졌다. 어윤중이 재차 올린 장계(狀啓)에 따르면 동학 조직은 주로 농민들로 구성되어 있었지만 나라를 걱정하는 다양한 계층에서도 많이 참여한 것으로 나온다. 당시의 암울한 상황에서 동학이 하나의 대안으로 떠오른 것이다. 그러나 어윤중의 1차 장계(狀啓)를 받은 조정은 회유와 협박을 동시에 담은 윤음(綸音: 勅語)을 내려보내는 한편, 600명에 이르는 경군을 청주에 파견하였으며 보은에는 100명에 이르는 청주병영군을 출동시켰다.[31]

결국 동학지도부는 생업을 보장해주겠다는 어윤중의 약속을 받아들여 4월 2일 해산명령을 내렸다. 금구 원평에서도 4월 3일부터 해산하기 시작했다. 동학 대표들이 해산하는 조건으로 어윤중에게 제시한 요구는 척왜양창의에 그치지 않고 나라를 바로잡겠다는 생각으로 정치사회 전반에 대한 시정의 내용을 담고 있었다. 그러나 동학도들이 해산하자 정부는 공주, 삼례 교조신원운동 때 전면에 나서 활동했던 서병학(徐丙學), 서장옥(徐長玉), 그리고 호남의 김봉집(金鳳集)에 대한 체포령을 내렸다. 보은집회를 통해서 연원을 중심으로 하는 포조직(包組織)의 강화와 동원능력의 향상으로 동학운동은 전국적 봉기를 가능케 하는 토대를 구축했다. 그리하여 종래의 수행

중심의 동학운동은 정치사회의 변혁을 위한 운동으로 전환하게 되었으며 민중들에게 주인의식을 고취시켰다. 1893년 11월에 해월은 동학의 조직 강화를 위해 각 포에는 법소(法所, 包所: 包의 어른이 있는 곳으로 사무를 보는 곳)를 두고 포가 있는 본포(本包) 소재지에는 따로 도소(都所: 대접주가 있는 곳)를 두게 하였다.[32]

당시 조선왕조의 해체 현상은 가렴주구와 매관매직으로 인해 극에 달하였고, 계속되는 탐관오리의 횡포로 농민들의 생활은 파탄지경에 이르렀다. 지방관들의 수탈행위가 극심해지면서 1893년 11월 전라도 고부, 전주, 익산에서 민요(民擾)가 일어났다. 특히 고부군수 조병갑(曺秉甲)은 악명높은 탐관오리였으며, 그의 학정(虐政)으로 인해 고부 농민들은 처참한 생활에 시달렸다. 1894년 1월 9일(음) 정부가 조병갑을 고부군수로 재임명하자, 고부 농민들은 격분하여 1월 9일 저녁에 예동(禮洞)에 모여 1월 10일(陽 2월 15일) 새벽 2시경에 고부접주 전봉준(全琫準) 등 7인의 주도로 민군 5백 명 정도가 고부관아를 향하여 출동했다. 전봉준은 1892년 11월 삼례 교조신원운동 때부터 민중운동에 앞장섰으며 그때 목숨을 걸고 자원해서 전라감사에게 소장을 전하기도 했다. 고부민요(古阜民擾)는 초기부터 태인 주산 동학접주 최경선(崔景善) 등 일부 동학도들이 조직적으로 참여해 주도적인 역할을 했기 때문에 『전봉준공초』에도 '기포(起包)'했다고 나온다. 11일부터 모여든 주민들은 14일에 이르러 18개 동에서 1만 명이나 되었다고 한다.[33]

정부는 1894년 2월 15일에 새 고부군수로 박원명(朴源明)을 차출하고, 장흥부사 이용태(李容泰)를 고부안핵사(古阜按覈使)로 임명하였다. 안핵사 이용태는 고부 백성들을 모두 동학도로 몰아 가혹행위를 일삼고 부녀자를 강간하고 재산을 약탈하는 등 온갖 악행을 일삼았다. 전봉준과 의기투합한 금구대접주 김덕명(金德明)과 무장대접주 손화중(孫華仲)과 태인대접주 김개남(金開南)은 보국안민과 제폭구민(除暴救民)을 기치로 내걸고 사람을 하늘처럼 섬기는 사인여천(事人如天)의 동학적 이상사회를 구현하기 위해 부패한 정치 현실을 개신하려는 거국적인 행동에 나서게 된다. 당시 동학의 정치의식은 제도로서의 군주제는 터치하지 않으면서 잘못된 정치는 민회를 열어 고쳐나가야 한다는 생각에 기초해 있었다. 그 구상은 오늘날의 의회제나 입헌군주제와 유사한 측면이 있다.[34] 2월 28일경에 김덕명, 김개남, 손화중 대접주와 주요지도자들은 전봉준을 동도대장(東道大將)으로 추대했다. 동학군의 포별기포(包別起包)는 3월 10일부터 20일에 걸쳐 이루어졌으며 백산 집결 후 강령과 격문을 발표하면서 동학운동은 혁명의 단계에 진입하게 된다.

1894년 4월 시작된 1차 봉기는 황토현(黃土峴) 전투와 황룡촌(黃龍村) 전투에서 관군을 격파해 전주성을 점령했다. 동학농민군은 원병으로 온 청군(淸軍)과 텐진 조약을 근거로 출병한 일본군의 철수와 폐정개혁을 조건으로 정부와 전주화약(全州和約)을 체결하였으며 전라도 일대에 집강소(執綱所)를 설치하여 치안과 폐정개혁을 실천했다. 접포제가 동학농민군의 자치체인 집강소로 발전한 것은 풀뿌리민주주의의 실천이라는 측면에서 특기할 만하다. 그러나 일본군이 경복궁을 점령하여 친일내각을 수립하고 청군을 기습해 청일전쟁이 발발하면서 승기를 잡은 일본이 관군과 함께 동학농민군을 탄압하기에 이르자, 동학농민군은 2차 봉기를 하게 된다. 2차 봉기는 반제국주의 근대 민족운동의 성격이 뚜렷하다. 영·미·러 등 열강이 조선영토의 분할점령안을 제기하고 일본이 경복궁을 점령하는 등 한반도의 정세가 긴박하게 돌아가는 상황에서 일어난 2차 봉기는 의병운동으로 규정되기도 한다.[35] 2차 봉기에서 전봉준 중심의 남접군(南接軍, 전라도 중심)과 손병희(孫秉熙) 중심의 북접군(北接軍, 충청도 중심)이 연합하여 항쟁했으나 우금치 전투에서 대패하고 12월에 전봉준이 체포되면서 1894년 동학혁명은 사실상 종지부를 찍게 된다.

의암(義庵) 손병희는 1897년부터 3년간 지하에서 교세 확장에 힘쓰다가 1898년 도통을 전수받게 된다. 이후 동학은 지식층을 대상으로 한 개화운동으로 선회하여 동학 재건과 애국계몽의 민족운동의 일환으로 전개됐다. 1902년 문명개화의 시기에 보국안민 할 수 있는 방법으로 의암은 도전(道戰)·재전(財戰)·언전(言戰)의 「삼전론(三戰論)」[36]을 제시했으며, 1905년 12월 동학을 천도교로 개칭하면서 본격적인 문명개화운동을 전개하였다. 1910년 경술국치(庚戌國恥)의 시련에도 굴하지 않고 교세 확장을 통해 거국적인 3·1운동을 주도적으로 이끌었으며 이러한 독립정신은 이후 항일독립운동에도 지대한 영향을 미쳤다. 실로 자율성과 평등성에 기초한 동학의 접포제는 1894년 동학혁명과 1904년 갑진개화운동, 1919년 3·1운동[37]과 일제 치하 항일독립운동의 사상적·조직적 기초가 되었으며, 보국의 주체로서의 근대적 민중의 대두를 촉발시키고 근대 민족국가 형성의 사상적 토대를 구축함으로써 새로운 문명 창조의 기틀을 마련하였다.

4. '한'과 동학의 정치실천적 과제

1) 한반도 평화통일

한반도는 지금 세계의 이목이 집중되어 있다. 미·중·러·일은 물론 유엔과 유럽연합(EU)이 한반도 비핵화에 플레이어로 역할하고 있기 때문이다. 1994년 한반도 비핵화를 위한 북미 제네바 합의 이후 국제사회의 강력한 경고에도 불구하고 2017년 9월 3일 북한의 6차 핵실험 강행으로 결국

2017년 9월 11일 유엔 안전보장이사회는 대북제재 결의 2375호에 따라 북한에 대한 제재를 더욱 강화했다. 이러한 국제사회의 대북제재에도 불구하고 2017년 11월 29일 북한이 또다시 장거리 탄도미사일(대륙간탄도미사일 · ICBM) 발사를 감행하자, 동년 12월 22일 유엔 안보리는 더 한층 강화된 새 대북제재 결의 2397호를 만장일치로 채택했다. 주요 내용은 원유와 정제유 제재 강화, 북한 해외노동자 24개월 이내 송환,[38] 해상 차단 강화, 수출입 금지 품목 확대, 개인 및 단체에 대한 제재대상 추가 지정 등이다. 2018년 2월 26일(현지시간) 유럽연합은 안보리가 채택한 새 대북제재 결의 2397호를 반영해 대북제재를 더욱 강화하는 한편, 대북제재를 위반한 것으로 의심되는 선박들에 대한 해상 제한 조치 등 EU 차원의 추가적인 독자 제재안도 마련하고 24개월 이내에 자국법과 국제법에 따라 모든 북한 노동자들을 송환하기로 했다.

중요한 것은 한반도 비핵화 선언이 아니라 한반도 비핵화 개념에 대한 합의다. 이러한 합의가 없이는 2018년 4월 27일 판문점에서 개최된 남북정상회담이나, 뒤이어 6월 12일 싱가포르에서 개최된 북미정상회담이 실효를 거둘 수 없기 때문이다. 비핵화 개념에 대한 미국의 입장은 2018년 5월 13일(현지시간) 존 볼턴(John Bolton) 백악관 국가안보보좌관의 ABC · CNN방송 인터뷰에서 잘 나타난다. '영구적 비핵화(PVID)[39]란 어떤 것이냐'는 질문에 그는 '북한의 모든 핵무기의 제거 · 폐기와 미국 테네시주(州) 오크리지[40]로 옮기는 것'이라며, '선(先) 비핵화 후(後) 제재해제 · 경제보상'이라는 원칙을 재확인함으로써 '단계적 · 동시적' 비핵화라는 북한의 입장을 수용할 수 없음을 분명히 했다. 국제원자력기구(IAEA)도 일정한 역할을 하겠지만, 미국이 직접 북핵을 폐기하겠다는 것이다. 이어 그는 '비핵화 절차가 완전하게 진행돼야 하며, 그것은 불가역적인 것'이라고 했다. 또한 그는 '비핵화가 핵무기뿐만 아니라 북한이 과거 수차례 동의했던 우라늄 농축과 플루토늄 재처리 능력 포기를 의미한다'며, 생화학무기 등의 대량살상무기(WMD)와 대륙간탄도미사일도 폐기해야 한다는 입장을 밝혔다.

볼턴이 밝힌 미국의 북한 비핵화 목표는 핵탄두·핵물질·핵시설은 물론, 핵무기의 운반 수단인 탄도미사일과 생화학무기 등 모든 대량살상무기를 제거하는 것이다. 그 절차는 핵무기를 포함한 모든 대량살상무기 프로그램 위치 신고, 국제원자력기구 등이 참여하는 공개 검증, 미국 오크리지로 반출해 미국이 직접 폐기, 대북 보상의 순이다. 대북 보상 시점은 비핵화 조치 단계마다 보상을 받고자 하는 북한의 입장과는 달리, 대북 보상 전에 영구적이고 검증가능하며 불가역적인 핵폐기가 선행되어야 한다는 것이다. 대북 보상 방안은 미국의 직접적인 경제 원조 대신 북한의 '정상국가화(대북 제재와 테러 지원국 지정 해제 등)'를 통한 무역·투자·금융 지원의 방식이다.[41] 또한 미국의 북핵 폐기 방식을 놓고 볼턴이 주장한 '리비아 모델'에 대한 북한의 반감이 커지자 미국은 '트럼프 모델'을 제시했다. 2018년 5월 17일(현지시간) 트럼프 대통령은 '북한이 비핵화를 통해 산업화된 한국의 길로 갈 것인지, 아니면 결국 정권이 붕괴되고 파괴된 리비아의 길로 갈 것인지를 선택하라'며 '트럼프 모델'의 윤곽을 드러냈다.[42]

이상에서 볼 때 한반도 비핵화의 성공 여부는 비핵화 개념의 간극을 어떻게 해소하느냐에 달려 있다. 그러나 그 간극의 해소는 정치공학적인 것이 아니라 생각 자체가 바뀌어야 하는 문제인데, 그 생각이란 것이 권력의지와 단단히 결합되어 있으면 바뀌기 어려운 법이다. 더욱이 한반도 문제는 동북아의 역학구도, 특히 중미 패권구도와 맞물려 있는 관계로 고난도의 고차방정식이다. 평화가 정치공학적으로 실현되기 어렵다는 것은 인류의 역사가 증명한다. 인류의 역사가 반목과 대립과 갈등으로 점철될 수밖에 없었던 것은, 평화는 정치적 슬로건에 불과했고 그 이면에서는 권력의지가 끊임없이 충돌했기 때문이다. 1919년 6월 독일 제국과 연합국 사이에 맺어진 제1차 세계대전의 평화협정인 베르사유 조약(Treaty of Versailles)은 1919년 6월 28일 서명되어 1920년 1월 10일 공포되었다. 그러나 수많은 문제들이 얽히고 설킨 베르사유 체제는 평화체제가 아니라 2차 세계대전이 발발하기까지 '20년간의 위기(The Twenty Years' Crisis, 1919~1939)'의 서막이었음을 우리는 잘 알고 있다.

유럽을 혼란시킨 모든 일이 베르사유 조약에서 기인한 것으로 본 네빌 체임벌린(Arthur Neville Chamberlain)이 1937년 영국 총리로 취임했을 때, 아돌프 히틀러(Adolf Hitler)가 자신이 희망하는 것은 1919년의 잘못을 시정하는 것이라고 하는 말을 믿고 그에 대한 '유화정책'을 추진했다. 히틀러의 정복전이 가시화되기 시작한 1938년, 체임벌린은 전쟁을 막기 위해 4강(독일 · 영국 · 프랑스 · 이탈리아) 회담을 제안하여 그해 9월 30일 뮌헨협정(Munchen agreement)을 맺었다. 뮌헨을 떠나기 전 체임벌린과 히틀러는 평화보장을 위한 협의를 통해 의견차를 해소하겠다는 희망을 밝힌 서류에 서명했다. 체임벌린은 의기양양하게 귀국해 전쟁의 위협이 사라졌으며 명예롭게 평화를 이룩했다고 환영 군중을 안심시켰다. 그러나 다음 해 3월 히틀러가 체코의 나머지 영토를 합병하고 9월에는 폴란드까지 침공하자, 영국은 하는 수 없이 독일에 선전포고를 하고 전쟁에 돌입하게 되는데, 이것이 제2차 세계대전으로 확전된다.

우리가 역사로부터 얻는 교훈은, 회담이나 조약 또는 협정은 정치적 전략의 산물인 까닭에 동상이몽인 경우가 허다하며 그 자체가 평화를 보장하는 것은 결코 아니라는 것이다. 그것이 지켜지는 것은 이해관계가 일치하는 동안만이다. 평화는 공동선에 대한 인식과 실천이 없이는 실현될 수가 없다.

우리 상고시대 수천 년 동안 동아시아를 평화롭게 다스렸던 것은 무기체제에 의해서가 아니라 천·지·인 삼신일체의 천도에 부합하는 천부사상, 즉 '한'사상[삼신사상]에 의해서였다. 당시에는 정치의 교육적 기능을 제일로 꼽았다. 독일의 철학자 마르틴 하이데거(Martin Heidegger)가 세계 역사상 완전 무결한 평화적인 정치로 2천 년이 넘도록 아시아 대륙을 통치한 단군 고조선의 실재를 자신이 인지하고 있다며, 모 철학 교수에게 '한'족의 국조 단군의 『천부경』을 이해할 수 있도록 설명을 요청했다는 일화는 우리로 하여금 많은 생각을 하게 한다.

한반도 문제는 지구 문제의 축소판이다. 한반도 매듭이 풀리면 지구의 매듭이 풀린다. 한반도 평화통일[43]을 위한 '큰 정치'는 보수니 진보니 하는 이념의 프레임에 갇히지 않는 까닭에 '자기조화'적이다. '큰 정치'는 국가·민족·인종·성·계급·종교 등의 성벽에 갇히지 않는 까닭에 무경계이며 전체성이다. '큰 정치'는 객관과 주관의 조화를 함축한 중용(中庸), 다시 말해 하늘의 '때(天時)'와 세상 '일(人事)'의 연계성을 함축한 '시중(時中)'의 도(道)로써만 가능한 것이다. 한반도에는 바로 그런 '큰 정치'가 필요하다. '한'과 동학이 이 시대에 긴요한 것은 이들 사상이 '큰 정치'를 가능하게 하는 사상적 토대를 제공하기 때문이다.

2) 지구생명공동체

『삼일철학역해종경합편(三一哲學譯解倧經合編)』「삼일신고서(三一神誥序)」[44] 에는 발해국 반안군왕 대야발이 천통(天統) 17년 3월 3일에 쓴 『삼일신고』 서문이 실려 있다. 이 글은 세상을 혼란케 하는 수많은 문제들이 기실은 모두 참본성에서 멀어진 데서 기인하는 것임을 생생하게 보여준다. 본래 참본성[根本智]은 하나이지만 선과 악이라는 분별지(分別智)가 생겨나면서 '마음속 이글거리는 불길이 세상이라는 화로에 서로를 지지고, 서로 다투는 허망한 생각의 먼지가 본성의 문을 가림'으로 인해 밤 촛불에 날아드는 가엾은 부나비 신세를 면치 못하게 되었으므로 '큰 덕과 큰 지혜와 큰 힘(大德大慧大力)'으로 교화를 펴고 나라를 세우게 되었다고 나온다. 발해국 역시 천부사상의 맥을 잇고 있음을 보여준다. 우리 상고시대가 역사상 가장 조화롭고 평화로웠던 시대로 여겨지는 것은, 오늘날의 정치가 천·지·인 삼재의 연관성을 상실하고 주로 제도적 측면에 치중한 것과는 달리 상고시대의 정치는 인식과 제도의 변증법적 통합을 본질로 삼았기 때문이다. 근사한 옷을 입는다고 해서 몸의 질병이 치유되는 것이 아니듯, 근사한 제도를 만든다고 해서 세상의 질병이 치유되는 것이 아님을 간파했던 것이다.

'한'사상과 동학은 인류 보편의 사상으로 지구생명공동체의 실현을 추구한다는 점에서 오늘의 우리에게도 많은 시사점을 제공한다. 오늘날 학문세계에서 운위되고 있는 통섭이 지식 차원을 넘어 생명 차원의 통섭으로 나아가지 못하는 것은, 정신·물질 이원론에 입각한 기계론적 세계관으로는 물성과 영성의 역동적 통일성을 이해하는 데에 한계가 있기 때문이다. '한'과 동학의 사상적 가르침은 실천적 삶과의 관계성에 주목하여 만사의 정합성(整合性)을 온전히 이해할 수 있게 함으로써 물성과 영성, 지식과 지성의 간극을 메울 수 있게 한다. 인류가 추구하는 제 가치가 실현되고 새로운 계몽시대가 열리기 위해서는 '하나됨'에 대한 인식과 실천이 선행되어야 한다. 이원성을 넘어선 진정한 앎에서 삶 자체에 대한 전적인 수용이 일어나고 만유를 차별 없이 사랑하는 실천이 나올 수 있기 때문이다. 사랑이 없는 지식으로는 결코 정의를 실현할 수 없으며 인류애나 평화를 실현할 수도 없다. 모든 인류가 추구하는 제 가치의 바탕이 되는 것은 사랑이기 때문이다.

우주 '큰 사랑'이 발휘되기 위해서는 내적 앎을 높여가야 한다. 앎 (knowing)이 깊어지면 봄(seeing)도 깊어지고, '봄'이 깊어지면 삶(life)도 깊어진다. 삶의 심화는 온전한 앎에서 오는 것이다. 오늘날 지구촌이 '자기조화'를 이루지 못하고 파편화된 것은 영적 무지에 따른 '분별지'의 작용으로 인해 이 우주가 상호 긴밀히 연결된 '에너지-의식의 그물망'임을 인식하지 못한 데 기인한다. 말하자면 존재계의 관계적 본질에 대한 통찰이 일어나지 못함으로 해서 전일적 과정으로서의 생명현상을 파악하지 못했기 때문이다. '열린사회'의 적(敵)은 닫힌 의식이다. 종교 충돌·정치 충돌·문명 충돌이 말해주듯 인류의 뿌리 깊은 이분법은 소통성이 결여된 닫힌 의식에서 오는 것이다. 의식이 닫힌 상태에서 운위되는 정의니, 사랑이니, 평화니, 복지니 하는 것은 공허한 말잔치에 지나지 않는다. '신령'과 '기화', 영성과 물성이 하나임을 알면 순천의 삶을 살게 되므로 하늘과 사람과 만물의 '하나됨'을 자각적으로 실천하는 '인내천'이 발휘된다.

전체와 분리된 개체는 그 어떤 의미에서도 진리가 아니다. 생명의 전일적 흐름과 연결되지 못한 것은 결국 허구다. 만약 삼위일체 사상의 정수(精髓)가 삼신일체의 '한'사상과 일맥상통한 것임을 알았다면, 다시 말해 삼위일체의 진수(眞髓)가 생명의 전일성과 자기근원성에 있다는 사실을 이해했다면, 1,500년간 기독교에 대한 조금 다른 해석을 지키기 위해 다른 기독교인 수백만 명을 학살하지도 않았을 것이고, 16~17세기 유럽에서 가톨릭과 개신교 사이의 악명 높은 종교전쟁도 일어나지 않았을 것이다. 역사상 얼마나 숱한 자들이 종교를 표방하며 진리를 농락하고 인간의 영혼에 치명상을 입혔는지를 우리는 알고 있다. 그러한 농락은 지금도 계속되고 있다. 다양한 집단이 저마다의 하늘을 섬기며 종교적·정치적 충돌을 일삼는 것은, 탐(貪: 탐욕)·진(瞋: 성냄)·치(痴: 어리석음)라는 맹독성 물질로 인해 분리의 환영(幻影)에 사로잡혀 있기 때문이다.

지식과 삶의 화해를 전제하지 않은 통섭은 존재의 실상을 외면한 허구에 불과한 것이다. 실재를 인식할 수 있는 유일한 방법은 지성(intelligence)[45]을 향상시키는 길밖에 없다. 누에는 뽕잎을 먹고도 비단똥을 누지만, 인간은 산해진미를 먹는다고 해서 비단똥을 누는가? 인간의 머리가 온갖 지식의 파편들로 꽉 채워져 있다 해도 연결성이 결여되면(통섭되지 못하면) 전자(電子 electron)의 운동을 방해하는 쓰레기에 불과한 것이다. 파편적 지식보다 연결이 중요한 것이다. 인간의 두뇌는 뉴런(neuron)으로 조직되어 있고 사고활동은 시냅스(synapse)의 작용으로 이루어진다. 지식을 두뇌의 뉴런이라고한다면, 지성은 시냅스의 연결이다. 시냅스의 연결로 지성이 높아지면 포괄적 이해능력이 향상되어 공동체적 삶의 중요성을 인식하게 된다. 인간 사회는 바로 이 시냅스의 집합체다. 한 사회가 어느 정도 계몽된 사회, 즉 양질 (良質)의 사회인가 하는 것은 어느 정도로 확장된 시냅스를 보유하고 있느냐에 달려 있다. 말하자면 공동체 구성원 각자가 어느 정도로 스스로의 개체성을 공동체의 전체성과 연결시키고 있느냐에 달려 있는 것이다.

영국의 생명과학자 라이얼 왓슨(Lyall Watson)이 이론화한 '100마리째 원숭이 현상(The Hundredth Monkey Phenomenon)'은 인간 사회에도 적용될 수 있는 보편적인 현상이다. 1950년대 초 일본 교토대학의 영장류연구소에서는 미야자키현 고지마라는 무인도의 원숭이를 관찰했다. 이 지역 원숭이들은 고구마에 묻은 흙을 손으로 털어내서 먹었는데, 그중 한 마리에게 바닷물로 고구마를 씻어 먹도록 학습시킨 결과, 흙도 없고 소금기가 있어 맛도좋아 다른 원숭이들도 차츰 따라 하기 시작했다. 그런데 고구마를 씻어 먹는 원숭이가 100마리 정도로 늘어나자, 그 섬에서 멀리 떨어진 오분현 지역의 원숭이들까지 고구마를 씻어 먹기 시작했다. '100번째 원숭이'를 기점으로 고구마를 씻어 먹는 행위가 '형태공명(morphic resonance)'을 일으킨 것이다. 왓슨은 이 현상을 '100마리째 원숭이 현상'이라고 명명했다. 어떤 행위를 하는 개체 수가 임계치에 달하면 그 행위는 그 집단에만 국한되지 않고 시공을 뛰어넘어 확산되는 현상이다. 인간 사회의 가치체계나 구조 역시 각성한 사람 수가 임계치에 달하면 변화한다. 밝은 세상을 만들기 위해서는 솔선수범하는 그 '한 사람'이 필요하다.

　동학의 후천개벽은 무위자연의 천지개벽과 인위의 정신개벽·사회개벽이 변증법적 통합을 이루어 새 하늘과 새 땅을 창조하는 '다시개벽'이다. 인위의 정신개벽·사회개벽을 통해 각성한 사람 수가 늘어나면 인간 사회의 가치체계와 구조도 변화하게 될 것이다. '한'과 동학의 우주관은 절대유일의 '하나'가 만유의 본질로서 내재해 있는 동시에 만물화생의 근본원리로서 작용한다는 사실을 바탕으로 생명의 근원적 평등성과 유기적 통합성의 본질에 접근할 수 있게 한다. '한'사상과 동학은 사랑을 바탕으로 한 삶의 사상이다. 죽음의 커튼이 드리워진 절반의 삶이 아니라 생물과 무생물, 삶과 죽음의 경계마저도 넘어선 온전한 '하나됨'의 삶을 추구한다. 오늘날 '한'사상과 동학이 긴요한 것은 이들 사상이 지구생명공동체를 실현하는 사상적 토대를 제공하기 때문이다. 생존의 영적 차원의 중요성을 인식하게 하고 유기적 생명체 본연의 통합적 기능을 회복하게 함으로써 개인과 공동체가 '자기조화'를 이루는 새로운 계몽시대를 개창하는 것, 그것이 21세기 '한'사상과 동학의 정치실천적 과제다.

5. 결론

　이상에서 우리는 '한'과 동학의 사상적 특성 및 실천적 전개와 이들 사상의 정치실천적 과제에 대해 살펴보았다. '한'사상은 '대일(大一)'의 사상이며 '무경계'의 사상이고 인류 보편의 사상이라는 점에서 '한'사상의 근대적 발현인 동학과 본질적으로 상통한다. '한'사상과 동학을 관통하는 '하나(一)'의 원리는 천·지·인 삼재의 통합성에 대한 자각에 기초해 있는 까닭에 무극대도의 이상세계를 창조하는 토대가 될 수 있다. 우선 '한'과 동학의 사상적 특성에 대해서는 상호 연관되는 다음의 다섯 가지로 나누어 살펴보았다. 공공성과 소통성을 본질로 하는 생명사상, 일즉삼·삼즉일의 논리구조에 기초한 천인합일의 사상, 통섭적 세계관을 바탕으로 한 삶의 사상, 현대 물리학의 전일적 실재관의 원형으로서의 개벽사상, 에코토피아적 지향성을 가진 무극대도의 사상이 그것이다. 분리 자체가 근원적으로 불가능한 생명의 영성을 깨달으면 물질일변도의 사고에서 벗어나게 되므로 공공성과 소통성, 자율성과 평등성의 발휘가 극대화된다. 본체계와 현상계를 관통하는 생명의 순환을 이해하면 순천의 삶을 살게 되므로 하늘과 사람과 만물의 전일성을 자각적으로 실천하는 '인내천'이 발휘된다. '한'과 동학은 생명의 영성과 생명의 순환을 통찰할 수 있는 핵심 원리를 제공한다.

'한'의 실천적 전개는 일즉삼·삼즉일의 원리를 생활화한 것으로 홍익인간·광명이세의 건국이념과 경천숭조의 '보본'사상, 천부사상과 신교, 우리 고유의 풍류에 잘 나타나 있다. 생명의 본체인 '하나'에서 우주만물이 나오고 다시 그 '하나'로 되돌아가는 생명의 순환을 도식화한 이 원리는 생명의 근원적 평등성과 유기적 통합성을 보여준다. 우리 조상들은 참본성을 따르는 것이 곧 천도(天道)임을 알고서 경천·경인·경물의 '삼경(三敬)'을 생활화해 왔다. '인중천지일', 즉 천·지·인 삼신일체의 천도를 체현하는 것, '성통공완', 즉 참본성이 열리고 공덕을 완수하는 것, 그리고 '혈구지도', 즉 남을 나와 같이 헤아리는 추기탁인(推己度人)의 도는 모두 '한'의 실천적 전개를 나타낸 키워드들로서 마음을 밝히고 세상을 밝히는 우주 '큰 사랑'이 생명의 전일성에 대한 자각적 실천에서 발휘된다는 것을 보여준다. 환단(桓檀)시대로부터 전승되어 온 '한'사상은 동·서양의 문화·문명을 발흥시킨 모든 종교와 진리의 모체가 되는 사상으로 부여, 고구려, 발해인들의 삶과 정신세계에도 깊이 용해되어 있었으며 근대 조선 말기에는 동학이라는 이름으로 부활했다.

조선왕조의 해체기에 하나의 대안으로 나타난 동학의 실천적 전개는 교조신원운동 이후 동학지도부가 '척왜양창의'와 '보국안민'을 기치로 내걸고 사회정치적 변혁 운동체로서의 새로운 출발을 하면서 본격화된다. 동학 조직은 농민들 외에도 나라를 걱정하는 다양한 계층에서 많이 참여했다. 보은 집회를 통해서 포조직의 강화와 동원능력의 향상으로 전국적 봉기를 가능케 하는 체제가 갖추어졌다. 특히 고부군수 조병갑의 학정(虐政)으로 인해 고부 농민들은 처참한 생활에 시달렸고, 결국 고부민요에 이어 1894년 동학혁명이 발발하게 된다. 1차 봉기 이후 집강소를 설치하여 치안과 폐정개혁을 실천하기도 했으며, 2차 봉기는 반제국주의 근대 민족운동의 성격이 뚜렷했다. 비록 동학혁명이 성공을 거두지는 못했지만, 동학의 접포제는 1904년 갑진개화운동, 1919년 3·1운동과 일제 강점기 항일독립운동의 사상적·조직적 기초가 되었으며, 보국의 주체로서의 근대적 민중의 대두를 촉발시키고 근대 민족국가 형성의 사상적 토대를 구축함으로써 새로운 문명 창조의 기틀을 마련하였다.

'한'과 동학의 정치실천적 과제는 한반도 평화통일과 지구생명공동체의 실현이다. 인류 역사를 통해서 볼 때 평화는 정치공학적으로 실현될 수가 없다. 회담이나 조약 또는 협정은 정치적 전략의 산물인 까닭에 그 자체가 평화를 보장하는 것은 결코 아니라는 것을 우리는 역사를 통해 익히 알고 있다. 평화는 공동선에 대한 인식과 실천을 전제로 한다. 우리 상고시대 수천 년 동안 동아시아를 평화롭게 다스렸던 것은 무기체제에 의해서가 아니라 천·지·인 삼신일체의 천도에 부합하는 천부사상, 즉 '한'사상에 의한 것이었음을 상기할 필요가 있다. 한반도 문제는 지구 문제의 축소판이기에, 한반도 매듭이 풀리면 지구의 매듭이 풀린다. 한반도 평화통일을 위해서는 '큰 정치'가 필요하다. '큰 정치'는 하늘의 '때'(天時)와 세상 '일'(人事)의 연계성을 함축한 '시중(時中)'의 도(道)로써만 가능한 것이다. '한'과 동학은 '큰 정치'를 가능하게 하는 사상적 토대를 제공한다. 이 시대에 '한'과 동학이 긴요한 이유다.

인류가 추구하는 지구생명공동체의 원형은 인식과 제도의 변증법적 통합을 정치의 본질로 삼았던 우리 상고시대에서 찾아볼 수 있다. '한'사상과 그것의 근대적 발현인 동학은 에코토피아적 지향성을 가진 무극대도의 사상으로 지구생명공동체의 실현을 추구한다는 점에서 오늘의 우리에게도 많은 시사점을 제공한다. '한'과 동학은 이 우주가 상호 긴밀히 연결된 '에너지-의식의 그물망'임을 인식하게 함으로써 분리의 환영(幻影)에서 벗어나 전일적 과정으로서의 생명현상을 파악할 수 있게 한다. 그렇게 되면 삶 자체에 대한 전적인 수용이 일어나고 '큰 사랑'의 실천이 나올 수 있다. 사랑이 없는 지식으로는 인류가 추구하는 정의나 평화, 인류애를 실현할 수 없다. 인류가 추구하는 제 가치의 바탕이 되는 것은 '큰 사랑'이기 때문이다. 21세기 '한'사상과 동학의 정치실천적 과제는 생존의 영적 차원의 중요성을 인식하게 하고 유기적 생명체 본연의 통합적 기능을 회복하게 함으로써 개인과 공동체가 '자기조화'를 이루는 새로운 계몽시대를 개창하는 것이다.

동학의 '혁명'과 생태 리더십*

임 상 욱
숙명여자대학교 기초교양학부 교수

1. 들어가는 말

비록 1894년의 민중 봉기를 지칭하는 용어는 '동학농민혁명'으로 정리되었지만, 이것이 과연 문자 그대로 혁명이었는지의 여부는 여전히 논쟁 중에 있다. 무엇보다 이 '혁명'은 당시 민중 위에 군림하던 왕과 그 체제를 기본적으로 인정한 상태에서 진행되었기 때문이다. 즉, 갑오년의 봉기는 통상 '혁명'으로 지칭할 만한 형식적 요건을 충족하지 못한 셈이다.

다른 한편, 이 봉기의 형식적 엄밀성보다는 그 내용에 방점을 두고 접근하는 방식도 있다. 이를테면, 폐정개혁안 12개조의 핵심을 '평등에 대한 요구'로 인식하는 접근법이다.[1] 이렇게 보면, 혁명의 형식과 내용에 각각의 뚜렷한 경계선을 그어 구분할 필요성은 현저히 줄어든다. 만약 그 봉기가 성공했더라면, 지위에 따른 인간의 귀천을 당연시하던 당시의 사회·정치 체제는 결국 자연스레 붕괴해 갔을 것이기 때문이다.

그렇지만 앞으로의 논의에서 다루려고 하는 바는 결코 '혁명'을 둘러싼 정치적, 사회적, 혹은 역사적 관점으로부터의 논쟁거리들이 아니다. 그것은 오히려 각각의 모든 개별 분과를 떠나 동학사상에 가장 본연한 '혁명'은 과연 무엇일 수 있는지에 대한 본질적 의미 탐색에 있다. 동학의 혁명적 요소는 과연 무엇일까? 동학사상에서 가장 혁명적이라고 간주할 만한 것은 과연 무엇일까?

이런 의미에서, 이 연구는 '혁명'의 범위를 인간 사회에서 존재 세계 전체로 확장하려는 의도를 갖는다. 이것이 동학사상의 근본 정신에 더욱 잘 어울린다고 판단되기 때문이다. 즉, 이 연구는 동학사상으로부터 필연적으로 도출되는 혁명적 관점은 왜 생태계, 즉 존재 세계 전체에 해당하는지를 다룬다. 이를 위해, 먼저, 동학사상으로부터 왜 인간의 평등만이 아닌 모든 존재의 평등이 원리적으로 도출되는지를 살피겠다. 다음으로, 이에 기반을 둔 확장된 형태의 혁명적 내용은 우리 삶에 어떤 방식으로 적용될 수 있고, 또 적용되어야 하는가의 실천적 이슈를 다루겠다.

2. 만민 평등의 원리와 인간중심주의

우리가 세상에 존재하는 대상들을 어떻게 바라보는가 하는 문제, 즉 인간이 인간을, 그리고 인간이 여타의 존재들을 어떤 관점에서 바라보는 가의 문제는 매우 중요한 개인의 기본 신념에 해당한다. 이 신념에 따라 우리는 각각의 존재에 대해 어떤 태도를 취할지를 결정하게 될 것이기 때문이다. 그럼에도 오늘을 살아가는 우리에게 이러한 신념은 대개 검토의 대상이 아니다. 20세기 중반 우리 사회에 급격히 유입되기 시작한 서구 사상은 우리로 하여금 인간의 지위를 세상에 존재하는 다른 어떤 대상들보다 훨씬 특별한 것으로 간주하는 것이 당연하도록 미리 확정해 두었기 때문이다. 예컨대 기독교적 문화세계를 저변에 둔 서구 정신사가 존재자들 간의 관계를 바라보는 시각은 다음의 진술에서 크게 벗어나 있지 않다.

하느님께서는 "우리 모습을 닮은 사람을 만들자! 그래서 바다의 고기와 공중의 새, 또 집짐승과 온갖 들짐승과 땅 위를 기어 다니는 모든 길짐승을 다스리게 하자!"고 하시고, 당신의 모습대로 사람을 지어 내셨다. 하느님의 모습대로 사람을 지어 내시되 남자와 여자로 지어 내시고 하느님께서는 그들에게 복을 내려 주시며 말씀하셨다. "자식을 낳고 번성하여 온 땅에 퍼져서 땅을 정복하여라. 바다의 고기와 공중의 새와 땅 위를 돌아다니는 모든 짐승을 부려라!"[2]

위의 논의에 따르면, 인간이 다른 존재자들보다 더욱 가치 있고 특별한 이유는 바로 이것이 신의 의지이기 때문이다. 즉, 인간은 자연의 정복자로서의 지위와 그 정당성을 신으로부터 부여받은 것이다. 신이 존재하는 한 인간과 인간 아닌 존재자들 사이에 놓인 관계의 위계는 변경 가능한 것일 수 없다. 물론 이러한 관계의 정당성은 필연적으로 신의 존재 여부에 의존한다. 만약 신의 존재가 인간의 상상력이 만들어낸 허구에 불과한 것이라면, 이런 식의 관계 설정은 결코 유효할 수 없다. 그렇지만 신의 존재 여부는 검증 가능한 영역을 벗어나 있으므로, 이 상태에서 그 유효성 여부를 판단할 수 있는 유일한 관찰 포인트는, 다름 아닌, 그로부터의 결과일 것이다.

그리고 그 결과는 매우 회의적이다. 뿐만 아니라, 이를 전제로 한 앞으로의 예상 가능한 결과는 더더욱 그렇다. 〈2012 살아 있는 지구 보고서(Living Planet Report 2012)〉에 따르면, 우리 인간이 현재와 같은 생활 패턴을 유지할 경우, 2030년에는 2개의 지구, 그리고 2050년에는 3개의 지구를 필요로 할 것이기 때문이다.[3] 특히, 전 세계 사람들이 우리 나라 사람처럼 생태 자원을 소비하면서 산다면 현재에도 3.3개의 지구가 필요하다고 한다.[4] 요컨대 생태계를 단순한 인간의 소비 자원으로 보는 시각은 우리 인간의 생존을 위해서도 이미 그 임계치를 넘어선 것으로 보인다. 얼핏 인간에게 가장 편안하고 유리할 것 같은 인간중심주의가 오히려 우리 인간을 위기 상황으로 몰아

가고 있는 셈이다.

　이러한 역설은 비단 서구 정신사의 전통에만 국한되어 존재하는 것은 분명 아닐 것이며, 그것이 무엇이든 큰 틀에서 인간중심주의로 귀결될 수 있는 모든 주장, 즉 우리 인간만이 특별한 존재라는 시각을 담은 모든 형태의 이론과 원리에 해당한다고 보아야 정당할 것이다. 이는 동학사상의 경우에 대해서도 역시 마찬가지이다. 이 점에서, 만약 동학사상의 어딘가에 (아래에서 논의할) 온전한 의미의 생태 혁명으로 보기 힘든 요소가 있다면, 다시 말해, 존재를 바라보는 열린 변혁적 시각이 아니라 구태를 답습하는 인간중심주의가 드러나는 곳이 있다면, 이러한 논의들은 현재의 맥락을 유지하기 위해서라도 한시적이나마 제외해 둘 필요가 있다.

　먼저, 최제우의 만민평등주의는 비록 당시로는 매우 혁명적 사상이었더라도, 현재의 맥락에서 볼 때 인간중심주의로 흐를 소지가 다분하다는 점에서 생태 혁명의 범주 안에 두기 어렵다. 존재하는 모든 것들, 즉 생태계에서 오직 인간만을 가치 있는 존재로 채택한 전략은 이미 실패했다는 논의가 가능하다면, 적어도 생태 혁명은 인간의 범주를 뛰어넘은 어떤 것이어야 할 것이기 때문이다. 인간중심주의를 형식 논리적 진술로 바꾸면 '(특정한) 어떤 존재는 가치 있는 반면, (특정한) 다른 어떤 존재는 그렇지 않다'는 정도로 서술되는데, 이런 식의 배제와 차별의 논리 구조를 가진 모든 진술 형태는 생태 혁명과는 거리가 먼 주장인 것이다. 더구나 최제우의 '만민'은 문자 그대로의 '모든 인간'을 의미하는 것도 아니었다.

　최제우가 동학 운동을 시작하며 내걸었던 지상목표인 보국안민은 기본적으로 사람을 하늘처럼 대하는 태도에 기반을 두고 있다. 사람을 대하는 이러한 관계적 태도는 양반과 천민의 구분은 물론이고, 대인관계에서 당시 조선사회가 정당한 것으로 믿어 온 모든 인간 가치의 위계를 무력화시킬 만한 혁명적인 것이었다. 다만, 이때 최제우가 택한 실행 계획은 점진적인 것일 수 없었다. 그의 눈에 당시의 시대상은 내우외환의 수준이 천하를 모두 멸망시킬 정도였기 때문이다.[5]

이 점에서, 최제우의 '시(侍)', 즉 하늘을 '모시는' 행위는 수많은 시행착오와 개선을 필요로 하는 현실세계보다는 일련의 신비체험을 통해 단숨에 이상사회에 도달하려는 시도에 가까웠다. 요컨대 그의 시도는 존재자 전체를 동질의 (가치를 갖는) 한울타리에 두기보다는 신비한 것과 그렇지 않은 것을 구분하는 이원론적 존재 양상을 보일 수밖에 없었다. 최제우의 사상을 종교로 이해하는 일부의 시각 역시 그에 기인하는 것이지만, 여기에서 중요한 것은 최제우에게 존재자의 특별한 가치는 오직 시천주자에게서만 인정된다는 점이었다. 즉, 만인의 평등은 하늘과 인간의 합일이라는 기준점을 두고 이를 통과할 때 비로소 부여되는 일련의 과실과도 같은 것이었다.[6]

엄밀한 의미에서, 최제우의 만민평등사상은 이렇듯 일부의 시천주자들에게만 해당하는 매우 제한적인 것이었고, 이와 동시에 '모심'을 알지 못하는 침략자 일본인은 증오와 척결의 대상일 뿐이었다.[7] 이때 최제우의 시천주적 인간관은 서구의 기독교적 세계관으로부터 도출되는 이원론적 인간관에 비해 '모심'이라는 신비체험의 단계가 한 가지 더 추가된 형태로 볼 수 있다. 요컨대 인간을 인간 아닌 다른 존재에 비해 특별하다고 보는 점에서 공통점을 갖지만, 다른 한편, 인간 사회에 적용되는 평등한 가치의 확장성에서 차이를 보이는 셈이다.

다음으로, 손병희의 인간관 역시 생태 혁명의 범주 안에 두고 논의하기에는 어려움이 따른다. 현재의 맥락에서, 평등의 가치를 공유할 수 있는 인간은 오직 정신개벽을 통한 '특별한' 사람에 제한되는 것으로 보이기 때문이다.[8] 비록 이는 최제우의 신비체험보다는 상당 부분 완화된 형태이지만 여기에도 역시 참되고 참되지 않은 정신의 질적 구분이 자리하고 있는 것으로 보인다. 요컨대 여기에도 여전히 배제와 차별의 논리 구조가 개재하는 것이다.

손병희는 최제우 사상의 핵심을 자신과 동일한 인내천으로 파악하는데,[9] 다만 최제우에게 그 전제 조건이 '모심'을 통한 신비체험이었다면, 이제 그에게 전제가 되는 것은 바로 정신개벽을 통해 찾은 '참된 정신의 나'이다. 이때 '사람이 곧 하늘이다(人乃天)'라는 손병희의 만민평등사상 역시 인간 가치의 특별함과 확장성의 측면에서 최제우에게서 보였던 동일한 형태의 공통점과 차이점을 갖게 된다.

마지막으로, 이돈화의 인간관 역시 현재 맥락인 생태 혁명의 범주 안에 두고 함께 논의하기에는 어려운 측면이 있다. 비록 그의 인간관에는 신비와 일상, 혹은 참됨과 참되지 않음을 구분 짓는 질적 차이는 보이지 않더라도, 여기엔 인간을 진화의 마지막 단계로 보는 인식이 자리하고 있기 때문이다.[10] 이 점에서, 이돈화의 인식은 사실 배제와 차별의 논리가 가장 노골적으로 드러난 형태로 볼 수 있으며, 그로부터 생태 혁명의 논의에서도 가장 멀리 떨어져 있는 사례에 해당한다.

다른 한편, 설령 이돈화는 인간이 진화를 통해 다른 존재자들과는 다른 특별한 위치에 도달했다고 생각했을지 모르지만, 이는 진화론의 의미를 곡해한 것에 불과하다. 엄밀한 진화의 관점에서 볼 때 진화와 진보는 결코 동일한 의미를 갖는 것이 아니기 때문이다. 즉, 진화는 주어진 환경에 적응하기 위해 단지 '달라졌다'는 것을 의미할 뿐, 더 '나아졌다'를 의미하는 개념이 아니기 때문이다.[11] 1930년대 들어 적극적인 친일 반민족 행위자로 활동하는 그의 변절 역시 결코 진보한 행동도 아니었고, 더 '나은' 선택도 아니었다.

이렇듯 만민평등주의는, 그것이 기독교적 세계관에서 비롯된 것이든 아니면 동학 내부로부터 제안된 것이든, 그것을 필요로 하는 시기에 인간의 가치를 한 단계 끌어올리는 중대한 역할을 했다는 점은 분명하다. 그럼에도 불구하고, 인간 사이의 평등에 대한 강조는 때로 인간우월주의로, 또 때로는 인간중심주의로 대변되는 인간만의 특별함을 강조하는 주장이라는 한계도 함께 갖고 있었다. 이로부터 인간이 아닌 다른 존재자들의 가치는 부당하게 박탈되거나 억압되는 셈이었고, 특히 다른 존재자들의 가치가 고려되지 않은 동학의 만민평등주의, 곧 인간중심주의는 동학사상에 본질적으로 맞닿아 있는 것도 아니었다.

이와 달리, 다음으로 살필 최시형의 만물존중사상은 인간을 비롯한 모든 존재자들의 평등적 가치를 지향하는 온전한 의미의 생태 혁명으로 보인다. 동시에, 이는 동학사상의 진의를 가장 잘 반영하는 사상, 요컨대 동학사상에서 가장 혁명적이라고 간주할 만한 사상으로 보인다.

3. 만물 평등의 원리와 만물존중사상

현재 맥락에 어울리는 동학사상의 핵심과 최시형의 논의에 빠르게 접근하기 위해 조금 길더라도 『신사법설(神師法說)』의 내용 중 몇몇 부분을 발췌하여 옮겨보기로 한다.

세상에는 하늘의 기운이 가득하여, 우리는 한 걸음이라도 감히 경솔하게 걷지 못할 것입니다. 나막신을 신고 빠르게 지나는 어린 아이의 발소리에 땅이 약간이라도 울린다면, 이는 가슴 아픈 일입니다. 그러니 땅을 소중히 여기기를 어머니의 살같이 하십시오.

우리 사람은 하늘의 기운을 모시고 태어납니다. 우리가 사는 것 또한 그렇습니다. 그러나 어찌 사람만 홀로 그 기운을 모셨다고 하겠습니까. 세상의 모든 만물 또한 하늘의 기운을 모시지 않은 것이 없습니다. 저기 지저귀는 새소리도 하늘의 기운을 모신 하늘의 소리입니다.

세상은 곧 우리의 부모님이고, 부모님은 곧 세상입니다. 세상과 부모님은 동일합니다. 부모님이 우리를 낳으셨듯, 세상이 우리를 내어 놓은 것입니다. 하지만 요즘 사람들은 단지 부모님이 아이를 갖는 이치만 알 뿐 세상이 우리를 낳는 이치는 알지 못합니다. 하늘은 우리를 덮어주고 땅은 우리를 지탱해주니 세상의 덕이 아니고 무엇이며, 해와 달이 비추어주니 세상의 은혜가 아니고 무엇이며, 만물이 서로 의지하며 살아가니 세상의 조화가 아니고 무엇이겠습니까.

하늘과 땅, 해와 달, 그리고 모든 만물을 품은 이 세상을 대할 때엔 부모님을 모시듯 하는 것이 마땅합니다. 마치 우리가 깊은 물가에 이를 때처럼, 얇은 얼음을 밟을 때처럼 지성으로 효도를 다하고 극진히 공경을 다하여 사람의 자식 된 도리를 다해야 합니다.

하지만 세상의 아들과 딸 된 자가 부모를 공경하지 않으면, 이내 부모가 크게 노하여 가장 사랑하는 자녀들에게 벌을 내릴 것이니, 경계하고 삼가야 할 것입니다. 어찌 홀로 사람만 입고, 사람만 먹겠습니까. 해 역시 먹고 입으며, 달 또한 먹고 입습니다. 그러므로 사람의 한 호흡, 작은 움직임, 한 벌의 옷, 한 끼의 식사에도 사뭇 경계하고 또 삼가야 할 것입니다.[12]

여기엔 앞서 말한 배제와 차별의 논리가 들어설 자리가 없다. 다시 말해, 여기엔 인간 중에서도 누가 더 가치 있다거나, 인간이 다른 존재자들보다 더 가치 있다거나, 혹은 다른 어떤 존재자가 인간보다 더 가치 있다는 식의 논의는 성립하지 않는다. 존재자와 존재자들 사이에는 어떤 형태의 위계도

자리하지 않고, 모든 존재자들은 다 함께 어우러져 살아가는 공동체 구성원들이다. 그리고 바로 이 지점, 즉 인간 간의 평등만이 아니라 만물 전체 존재자들 간의 평등을 말하는 바로 이 지점에서 동학사상은 가장 혁명적이다. 요컨대 시의적 특수성을 떠난 동학사상의 진의는 바로 생태 평등에서 온전히 드러날 수 있다는 점이다. 이와 마찬가지로, 1894년의 무장 봉기가 아닌 본질적 의미로서의 동학혁명은 그것이, 다름 아닌, 생태 혁명일 때 완성될 수 있다는 점이다.

위에서 인용한 최시형 진술의 핵심은, 인간을 비롯한 여타의 모든 존재와, 생명과 생명 아닌 모든 존재가 실은 모두 동일한 삶의 양식을 가진 동질의 존재로서 서로 어우러져 살아가는 파트너라는 점을 강조한 데에 있다. 모든 존재는 서로가 서로에게 공경과 정성을 다해야 하는 삶의 양식을 갖는다. 만물은 지기의 소산이기 때문이다.[13] 다시 말해, 모든 존재는 서로 간에 차별이나 계급이 있을 수 없는 동질의 존재이기 때문이다. 이에 더해, 서로가 서로를 경멸하지 않고, 이와 반대로 서로가 서로에게 무한한 존중의 대상이 될 수 있는 이유는 지기의 다른 모습이 바로 하늘이기 때문이다. 곧 세상의 모든 만물은 이미 하늘을 모시고 있는 존재이기 때문이다.[14]

최제우의 경우와 달리, 이제 사람들은 하늘을 모시기 위해 신비한 체험을 필요로 하지 않는다. 뿐만 아니라, 최시형에 이르러 세상의 모든 만물은 존재한다는 사실 그 자체만으로 이미 하늘을 모신 존재로 간주되었다. 서학의 이원론적 설명 없이도 인간은 이미 특별한 존재이며, 지기일원론 아래 모든 만물은 특별한 존재로 간주되었다. 일상과 특별함의 구분이 아니라 일상이 곧 특별함이 된 셈이었다. 이렇게 보면, 손병희의 인내천은 '만물이 곧 하늘이다'라는 동학사상의 본의를 파악하지 못한 채 존재자들 중의 극히 일부, 즉 단지 인간만을 부각하여 강조한 것에 지나지 않는다.

역설적이지만, 평범한 범신론이나 유물론의 분파 중 하나에 그칠 수도 있었던 최시형의 일원적 존재론은 (지기)일원론과는 원리적으로 부합될 수 없었던 최제우의 시도, 즉 일상적 경험의 영역을 벗어나 특별한 하늘을 모시려는 시도 덕분에 오히려 보편적 특별함을 얻을 수 있었다. 요컨대 만물이 단지 존재할 뿐인 존재 지평을 벗어나, 하늘을 담은 매우 특별한 만물이 존재하는 지평으로 들어설 수 있었던 것이다. 최제우의 시천주적 인간관이 좁은 의미에서 모든 인간의 평등을 말하려는 의도를 가진 것이었다면, 최시형의 '시천주 된 만물관'은 지기일원론의 본래적 의미를 담아내는 것이었다.

지기일원론의 만물관에 따르면, 얼핏 가장 고귀해 보이는 하늘조차 한낱 미물처럼 보이는 새와 동질의 평등한 존재라는 점을 지시한다. 여기에서는 하늘의 도, 인간의 도, 그리고 여타 만물의 도는 서로 다를 수 없다.[15] 더불어 하늘은 머리 위의 푸른 하늘을 지칭하는 것이 아니며, 하늘의 도란 곧 만물의 자연스런 변화와 인간 삶의 자연스런 변화를 모두 포괄하는 이치를 의미하는 것이다.[16]

그렇다면 만물의 변화를 있는 그대로 인정하고 허용하는 것이 바로 하늘의 도에 부합하는 것일 터이므로, 무위(이화)는 하늘의 도, 즉 동학의 진리를 표현하는 핵심적인 내용 중 하나가 된다. 그리고 이를 현대어로 바꾸면, 다름 아닌, 존재 긍정이다. 즉, 각각의 존재자에게 본연한 지속의 시간과 그 변화를 있는 그대로 놓아두고(무위이화), 상대에게 본연한 삶의 모습과 양식을 존중(존재 긍정)해 주는 것이야말로 바로 동학사상에서 필연적으로 도출되는 핵심적인 진리 중 하나가 되는 것이다.

만물존중사상은 바로 이 존재 긍정의 다른 이름이다. 즉, 존재 긍정이란 존재자들 간에 어떤 형태의 위계도 존재하지 않는다는 자각이며, 저마다 다른 형태로 존재하는 모든 것들의 가치를 '나'와 동등한 것으로 당연시 한다는 의미이며, 동시에 이렇듯 특별한 존재자들로 채워진 우리의 일상을 소중하게 살아간다는 뜻이다.

반면, 존재 부정이란 세상의 존재자들 중 오직 인간만이 존엄하다는 인간 중심주의적 발상이며, 인간 아닌 생명체를 건축 자재나 식자재 정도로 간주하는 생활양식이며, 동시에 일상을 벗어난 특별한 행복을 지향해 가는 삶의 방식을 의미한다. 생명을 가진 형태로 존재하는 대상들에 대한 살생, 폭력은 물론 생명을 갖지 않은 형태로 존재하는 대상들에 대한 파괴 행위와 인위적 변형은 모두 존재 부정에 해당하는 요소들이다.

4. 생태 혁명을 위한 실천 이슈

과거 동학혁명을 주도해 간 혁명가들의 정체성이 보국안민을 실현하기 위한 만민평등사상에 있었다면, 오늘의 동학혁명을 이끌어갈 혁명가들의 정체성은 앞서 살핀 존재 긍정의 원리에 공감하여 이를 실현해 가려는 만물 존중의 실천 의지에서 찾을 수 있을 것이다. 즉, 현대의 동학혁명가들은 생태의 관점에서 존재 긍정을 촉진하고, 동시에 존재 부정을 억제해 가는 노력을 기울이는 모든 사람을 의미한다.

요컨대 동학의 생태 혁명가는, 첫째, 세상의 모든 존재가 '나'와 동일한 시천주적 존재라는 점을 자각하여 존재자들 간 상생의 삶을 촉진하려는 실천적 의지를 가진 사람이다. 둘째, 인간과 만물이 어우러진 사회에서 존재 긍정이 부정되는 현상을 간파하여 이를 개선해 갈 수 있는 비판적 마인드를 가진 사람이다. 셋째, 인간과 만물 사회에서 존재 긍정이 온전히 가능하도록 필요한 변화를 능동적으로 이끌어내는 창의적 마인드를 가진 사람이다.

이때 존재 긍정을 실현해 가는 혁명의 장소는 물론 존재 세계 전체, 즉 태양계를 포함한 우주 전체이겠지만, 이의 실현을 위한 가장 현실적인 장소는 바로 저마다의 개개인이 살아가는 일상적 삶의 공간일 수 있다. 다시 말해, 우리 일상의 삶이야말로 오늘을 살아가는 우리가 마주하게 되는 가장 핵심적인 혁명의 대상이자 장소인 셈이다.

그렇다면 그로부터 제안 가능한 핵심적인 실천 이슈들 역시, 다름 아닌, 우리 일상의 영역에서 습관화되거나 고착화된 삶의 양식에 대해서일 것이다. 예컨대 우리가 가진 서구식 식습관은 일상의 식탁 위에서 매일 벌어지는 존재 부정의 대표적인 사례에 해당한다. '학살'은 전장이 아니라 바로 우리의 식탁 위에서 벌어지고 있었던 셈이다.

이의 개선을 위해 제안 가능한 생태 혁명가로서의 실천 전략은 바로 비건(vegan)이다. 육식은 물론 계란을 포함한 모든 종류의 유제품을 거부하는 비건은 대체로 생태 혁명가로서의 3가지 조건을 매우 가깝게 만족시킨다. 더구나 비건은 개인적 차원을 뛰어넘어 지구 전체의 생태계에도 긍정적인 영향을 미칠 수 있는 매우 효과적인 존재 긍정 방식 중 하나이다.

1) 동학적 관점으로부터의 생태 혁명

현재 맥락에 어울리는 것으로서 최시형의 관점을 가장 잘 드러내주는 진술은 아마도 '존재하는 것 하나하나가 모두 하늘이고, 그 행위하는 바 하나하나가 모두 하늘입니다'라는 대목일 것이다.[17] 이는 곧 존재자 본연의 모습에 대한 온전한 긍정을 의미한다. 사인여천에 관한 언명들은 두 말할 필요도 없다.[18] 최시형은 존재자를 대하는 이러한 자세, 즉 정성과 공경, 그리고 믿음을 다하는 태도야말로 동학의 진리라고 확신했다.[19] 바꾸어 말하면, 이는 바로 더 없이 온전한 형태의 존재 긍정인 셈이다.

이로부터 동학의 관점에서 제안 가능한 비건 식 생태 혁명은 어떤 것일 수 있을지에 대한 논의 역시 가능해 보인다. 일단 일반적으로 알려진 당시의 생활수준을 고려할 때, 그들에게 의식주에 대한 비건 식 삶의 양식을 제안하는 것은 지나치리만큼 가혹해 보인다. 더구나 이는 어차피 가죽옷을 살 형편이 안 되는 사람에게 가죽옷을 사지 말라고 말하는 것만큼이나 불필요한 요구이다. 예컨대 식단을 위해 그들이 생태계로부터 얻을 수 있었던 것은 당시의 차별적 사회 구조에 의해 강제로 착취되고 남은 최소 분량이었을 뿐 아니라, 심지어 생존을 위한 임계 수준에조차 미치지 못하는 경우가 허다했기 때문이다. 요컨대 존재 긍정을 지향하는 비건 식 삶의 양식은 적어도 사람 아닌 존재자들에 대해, 그것도 그들의 의지와 상관없이 저절로 충족되었던 셈이다.

다만, 존재 긍정의 측면에서 볼 때, 당시 동학도들이 사람을 대하는 태도에 대해서는 일련의 분명한 문제제기가 가능할 듯하다. 요컨대 당시 동학도들의 외세에 대한 저항 방식, 특히 일본에 대한 저항 방식은 때로 동학의 진리치에 반하는 두드러진 폭력성을 드러내곤 했기 때문이다. 물론 동학 내부에는 심지어 목숨이 오가는 전투 상황에서조차 비폭력을 강조하는 최시형의 전투 수칙이 전해지기도 한다.[20]

그렇지만, 특히 영해 봉기의 경우, 비록 강압에 의한 비자발적 참여라는 시각이 가능할 수 있더라도, 이는 폭력이 수반된 선제공격이었다는 점에서[21] 반드시 비판적인 검토가 뒤따라야 할 사안에 속한다. 이와 마찬가지로, 1894년의 봉기에서 간디 식의 비폭력 저항 수단보다는 폭력 수단을 적극 활용했다는 점 역시 동학 정신의 관점에서 반드시 재검토되어야 할 사안 중의 하나라고 판단된다.

다른 한편, 지난 동학혁명가들에 대한 생태 혁명적 관점의 평가를 바탕으로 오늘날의 동학혁명가들이 발휘해야 할 생태 혁명적 리더십을 우리 주변의 일상적 삶에 적용시킨다면, 그 당시와는 온전히 엇갈린 방향의 적용과 해석이 도출된다. 즉, 현 상황은 사람 아닌 존재자들에 대한 의도적 존재 부정이 급격히 확산되어 가는 반면, 사람인 존재자들에 대한 존재 긍정은 점차 개선되어 가는 경향을 보인다.

우선, 서구식 먹거리에 익숙해진 현대인들의 식습관은 인간 아닌 존재자들에 대해 지극히 반 동학적인 생태 환경을 더욱 가속화해 가고 있다. 네덜란드의 동물당(Party for the Animals, Partij voor de Dieren; PvdD) 소속 국회의원 티메(M. Thieme)에 따르면, 유럽식 식습관을 가진 사람은 평생에 걸쳐 약 1,800마리의 동물을 먹는다.[22]

인간에 의한 동물 살상 상황을 전문적으로 다루는 한 통계에 따르면, 현재 지구에서 사육되는 동물의 수는 약 54,000,000,000마리이며, 이 중 약 15,000,000,000마리가 매년 도축된다.[23] 이러한 현상의 원인은 오늘 우리 인간의 식습관이 생존이나 건강을 위해서라기보다는 다분히 쾌락이나 탐욕을 위한 식사에 치중하는 경우가 흔한 일상이 되어버렸기 때문이며, 이는 인간 아닌 존재자들에 대한 공공연한 존재 부정을 전제로 한 것이었다.

이와 달리, 적어도 국내 상황에 한해서는 저항을 위한 평화적인 의사 표시 방식이 점차 안정적으로 자리를 잡아 가는 것으로 보인다. 요컨대 2016년 말부터 본격적으로 그 실체가 드러나기 시작한 박근혜 대통령의 국정 농단 사태에 대해 시민들이 채택한 촛불시위와 같은 비폭력 저항 방식은 동학적 관점의 생태 혁명에 잘 부합하는 삶의 양식으로 평가할 수 있다.

오늘의 현실은 어쩌면 과거 동학 봉기가 일어난 시대의 모습과 닮아 있는지 모른다. 당시 동학군은 침략자 일본군, 부패한 왕조의 지휘 아래 놓인 관군, 그리고 기득권을 지키려는 양반 중심의 민보군을 적으로 두었다. 이는 얼핏 위안부 합의와 사드를 강요하는 외세, 우리 국민의 이익보다는 외세의 눈치를 더 보는 정부, 그리고 자신의 이익을 위해 부패한 정부 세력과 적극적으로 유착하는 재벌 기업의 모습으로 비춰진다. 과거의 전철을 답습한다면, 혁명은 또 다시 실패하고 말 것이다. 이것은 바로 존재 긍정을 원리로 삼은 생태 혁명이 요구되는 필연적 이유이다.

2) 생명적 관점으로부터의 생태 혁명

존재자를 대하는 동학적 존재 긍정의 관점에서 볼 때 비건 식 삶의 양식이 생태 혁명의 촉진을 위해 필수적이듯, 이 같은 점은 생명의 관점에서 관찰해 가는 경우에도 역시 크게 다르지 않아 보인다. 요컨대 각 개별 존재자들의 생명을 안전하게 지속하기 위해서도 비건 식 삶의 양식은 필수적인 것으로 보인다. 역으로, 존재자의 생명을 가볍게 다루는 삶의 양식은 존재자 전체를 위험에 빠뜨리는 매우 부적절한 선택일 수 있다.

예컨대 육식과 같은 생명 경시 풍조가 야기하는 가장 두드러진 증상은 이상 기후로 대변되는 지구온난화 현상이다. 일반적으로 지구온난화의 주범으로 인식되는 요인은 바로 화석 연료의 사용이다. 그러나 화석 연료 사용으로 인한 폐해는 전체 원인 구성비의 13%를 차지하는 반면, 육식으로 인한 폐해는 18%로서 지구온난화를 유발하는 단일 요인으로는 육식이 최대치를 차지한다.[24]

이는 전 세계에 돌아다니는 비행기, 자동차, 화물트럭 등을 모두 합한 것보다 우리가 일상의 식탁에서 배출하는 요인이 더 큰 폐해를 야기한다는 의미이다.[25] '지구의 허파'라고 불리는 아마존의 밀림이 가축 사료를 생산하기 위한 곡물 재배지로 전환되는 폐해는 이러한 현상을 가속화하는 대표적 사례 중 하나에 해당한다.

이러한 폐해의 근저에는 바로 인간이 아니라는 이유 하나만으로 다른 생명체의 가치와 권리를 인정하지 않는 생명 경시 풍조가 자리한다. 생명에 대한 이러한 경시 풍조 역시 실은 앞서 말한 배제와 차별의 논리 구조가 야기한 다양한 변주곡들 중의 하나에 해당한다. 이때 동물은 단지 맛이 최대 관심사가 되는 음식에 불과하거나, 애완용으로 활용되는 소모성 자산으로 간주된다.

비록 최시형의 경우와 같이 땅이나 바람 같은 무생물에게도 성·경·신의 태도를 취하기는 힘들겠지만, 그렇더라도 여기엔 적어도 거의 유사한 생명 시스템을 가진 동물들 간에는 생명 일반이라는 일련의 공감대가 형성될 수 있을 것으로 보인다. 만약 동물 역시 우리 인간들처럼 기뻐하거나 슬픔을 느끼고, 혹은 놀라거나 두려움을 갖는 심리적 존재라는 점을 염두에 둘 수 있다면, 이때 '과연 동물은 음식일까?'라는 근원적인 의문이 제기될 수 있는 것이다. 흔히 말하는 바처럼, 모든 생명체는 자신이 선택하지 않은 일로 인해 고통 받아서는 안 될 것이기 때문이다.

실제로 공장식 대량 사육 방식에 노출된 동물들은 차마 눈 뜨고 보기 힘든 고통을 당하며 사육되다가 결국 도살된다. 예컨대 공장식 축사에서 깨어나는 병아리는 감별을 통해 수컷으로 판명되는 즉시 분쇄기에 갈려나가고, 암컷은 상처 방지를 위해 부리가 잘린다. 이런 식으로 키워지는 소, 돼지, 닭에게는 열악한 환경에서 생존력을 높이기 위해 각종 항생제가 주기적으로 주입되며, 그럼에도 특히 우리 나라의 경우 닭은 5-6주령이 되기 전에 죽어 버리기 때문에, 그 전에 출시되어 소위 '영계'라는 미명 아래 판매된다.[26] 소비자들이 실제로 구매한 것은 '어린 닭'이 아니라, 단지 다 자라지 못한 병사 직전의 병아리일 뿐이다.[27]

만약 동일한 생명 구조를 가진 존재로서 가질 수 있는 약자에 대한 연민, 혹은 고통 받는 생명체에 대한 연대 의식이 오직 동종의 인간에게만 작동하는 경우라 해도, 이때에도 역시 비건 식 삶의 양식은 적어도 동일한 종인 인간에게 만큼은 절대적인 도움이 된다. 현재 전 세계 인구의 10%만 육식을 줄여도 지구 공동체의 기아 문제는 완전히 해결될 것이기 때문이다. 우리 인간이 연대 의식을 가질 수 있는 생명체의 종이 늘어나면 늘어날수록 존재자들 간 배제와 차별을 지양하는 생태 혁명은 딱 그만큼 확장되어 가는 셈이다.

3) 건강을 염두에 둔 관점으로부터의 생태 혁명

〈책임 있는 의료를 위한 의사회(PCRM)〉의 구성원 중 한 명인 버나드 박사에 따르면, 우유는 완전식품이다. 단, 오직 송아지를 위해서 그렇다.[28] 실제로 우유는 박테리아와 다양한 종류의 세균에 심각하게 오염된 액체이며, 우유 1cc당 소위 '고름세포'가 400,000마리 이상 존재한다. 자연 상태에서 평균 20년 이상을 살 수 있는 젖소는 이러한 열악한 공장식 사육 현장에서 4년 안팎의 수명을 갖는다. 물론 죽은 소는 육우로 포장되어 다시 인간의 식탁에 놓여진다. 오직 건강의 측면으로만 보았을 때에조차 인간은 오염된 소의 젖과 병사한 소의 살을 섭취하는 셈이다. 요컨대 건강과는 거리가 먼 식단이다.

버나드에 따르면, 우유가 건강식품일 것이라는 오해보다 더 이상한 것은 오직 우리 인간만이 성인이 되어서까지 다른 종의 젖을 먹는 유일한 종이라는 점이다. 우유가 건강식품이라는 신화는 미국 농식품부에 대한 축산업계의 로비와 소비자들에 대한 집중 마케팅으로 만들어졌으며, 이는 치즈의 경우 역시 마찬가지이다.[29] 얼핏 건강식품으로 보이는 치즈에 어울리는 가장 정확한 정체성은, 다름 아닌, 지방덩어리일 뿐이다.

게다가 인간 종은 본래부터 채식 동물이라는 점에서, 육식은 인간의 건강에 이로울 것이 없다는 것이 PCRM 소속의 의사들이 이구동성으로 주장하는 내용이다. 인간의 장 길이를 측정하면, 초식동물의 장 길이 비율과 일치한다. 다만, 우리 인간은-생존을 위한 극한 상황에서 사슴조차 때로 쥐를 잡아먹는 것처럼-빙하기와 같은 열악한 생존 시기를 견뎌내기 위해 일시적으로 육식을 했을 뿐이며, 이로부터 인간이 잡식성 동물이라는 생각은 편견에 지나지 않는다는 주장이다.

그렇지만 사실이 어떠하든, 식단은 개인의 미각 취향에 따라 제각기 다양한 선택이 가능한 사적 영역에 속한다. 이 점에서, 우리는 누구나 육식과 채식, 혹은 잡식 중에서 어떤 식단이라도 선택할 권리가 있으며, 그에 대해 (어린 자녀를 둔 부모가 아니라면) 어느 누구도 개입할 여지는 없어 보인다.

다만, 누군가 위와 같은 새로운 정보들을 통해 선택의 기로에서 머뭇거리는 경우라면, 이때 생태 혁명적 선택을 방해하는 거의 유일한 요인은 일련의 심리적 난점일 수 있다. 우리 인간은 공룡 이래 지구 위에 군림하게 된 완벽한 최종 포식자로서 과연 우리 인간이 힘들게 쟁취한 이 권리를 굳이 내려놓을 필요가 있을지에 대해 혼란스러울 수 있기 때문이다.

그러나 바로 이때 만약 우리가 인간중심주의가 야기한 현실의 위기상황들을 직시할 수 있다면, 최종 포식자로서의 우리 인간을 더욱 위하는 길은 오히려 다른 존재자들과의 상생을 지향하는 것이라는 점을 새삼 발견할 수 있을 것이다. 심리적 난점은 사라지고, 생태 혁명가로서의 자각이 시작되는 것이다.

5. 나가는 말

1894년 동학도들의 봉기는 실패한 혁명이다. 첫째, 그들은 자신들이 의도한 실질적 성과를 달성하지 못했기 때문이며, 둘째, 이 봉기는 적극적 폭력이 수반된 지극히 반 동학적 성격의 것이었기 때문이다. 오늘날 그와 동일한 목적과 수단을 동반한 혁명은 필요하지 않다. 시대가 달라졌기 때문이다. 이제 또 다른 형태의 혁명이 가능하다면, 그것은 온전히 동학적 진리가 추구하는 바를 지향하는 것이어야 하며, 동시에 이는 존재하는 만물 전체를 위한 것이어야 한다. 모든 존재는 하늘의 존귀함을 지닌 지기의 소산이기 때문이다.

이 점에서, 동학사상의 보편적 진리치를 최대한 담보할 수 있거나, 혹은 생명체로서 갖는 일반적 공통점을 통해 인간 아닌 다른 생명체들과 연대의식을 가질 수 있거나, 또 그마저 아니라면 오직 개인 자신의 건강한 삶을 위해서라도 앞서 제안한 비건 식 삶의 방식은 일정 부분 유의미할 수 있을 것으로 보인다. 이는 동학적 의미의 생태 혁명이자, 동학의 겉옷을 벗어버리더라도 생명체로서 서로에게 가질 수 있는 공동체 의식의 발현이며, 또한 이마저도 아니라면 개인 자신의 건강한 삶을 위한 합리적 제안일 수 있기 때문이다.[30]

다만, 생태적 혁명으로 제안된 비건 식 삶의 양식에 놓인 좀 더 근원적인 문제가 있다면, 그것은 바로 실은 식물 역시 온전한 생명체라는 자명한 사실에서 찾을 수 있다. 요컨대 동일한 생명체임에도 불구하고, 왜 식물은 되고 동물은 안 되는가의 문제 제기이다. 실제로 식물 역시 동물과 비슷한 형태의 생명 매커니즘을 통해 외부 자극에 반응한다는 몇몇 증거들이 밝혀지고 있다.[31]

하지만 동물과 식물 모두를 식탁 위에 올리는 것보다 식물만 선택하는 것이 실제로 동물과 식물 모두를 위해 더욱 적절한 선택이라는 점은 틀림없는 사실이다.[32] 동물을 육용으로 키워내기 위해서는 옥수수를 비롯한 막대한 양의 식물이 사료로 제공되어야 하기 때문이다. 육식으로 인해 기아 문제가 가속화되는 것은 바로 이때문이다. 곡물이 도달하는 곳은 이를 필요로 하는 기아 상태의 인간이 아니라 육류 생산을 위해 키워지는 소의 여물통인 것이다.

그럼에도 장기적으로는 생명체 전체에 대한 완전한 존중을 목표로 해야 한다는 점 역시 틀림없는 사실이다. 비록 과학적 한계로부터 현재 생태 혁명을 위한 선택지는 식물로 귀결되지만, 이는 다만 주어진 현실을 감안한 차선책에 불과할 뿐이며, 예컨대 가까운 미래에 분자 수준의 식품 가공이 가능해진다면 생명체 전체를 위한 존재 긍정의 목표에 조금은 더 가깝게 접근할 수 있을 것이다. 설정된 목표에 하루 빨리 다가가기 위해서라도, 적어도 지금 이 시점에서 가장 적절해 보이는 혁명의 시작은 바로 동물은 음식이 아니라는 인식의 전환이다.

전라도 전주
동학농민혁명유적지

출처: 동학농민혁명기념재단의 협조로 〈동학농민혁명 유적지 및 기념시설 현황조사-전주〉의 일부를
발췌함.

김개남장군 추모비(〈개남아 개남아 김개남아〉)

전라북도 전주시 덕진구 덕진동 1가 1314-46(덕진공원 내)

김개남장군 추모비 전경

김개남장군 추모비 뒷면

김개남(金開男, 1853~1894)은 전봉준(1855~1895), 손화중(1861~1895)과 함께 동학 농민혁명을 지휘한 최고지도자 중 한 사람이다. 본관은 도강(道康). 어려서의 이름은 영주(永疇), 자는 기선(箕先)·기범(箕範). 아버지는 대현(大鉉). '개남'이란 이름은 그가 동학에 입도하여 문자 그대로 '남조선을 개벽한다'는, 즉 잘못된 세상을 바로 잡고 남녘 세상을 새롭게 열겠다는 뜻으로 지은 이름이다.

태인 산외면 지금실에서 태어났으며, 집안은 부잣집이었다고 알려져 왔으나, 중농 내지 그보다 조금 넉넉한 정도였을 것으로 추정되기도 한다. 젊은 시절부터 전봉준·손화중 등과 교류가 있었던 것으로 보인다. 늦어도 1891년 이전에 동학에 입도하여 영향력을 키워나갔으며, 태인 일대의 중심인물로 부상하였다. 1892년 11월 동학교도들이 전라도 삼례에서 교조신원운동을 벌일 때, 그리고 1893년 보은집회 혹은 금구집회에도 참가하였던 것으로 추정된다.

1894년 3월 20일 전라도 무장에서 동학농민혁명이 시작된 뒤 이른바 백산대회 당시 손화중과 함께 총관령(總管領)으로 임명된 이후 동학농민군을 이끌었다. 농민군 3대 지도자들은 기질이나 정세를 보는 인식, 투쟁의 방식은 조금씩 달랐으며, 김개남은 그 가운데서 가장 과격하였던 것으로 평가된다.

전봉준은 강하고 부드러운 전술을 섞어 쓰는 능력과 정치 협상, 각 지역 농민군 지도자들을 묶어 내는 힘이 뛰어났다. 그렇기 때문에 농민 연합군의 총대장이 될 수 있었다. 그에 비해 김개남은 가장 타협을 꺼려했고 원칙에 충실했으며 한결 같이 일을 몰아가는 힘이 컸다. 직접 움직일 수 있는 농민군 수가 오히려 전봉준보다 많았다. 동학 조직의 힘은 손화중이 가장 컸으며 그에 따라 조직을 보존하려는 경향이 있었다.

농민군이 활동하던 지역과 지도자의 성향에 따라 소속된 농민군의 구성이 달랐다. 거꾸로 농민군의 구성에 따라 지도자들이 영향을 받기도 하였다. 전봉준이 관할하던 전라우도는 평야지대였기 때문에 농민군도 남의 땅일망정 농번기 때 돌아가 농사를 지을 땅이라도 있는 농민이 많았다. 손화중 부대는 농민군의 처지는 비슷했어도 동학 조직의 영향이 컸고 교도들이 많았다. 반면 김개남의 남원 농민군에는 지리산 자락을 생활 터전으로 삼았던 도망 나온 노비, 백정, 장인, 재인 같은 천민들이 주로 참가한 부대가 있었다. 이들은 농번기가 되어도 돌아가 농사를 지을 땅조차 없었다. 농민 전쟁 기간 이들 천민부대는 양반 사족의 갓을 찢어버리고, 노비문서를 불태우고, 상전을 묶어 주리를 틀고 곤장을 치며 양반과 지주에 대하여 가장 '과격'하게 원한과 분노를 표현하였다.

김개남이 이끄는 농민군은 백산봉기 이후 농민군 주력으로서 황토현 전투, 황룡촌 전투에 참여하여 큰 성과를 얻는다. 이후 전주성 입성 과정에서도 역시 많은 역할을 하였다.

전주성 입성 이후 관군과 폐정개혁안을 조건으로 전주화약이 맺어져 전주성으로부터 나오게 되자 김개남은 휘하의 부하들을 데리고 남원에 들어가 자리를 잡는다. 그는 1894년 6월부터 10월까지 남원성을 중심으로 금산, 무주, 진안, 용담, 장수, 곡성, 순천, 담양, 고흥 등의 지역을 장악하였다. 그는 남원에서 대규모 민중집회를 개최하여 자신의 세력을 과시하며 재봉기해야 함을 주장하였다. 김개남은 2차 봉기에서 전봉준과 함께하지 않고 독자적인 행보를 보인다. 그는 전봉준이 이끄는 농민군이 삼례에서 집결하여 논산에서 북접의 농민군과 연합을 하는 데 동참하지 않는다. 그는 이때에 비로소 남원을 출발하여 전주를 거쳐 한동안 금산에 머물다가 청주로 진격한다. 전봉준이 이끄는 농민군이 공주 우금치에서 전투를 할 때 청주를 공격하지만, 전봉준이 우금치에서 패배한 것처럼 그도 마찬가지로 승리하지 못한다.

김개남은 동학농민군이 전주성에서 철수한 뒤 집강소 시기에 1894년 6월경부터 남원 땅에 자리 잡고 전라좌도 일대에서 폐정개혁 활동을 전개하였다. 9월에 들어 전봉준이 삼례에 대도소를 마련하고 제2차 기포를 준비하며 전봉준이 남원에서 함께 북상할 것을 요청했으나, "남원을 점령하고 49일을 머물러 있어야 한다."는 참서(讖書)의 기록을 구실로 출병하지 않았다. 같은 해 10월 14일 남원에서 전주로 진격해 새로 부임하는 남원 부사 이용헌(李龍憲)을 죽였다. 그는 지리산 중심의 포병(包兵) 8,000명을 거느리고 금산·청주를 거쳐 서울로 진격할 계획을 세우고 있었다. 이때 전봉준은 논산에서 북접농민군과 만나 대본영을 설치하고 전 역량을 공주 공략에 쏟고 있었는데, 김개남은 전봉준이 협력 요청하였으나 휘하의 농민군을 이끌고 금산 일대에 머물렀다. 11월 11일 진잠현(鎭岑縣)을 점령하였고, 이어 신탄진·회덕을 거쳐 13일 새벽 청주를 공격했다. 그러나 화력이 월등한 청주병영의 관군과 일본군에 패배하여 100여 명의 전사자를 내고 후퇴했다. 그 뒤 진잠에 들렀다가 민보군(民保軍)에게 쫓겨 연산 쪽으로 퇴각하였다. 김개남은 연산 일대에서 전봉준 부대와 합류하여 함께 전라도 쪽으로 후퇴하였다.

김개남이 11월 23일 전주에서 전봉준과 헤어져 남원 방면으로 퇴각하였다가, 12월 1일 태인 산내면 종송리에서 11월 30일부터 추적해 온 강화병 병방 황헌주와 전초대관(前哨隊官) 박승규가 이끄는 관군 80명과 포교 3명에게 체포되었다. 일설에 의하면 태인면 종송리의 매부 서영기 집에 숨어 있다가 1894년 12월 옛 친구인 임병찬의 밀고로 체포되었다고 한다. 전주감영으로 이송되었으나 전라감사 이도재가 김개남에 대한 두려움 때문에 서울로 압송하지 않고 전주 초록바위에서 처형시켜 버렸다.

추모비 기단부에는 〈김개남장군추모비〉라고 새겨져 있으며, 그 위에 올려 놓은 자연석으로 된 돌에는 "개남아 개남아 김개남아"라는 글귀가 새겨져 있다. 이 글귀는 당시 '새야 새야 파랑새야'와 함께 불렸던 "개남아 개남아 김개남아, 수천 군사 어디 두고 짚둥우리가 웬 말이냐"라는 노래의 한 구절이다.

동학농민군 전주입성비

전라북도 전주시 완산구 서서학동 20(완산공원 내)

동학농민군 전주입성비

　1991년 8월 전라북도 문화재위원회가 세웠고, 전영래와 조병희가 글을 지었으며 김윤길이 썼다. 동학농민군의 전주성 점령과 관련된 유일한 기념물이다. 기념비가 세워진 완산은 동학농민군이 관군과 전주화약을 맺을 때까지 관군이 주둔하며 동학농민군과 치열한 전투가 벌어졌던 장소이기도 하다.

　전면 하단부의 비문에는 동학농민군이 기포한 이후 벌인 황토현 전투와 황룡촌 전투, 삼례에서의 재기포와 공주전투 등을 간략하게 기록해 두었으며, 특히 4월 27일 전주 입성 사실, 5월 8일 전주성에서 철수하기까지 이곳 완산칠봉에서 치열한 전투를 치렀다는 사실이 기록되어 있다.

　전주성 점령은 이미 1893년 11월의 〈사발통문 거사계획〉때부터 계획된 것이었고, 무장 기포 직후에도 거듭 확인되었다. 3월 26~29일경 백산대회를 통해 전열을 가다듬은 농민군은 군기와 군량을 확보하여 전주성 공격에 나섰다. 4월 2일에 금구까지 진격했던 농민군은 감영 포군 1만여 명이 농민군을 치러 온다는 소문을 듣자 4월 3일 태인으로 후퇴하였다. 이때 농민군의 수는 무장기포 당시보다 2~3천여 명이 불어난 6~7천 명이었다. 그러나 만족할 만한 수준은 아니었고 활동 지역도 무장·고창·정읍·고부·태인 등으로 제한되어 있었다.

이후 다시 고창·무장·영광·함평·무안 등지를 석권하며 세력을 강화한 농민군은 4월 23일 장성 황룡촌 전투에서 처음으로 경군(京軍)과 전투를 벌여 격파한 다음 노령을 넘어 정읍 쪽으로 향하였다. 전주를 향하여 진격하기 시작한 것이다. 그 사이 어딘가에서 하루를 숙영하고 24일 정읍에 들어간 농민군은 초토영(招討營) 운량감관(運糧監官) 김평창(金平昌)의 집을 공격한 다음 25일 정오 무렵에는 원평에서 국왕의 효유문을 가지고 온 이효응(李斅應)과 배은환(裵垠煥)을 살해하였다. 그 다음날 금구를 거쳐 전주에서 30리 정도 떨어진 두정(豆亭) 혹은 삼천에서 하루를 더 숙영한 뒤 4월 27일 오전 10시경에는 전라도의 수부인 전주성을 점령하였다. 이때 농민군의 규모는 2~3만 명이었다. 전주성 점령은 동학농민혁명 전개과정에서뿐만 아니라, 민중들이 스스로의 힘으로 감영을 점령한 최초의 사례라는 중요한 의미를 가진다.

전주성을 점령하기에 앞서 농민군 측에서는 수백 명의 농민군을 상인으로 위장하여 성안에 투입시켰다. 성문은 이와 같이 위장해서 들어간 농민군, 그리고 농민군과 내통한 관속들에 의해 안에서 열렸다. 감사 김문현은 달아났고 전주성이 함락되는 시각 초토사 홍계훈은 영광에서부터 계속 농민군의 꽁무니를 쫓아다니다가 태인현에 도착하여 있었다. 전주성을 점령한 이후에도 농민군은 엄격한 규율을 유지하며 성내의 주민들을 위무하였다. 길에서 부녀자가 혹시 넘어지는 일이 있더라도 자신의 손으로 직접 부축하지 않고 길가의 아동들에게 부축하여 일으켜주도록 하였다. 특히 농민들에게는 위유(慰喩)하며 부지런히 농사를 지어 모내기할 때를 놓치지 말라 하였다. 이에 따라 전주성을 점령한 날 오후 성내 장시에는 사람들이 평상시와 마찬가지로 왕래하였고 온 성안의 주민들이 모두 화합하였다고 하였다. 농민군의 전주성 점령 하루 뒤인 4월 28일에야 전주에 도착한 초토사 홍계훈은 전주성 밖의 완산에 진을 치고 농민군과 대치하며 몇 차례 교전하였다. 관군 측은 5월 2일까지의 몇 차례 전투에서 승세를 취함으로써 사기가 고양되고 있었으나, 홍계훈은 5월 2일까지도 "저들은 많고 우리는 적어" 성을 포위하기 어려우며, 또 농민군의 후원군이 있을 것으로 염려되므로 청군과

은진의 방수병(防守兵), 순변사(巡邊使) 이원회의 평양군 등이 빨리 와 주기를 독촉하며 매우 초조해 하고 있었다. 그러나 5월 3일 벌어진 전투는 양측의 전세를 바꾸어 놓았다. 이 전투에서 대승을 거둔 홍계훈은 청군의 출병을 요청하던 5월 2일까지의 입장을 철회하여 5월 4일에는 조정에 전문(電文)을 보내 청군이 상륙할 경우 양호지방에 폐단이 많을 것이므로 동정을 살핀 후에 상륙하도록 할 것을 요청하였다. 이와 반대로 이미 5월 2일까지의 몇 차례 전투를 겪으며 동요하기 시작하였던 농민군 진영은 5월 3일에 벌어진 전투에서 패하여 전봉준이 총상을 입고 적지 않은 농민군이 사상하는 타격을 입었다. 그동안 각지를 진격하여 승승장구하던 농민군은 오히려 수세적 입장으로 몰리게 되며, 농민군의 뒤만 쫓아다니던 관군 측은 공세적 위치를 차지하게 된 것이다.

전주성 점령 이후 농민군 측이 오히려 수세적 입장에 처하게 되는 것은 무엇보다 농민군의 취약한 역량과 그에 따른 전술적 오류 때문이었다. 제1차 농민혁명의 전개 양상은 세몰이로 요약할 수 있다. 무장에서 전주성을 점령할 때까지 주력부대는 각 지역을 일시적으로 점령하고 탐관오리를 징치하는 데 그쳤을 뿐, 곧바로 농민군을 규합하여 다른 지역으로 이동하는 방식으로 진행되었다. 각 지역에 활동의 거점을 확보하지는 않았다. 농민군 주력부대가 떠난 고을에는 곧 관군이 들어와 잔여 농민군을 체포해 가는 모습을 보이고 있었다. 따라서 전주성 점령은 다른 측면에서 보면 농민군이 관군에게 포위되는 결과를 초래한 것이었다. 또 청일 양국군의 출병 사실도 농민군들을 당혹케 하였다. 훗날 전봉준은 자신들의 기병으로 말미암아 조선이 청일 양국군의 전쟁터가 된 점을 "천추의 한"으로 여길 정도였다. 따라서 전주 점령 후 가시화한 청일 군대의 출병 사실도 농민군으로 하여금 전주성에서 관군과 계속 대치하는 것을 어렵게 하였을 것으로 보인다. 실제로 전주화약 직후 농민군 지도부는 각지에 통문을 띄워 "청국군이 물러간 뒤에 다시 의기를 들까 하니 각 군의 장졸들은 각별히 유념하여 명령을 기다리라"고 지시하였다. 농민군 지도부가 청일 양국 군대의 철군을 얼마나 시급한 문제로 판단하였던가 보여준다.

청일 양국군의 출병에 다급한 것은 조선정부 측도 마찬가지였다. 5월 3일 홍계훈이 승전보를 전하면서 청군의 상륙을 보류시켜 줄 것을 요청하자 조선정부에서는 5월 4일 밤 청나라에 전문을 보내 군대의 상륙을 보류해 줄 것을 요청하였고, 5월 5일에는 일본군의 출병을 중지시켜 줄 것을 요청하였다. 그러나 5월 6일부터 청일 양국군은 각기 아산과 인천에 병력을 상륙시켰으며, 일본군은 5월 7일 오후 일본공사 오오토리의 인솔 하에 420명의 병력을 인천에 상륙시켰다. 이러한 사정들은 농민군과 관군 모두에게 화약을 서두르게 하였다. 5월 4일 농민군 측에서는 '제중생등의소(濟衆生等義所)'의 명의로 〈소지(彼徒訴志)〉를 홍계훈에게 보내 전주성 점령 후 처음으로 '귀화할 뜻'을 전달하였다. 이때 농민군 측에서는 〈폐정개혁안〉을 함께 전달하였다. 이어 5월 6일 오후 2시경에는 농민군 측에서 두 사람의 사자(使者)를 초토사에게 보내 귀화하려 하니 해산 시에 신변을 보장해 줄 것을 요청하였다. 5월 7일에는 5월 4일에 요구한 폐정개혁조항을 국왕에게 보고해 줄 것을 재차 요청하였다. 또 같은 날 전라감사 김학진이 농민군 측에 비장(裨將)을 보내 효유문을 전달하자, 농민군 측에서는 구감사(舊監司) 김문현과 초토사가 탄압 일변도로 대응한 점을 비난하며, 이미 초토사 홍계훈에게 올린 바 있는 폐정개혁 요구조항을 국왕에게 보고해줄 것을 요청하는 글을 보냈다.

이 글에서 농민군 측은 자신들이 봉기한 목적은 나라의 근본인 백성들을 도탄에 빠뜨린 탐관오리와 민씨척족에 대한 반대에 있으며, 만민의 원통함을 풀어주고 초토사에게 올린 바 있는 폐정개혁 요구조항을 국왕에게 계달(啓達)하여 보국안민할 수 있기를 바란다고 하였다. 이러한 과정을 거쳐 5월 8일 관군 측은 농민군의 〈폐정개혁안〉을 국왕에게 계달할 것을 약속하고 물침표(勿侵標)를 내어줌으로써 농민군은 전주성에서 철수하였다.

동학전적지 비

동학혁명기념관

전라북도 전주시 완산구 풍남동 3가 76-2

동학혁명기념관 전경

천도교는 동학농민혁명 100주년(1994)을 맞아 동학농민군의 혁명정신을 기리기 위해 국고보조금과 성금을 모아 전주에 동학혁명기념관을 건립하였다. 이 기념관은 1994년 말에 착공하여 1995년 5월 31일에 준공되었다. 동학과 천도교 관련 자료와 사진 등을 전시함으로써 "동학의 역사와 정신, 그리고 그 꿈과 비전을 현창하기 위한" 목적을 가지고 개관하였다. 지하 1층 지상 3층의 연건평 270평 규모로 지하에는 기념관 사무실과 천도교 사무처가 있으며 1층은 회의실, 2층은 전시실, 3층은 동학문화예술센터가 자리 잡고 있다. 전시실에는 주로 고인이 된 이종학 선생이 기증한 동학 관련 자료들이 전시되어 있다. 주요 전시품으로는 사진 97점, 공문서 47점, 책 사본 81점, 책 12점, 동상 1점(해월신사), 병풍 1점 등이다. 현재 휴관일인 월요일과 법정공휴일을 제외한 화요일에서 금요일까지는 9시 30분~5시 30분까지, 토요일은 9시 30분~12시까지 개관한다. 입장료는 무료이며, 학생들이 단체로 관람하는데 주로 전주 지역의 학생들이다.

삼천(三川)

전라북도 전주시 완산구 효자동1가 410-23 일원(우림교 부근)

전주 삼천

   무장기포 후 '보국안민창의(輔國安民昌義)'라고 쓴 깃발을 앞세운 농민군 주력 부대의 진격로는 무장(3/20) - 고창(3/20~3/21) - 흥덕(22) - 줄포·부안·정읍-고부(3.23-3.24, 여기까지는 전봉준 부대)-금구·원평(3.25-김개남 부대)-고부·백산·예동(전봉준 부대)-태인 용산면 화호리(3/26~3/28, 전봉준 부대)-태인(3.29, 전·김 연합 부대)-원평(4/1)-금구(4/2)-태인 인곡면 북촌 용산·부안 부흥역(4/3~4/5)-고부 도교산 황토현(4/6)-정읍 삼거리(4/7)-흥덕-고창(4/8)-무장(4/9~4/11)-영광(4/12~4/15)-함평(4/16~4/17)-함평·무안 삼내면(4/18)-함평(4/19~4/20)-장성(4/21~4/22)-갈재와 정읍 사이(4/23~4/24)-정읍-원평(4/25)-두정 혹은 삼천(4/26)-전주성(4/27)이었다.

   4월 7일 황토현 전투에서 전라 감영의 군대를 크게 격파하여 사기가 오른 농민군은 그 여세를 몰아 곳곳을 석권하였으며, 4월 23일에는 장성 황룡촌 전투에서 이학승이 이끄는 경군을 격파하고 정읍 쪽으로 향하였다. 장성에서 갈재를 넘어간 농민군은 장성에서 정읍 사이 어딘가에서 2일을 숙영한 후 농민군은 25

일 정읍에 들어갔다. 정읍에 들어간 농민군은 초토영(招討營) 운량감관(運糧監官) 김평창(金平昌)의 집에 난입하여 가산을 파괴하고 전곡(錢穀)과 의복을 모두 탈취하였다. 농민군들은 이것을 혹은 팔기도 하고 혹은 비축해 두기도 했다. 이어 25일 정오 무렵에는 원평으로 향하였다. 농민군은 원평에서 국왕의 효유문을 가지고 온 이효응(李斅應)과 배은환(裵垠煥)을 살해하였다. 국왕이 보낸 군대와 맞서 싸운데 이어 국왕이 보낸 사자를 죽인 것이다.

이후 이동 거리나 진격 일정과 경로를 미루어볼 때 농민군은 25일에는 원평이나 금구에서 하루를 숙영하였을 것으로 보인다. 그것은 초토사 홍계훈이 26일 금구현에 도착하였을 때 "저 무리들이 그 고을로부터 이동하여 전주의 삼천(三川)에 주둔하고 있다"는 말을 들었다는 점과, 26일 농민군이 원평을 거쳐 전주에서 30리 정도 떨어진 두정(豆亭)에 도착하였다는 전주 가도사(假都事)의 전보를 통해 알 수 있다. 삼천 혹은 두정 일대에서 하루를 숙영한 농민군은 27일 아침부터 전주성을 압박하기 시작하였고 오전부터 서문·북문·남문 등을 공격하여 전주성을 함락하였다. 감사 김문현은 농민군이 공격해 온다는 소식을 듣고 달아나고 없었으며, 전주성이 함락되는 시각 초토사 홍계훈은 영광에서부터 계속 농민군의 꽁무니를 쫓아다니다가 태인현에 도착해 있었다.

삼천의 우림교

손화중장군 추모비(〈사람이 한울이다〉)

전라북도 전주시 덕진구 덕진동 1가 1314-46(덕진공원 내)

손화중장군 추모비 뒷면

　손화중은 1861년 전라도 정읍시 과교동에서 비교적 부유하던 토반(土班) 집안의 부친 밀양 손씨 호열(浩烈)과 어머니 평강 채(蔡)씨 사이에 장자(長子)로 태어났다. 9세 무렵에 이웃 마을인 음성리로 이사하였다. 10여년간 집에서 학문을 수학한 후 20여 세 때부터 외지로 출입하여 식견을 넓히기 시작하였다.

　처남 유용수와 같이 지리산 청학동에 갔다가 동학을 접하여 동학에 입도하였으며, 무장·고창 일대에서 포덕 활동을 하였다. 1892년 11월 3일 삼례에서 열린 교조신원운동에 참여하였으며, 삼례집회 직후에도 해산하지 않고 전봉준, 김개남, 김덕명 등과 함께 전라도 일대의 교도들을 이끌고 무장현감이 동학교도들로부터 빼앗은 돈 1천냥을 돌려받기 위해 수백 명을 이끌고 무장을 향해 갔으며, 금구 원평에 도착했을 때 무장의 좌수와 이방이 와서 돈 1천냥을 되돌려주자 비로소 해산하였다. 1893년 2월에는 김낙봉, 남계천 등과 함께 호남 도인 대표로 광화문 복합상소에 참가하였고, 3월에는 보은과 원평에서 열린 동학도인들의 척왜양운동에 참가하였다. 1894년 1월에 고부민란이 실패로 돌아가고 전봉준이 무장으로 피신하여 함께 동학농민혁명을 일으킬 것을 요청하자 이에 응하여 마침내 1894년 3월 20일 무장에서 동학농민혁명이 발발하는 데 핵심적인 역할을 하였다. 이에 대해서는 전봉준도 무장기포를 주도한 것이 자신과 손화중이었음을 밝히고 있다. 따라서 무장기포 당시에 모인 농민군의 주력을 이룬 것은 손화중 휘하의 농민군이었고, 무장기포 당시 모인 농민군의 수는 4천여 명이었다.

이후 전봉준과 함께 농민군을 이끌고 전라도 일대를 석권하였으며, 3월 말에 개최된 백산대회에서는 김개남과 함께 총관령(總管領)으로 추대되었다. 이때 "우리가 의(義)를 거(擧)하여 차(此)에 지(至)함은 (중략) 안으로는 탐학(貪虐)한 관리(官吏)의 머리를 베고 밖으로는 횡포(橫暴)한 강적(强賊)의 무리를 구축(驅逐)하자 함이다."라는 내용을 골자로 하는 창의 격문을 발표하였다.

4월 27일에는 전주성을 점령하였으나, 청일 양국이 조선에 대규모 병력을 출병시켜 조선이 청일 양국 간의 전쟁터로 화할 위험에 처하자, 5월 8일 전주화약을 맺고 전주성에서 철수하였다. 이후 이른바 집강소 시기에는 전라 우도 열읍을 돌며 농민군의 활동을 관장하였다. 이 무렵 손화중과 전봉준은 오랫동안 직접 만나지는 못했다고 했으나, 전봉준이 다른 사람에게는 전혀 보내지 않았던 사적인 편지를 손화중에게만은 써서 보냈다고 할 정도로 손화중은 전봉준과 함께 긴밀하게 논의하며 동학농민혁명을 주도하였다.

이후 6월 21일 일본군은 경복궁을 공격하여 점령하고 조선군인의 무장을 해제하는 한편, 국왕 고종을 사실상 인질로 잡고 친일적 인사들로 내각을 구성하여 조선 내정을 간섭하는 침략 행위를 자행하였다. 나아가 8월 16일 평양전투에서 대승을 거둔 다음부터는 침략 행위를 더욱 노골화하고, 농민군 진압에 일본군을 직접 투입시키기 시작하였다. 이에 따라 손화중은 전봉준과 함께 일본의 침략 행위에 반대하는 항일투쟁을 일으키기로 결심하였다.

1894년 9월 제2차 봉기, 곧 반일항쟁을 시작할 당시 전봉준은 삼례에서, 손화중은 광주에서 기포하였으나, 손화중은 북상하지 않았다. 손화중도 원래 전봉준과 합류하여 북상할 계획이었으나, 일본군이 바다를 통해 전라도로 쳐들어온다는 소식을 듣고 최경선과 광주를 지키기 위해 광주에서 농민군을 규합하여 웅거하며 해로를 통해 쳐들어올 가능성이 있는 일본군의 공격에 대비하였다. 이러한 작전 계획은 9월 10일경 삼례에 대도소를 설치한 전봉준이 그로부터 5, 6일 후에 최경선을 손화중이 있던 광주와 나주로 보내 논의한 결과였다. 광주에 응거해 있던 손화중은 일본군이 공격해 올 경우 가장 큰 내응 세력이 될 수 있는 나주성의 수성군과 10월 21일 침산, 11월 13일 용진산 등을 중심으로 수차례에 걸쳐 전투를 벌이는 등 후방 작전을 주도하였다. 당시 나주는 호남에서 유일하게 농민군에게 점령당하지 않은 고을로 목사 민종렬 이하 향리가 중심이 되어 조직된 수성군이 인근 지역의 농민군까지 공격하는 등 전국에서 가장 큰 반농민군 세력을 형성하고 있었다. 이에 따라 손화중은 11월 15일 무렵부터 나주성 공격을 위하여 인근 농민군을 나주 주변으로 집결시켰으며, 11월 24일 밤에 나주성을 공격하여 나주성 바로 옆에 있는 함박산까지 진격하였으나, 끝내 나주성 함락에 성공하지 못하고 남산촌으로 후퇴하였다가 오히려 수성군의 공격을 받고 광주로 물러났다. 11월 27일 관군 측에서 당시까지도 수만 명에 달하였다고 할 정도로 많았던 농민군을 이끌고 광주로 돌아온 손화중은 12월 1일 휘하의 농민군을 해산시키고 광주를 떠났다. 이후 고창현 길마재(鞍峴)에 있는 이모씨의 제실(祭室)에 숨어 지내다가 12월 11일 주민들에게 체포되어 고창현을 거쳐 일본군에게 넘겨졌다. 최경선 역시 12월 1일 귀화한다는 방문을 남기고 광주를 떠나 잠입하였다가 12월 3일 화순 동복에서 체포되어 일본군에게 인도되었다. 손화중과 최경선은 전봉준과 같이 나주에 수감되었다가 서울로 압송되었으며, 조선정부의 재판을 받고 1895년 3월 29일 사형이 언도되고 곧바로 처형되었다.

손화중장군 추모비 앞면

완산칠봉 전투지

전라북도 전주시 완산구 평화동 1가 산 43번지 일대

장군봉에서 내려다본 완산칠봉(외칠봉)

완산칠봉은 내칠봉과 외칠봉으로 이루어져 있다. 내칠봉은 장군봉(185m), 옥녀봉(167m), 무학봉(150m), 백운봉(139m), 용두봉(135m), 탄금봉(169m), 매화봉(113m), 외칠봉은 장군봉(185m), 검무봉(163m), 선인봉(164m), 모란봉(132m), 금사봉(122m), 매화봉(108m), 도화봉(86m) 등이다. 용두봉 서북쪽이 용머리고개이며, 고개 건너편 쪽이 황학대와 유연대로 이어진다. 농민군이 전주성을 점령한 직후 이를 탈환하려는 홍계훈의 관군과 전주성을 지키려는 농민군들 사이에 치열한 전투가 벌어졌던 현장이다. 전주성을 향한 지형을 고려해 볼 때, 관군은 풍남문을 향하고 있는 내칠봉에 진을 쳤던 것으로 보인다.

1894년 3월 20일 무장에서 일어난 농민군이 전라도의 수부인 전주성을 점령한 것은 4월 27일 오전 10시경이었다. 농민군 진압을 위해 경군을 이끌고 전라도로 갔던 초토사 홍계훈은 농민군과 마주치는 것을 두려워하여 농민군의 꽁무니만 따라다니다가 전주성에 도착한 것은 4월 28일 오전 8시경이었다. 전주에 도착한 홍계훈은 전주성 밖의 완산에 진을 치고 농민군과 대치하였다.

전주성을 둘러싼 관군과 농민군의 전투는 크게 세 차례 전개되었다고 전해진다. 그 전투에서 홍계훈의 관군은 완산칠봉에 진을 쳤고 따라서 농민군은 화력의 열세와 함께 지형적인 불리함도 안고 싸울 수밖에 없었다.

첫 전투는 4월 28일 저녁 6시경에 일어났다. 홍계훈이 이끄는 관군이 전주성 안으로 대포 3발을 발사하자 농민군 수천 명이 서문과 남문 열고 완산을 향해 진격하였다. 남문에서 나온 농민군은 흰 천으로 휘장을 만들어 앞을 가리면서 산의 남쪽을 따라 올라 오고, 서문에서 나온 농민군은 산의 서쪽으로부터 올라왔으며, 성내의 보루 위에서는 농민군이 열을 지어 서서 일제히 관군을 향하여 포를 쏘아대었다. 이에 완산에 주둔하고 있던 관군도 일제히 포를 발사하였다. 이 전투에서 농민군은 30여 명이 전사하고 100여 명이 체포되었다.

농민군들이 다시 성안으로 후퇴하자 홍계훈은 갑옷을 입고 투구를 쓰고 10여 명의 병사들을 거느리고 곧바로 남쪽의 성 아래에 이르러 계속 대포를 발사하였으나 성문이 심히 견고하여 파괴할 수 없었다. 이날 홍계훈이 쏜 대포는 전주성내에 있던 경기전을 훼손하기도 했다. 마침 경기전에 보관되어 있던 태조 이성계의 어진(御眞)은 전주 판관 민영승(閔泳昇)이 조경묘의 위패와 함께 위봉사(威鳳寺)로 옮겨 놓아 피해를 입지 않았다.

완산칠봉의 주봉인 장군봉 정상의 팔각정

용머리고개에서 바라 본 전주성 방향

　무장기포 후 '보국안민창의(輔國安民倡義)'라고 쓴 깃발을 앞세운 농민군 주력 부대의 진격로로는 무장-고창-흥덕-부안·정읍-고부-태인을 거쳐 원평까지 북상하였다가 발길을 돌려 다시 고부 황토현 전투에서 감영군을 격파한 뒤 다시 정읍-흥덕-고창-무장-영광-함평-장성일대를 석권한 뒤 정읍-원평을 거쳐 전주성을 향해 북상하였다.

　원평-금구를 거쳐 4월 27일 전주를 향해 진격하던 농민군은 삼천을 지나 전주성을 점령하기에 앞서 용머리고개에 올라 잠시 쉬었다. 여기서 숨을 돌린 농민군은 곧장 전주성 서문을 향해 돌격하였다. 충청도 부여 유생 이복영(李復榮)은 그가 쓴 일기 『남유수록(南遊隨錄)』에 이때의 광경에 대해 다음과 같이 기록하고 있다. "갑자기 용두현에서 붉은 깃발이 몰려오고 수천 명이 에워싸서 크게 소리를 질러 말하기를, '백성들은 안심하고 상인도 안심하고 장사하며, 멀리 가는 사람도 걱정 말고 떠나가도 되니 모두 놀라지 말라'고 하고는, 천천히 길게 앞으로 몰려 나왔습니다." 원래 완산의 상봉(上峰)에 봉수대가 설치되어 있었는데, 평상시에는 하나를 올리고, 적이 이르면 두 개와 세 개의 봉화를 올리며, 아주 급박하면 포를 쏘고 나팔을 불었다. 이때 갑자기 "동학농민군이 용두현에서 길에 몰려 나와 상인과 백성으로 하여금 안심하고 거처하라고 했으나 성안은 끓는 솥처럼 울부짖으며 통곡하는 소리가 길에 이어졌다. 적이 서문(西門)을 부수고 들어오니 본관(本官)이 나가서 맞이하였다."

동학농민군의 뒤만 따라다니던 초토사 홍계훈은 다음날 정오쯤 경군을 이끌고 용머리고개에 도착하였으며, 오른쪽에서 펼쳐진 완산칠봉에 경군들을 배치하여 전주성 공략을 시작하였다. 이때부터 성안의 농민군과 용머리고개와 완산칠봉 일대에 진을 친 경군 사이에 치열한 공방전이 펼쳐졌다. 그 가운데 가장 큰 전투는 5월 3일 오후 4시경 농민군 수천 명이 북문을 열고 나와 용머리고개에 진을 친 경군을 공격하면서 시작되었다. 이 전투에서 농민군은 대장기를 빼앗기고, 거괴(居魁) 김순명(金順命)과 소년장사(童壯士) 이복용(李福用) 등 수백 명이 전사하고 성안으로 퇴각하였다.

용머리고개 정상

이두황(李斗璜) 묘와 묘비
전라북도 전주시 완산구 중노송동 산 1-3

이두황 묘 전경

이두황(1858~1916)은 본관이 인천(仁川)이며 자는 공칠(公七)·설악(雪嶽)이다. 명흡(命洽)의 아들이며 어머니는 조씨(趙氏)이다. 서울의 상인(常人) 출신으로 가난하였다. 1882년 임오군란 후 무과에 급제, 1883년 친군좌영초관(親軍左營哨官)을 시작으로 수문장 등의 무관직을 거쳐 1889년 홍해군수를 지냈으며 1891년부터 나주감목관(羅州監牧官)으로 재임하였다.

1894년 동학농민혁명이 일어나자 양호초토영에 배속되어 대관(隊官) 오건영(吳健泳)·오원영(吳元泳)·이학승(李學承)·원세록(元世祿) 등과 함께 초토사 홍계훈 휘하의 대관이 되어 농민군 진압을 위해 전라도로 내려갔다. 1894년 7월에는 장위영 참령관(壯衛營參領官), 8월에는 장위영 부영관으로 승진하였고, 9월에는 죽산부사(竹山府使)에 겸임 발령되었으며, 10월에는 죽산부사겸 양호도순무영우선봉(兩湖都巡撫營右先鋒)이 되어 농민군 진압에 앞장섰다.

공주를 향해 내려가던 중 목천 세성산에 농민군이 주둔해 있는 것 알고 달려가 이들을 격파하였으며, 이후 해미, 홍성 등 내포지역으로 가서 농민군을 진압하였다. 공주전투에는 참가하지 않았으나, 공주전투에서 패배하여 후퇴하던 농민군을 추격 남하하여 곳곳에서 농민군을 공격하였다.

　1895년 10월에는 훈련대 제2대 대대장으로 재임 중 제2대대장 우범선, 제3대 대대장 이진호, 전 군부협판(軍部協辦) 이주회와 함께 명성왕후 시해에 가담하였다. 체포령이 내려지자 1897년 1월 아들과 함께 부산으로 도주하여 일본인들의 도움을 받아 일본으로 망명하였다. 망명생활 10여 년 동안 특별히 하는 일 없이 일본 열도를 여행하였으며, 1907년 9월 특별사면을 받자 귀국하였다. 친일파를 부식하려는 이토오 히로부미(伊藤博文)의 배려로 그해 10월에는 중추원부찬의(中樞院副贊議)가 되었고, 1908년 1월에는 의병투쟁이 치열하던 전라북도의 관찰사가 되었고, 2월에는 전라북도 재판소판사를 겸임하였다. 한일 병합과 동시에 전라북도 장관으로 임명받아 1916년 사망할 때까지 재임하였다. 영화와 천수를 누리고 숨이 끊어졌을 때 이두황은 고등관 1등, 종 4위, 훈 3등의 귀족이었다.

　전주 기린봉 언저리 기린사 입구에 터를 잡은 이두황의 무덤은 비석 높이만 2m가 넘는 호화판이다. 후손이나 친일 관련자들의 이름은 묘비에서 모두 삭제된 상태다.

이두황 묘의 묘비

전봉준선생상

전라북도 덕진구 덕진동1가 1314-46(덕진공원 내)

전봉준선생상

　전봉준의 '애국단심(愛國丹心)'을 기리기 위해 세운 청동상이다. 1981년 10월 한국청년회의소 제30차 전국대의원대회를 기념하여 전주청년회의소와 풍남청년회의소에서 건립하였으며, 배형식 제작, 이상비 글에 이규진이 썼다. 기단부에 '보국안민'이라는 글귀가 각인되어 있다.

　덕진공원은 동학농민혁명과 직접적인 관련은 없지만 현재 덕진공원 안에 전봉준의 동상, 김개남 추모비, 손화중 추모비가 한 구역에 세워져 있다. 전봉준의 동상은 동학농민혁명과 관련하여 전주 지역에서 최초로 세워진 기념조형물로 전두환 정권 수립 후 황토현 동학농민혁명 전승지 정화사업 등을 벌이던 분위기 속에서 세워졌다. 동상은 전봉준이 한 손에 사발통문 뭉치를 움켜잡고 패랭이를 쓰고 있는 형상을 하고 있으나, 얼굴은 전봉준의 본래 모습과는 거리가 멀다. 정확한 고증이 이루어지지 않은 상태에서 동상 건립이 이루어졌던 것으로 보인다.

전라감영 터(동학농민군 대도소 터)
전라북도 전주시 완산구 중앙동 4가 1번지 일대(구 도청 자리)

전라감영 터 전경

동학농민군이 전라도 수부(首府)인 전주성을 점령한 것은 1894년 4월 27일이다. 이후 농민군은 4월 28일부터 서문과 북문 밖에서 관군과 수차례의 공방전을 벌였다. 그러나 농민군은 청군과 일본군이 조선에 진주하였다는 소식을 접한 후 조선이 청일 양국 간의 전장(戰場)이 되어서는 안 된다는 생각으로 마침내 5월 8일 전주성을 나와 해산했다.

농민군은 해산할 당시 관군 측과 이른바 전주화약을 맺었다. 그 핵심 내용은 농민군 측이 제시한 〈폐정개혁안 27개조〉를 국왕에게 보고한다는 것이었다. 농민군은 군대의 해산과 함께 자체적으로 각 고을의 행정권을 장악하여 집강소를 설치했다. 집강소는 동학농민군의 도소(都所)를 개편한 것으로 관측과 합의하에 자치적인 행정과 폐정개혁 활동을 수행하던 기관이었다. 농민군은 군현 단위에 집강소를 설치, 실질적으로 행정권을 장악해 들어갔다. 집강소 통치는 7월 6일 전라감사 김학진과 전봉준이 타협한 '관민상화(官民相和)'의 구체적인 표현으로 농민의 정치 참여라는 사상 초유의 사건이라는 의미도 있다.

선화당은 전라감사 김학진의 집무실로 전라도 행정과 권력의 상징이라고 할 수 있다. 전봉준은 김학진과의 타협 이후 이곳 선화당에 집무하면서 김학진과 함께 전라도 일대의 행정을 장악했다. 집강소를 역사상 최초의 민중권력기관이라고 본다면 선화당의 역사적 중요성과 의미는 어떤 유적에 비해서도 결코 뒤떨어지지 않는다. 그런 의미에서 선화당은 동학농민군의 집강소 통치와 관련하여 가장 상징적인 현장이다. 그러나 동학농민혁명사 연구사 기념사업 등이 상대적으로 고부봉기와 1차 농민혁명기에 집중되면서 집강소 통치 시기나 9월 재봉기는 관심이 소홀했던 까닭에 유적의 의미도 상대적으로 부실하게 처리되어 왔다.

전라감영은 옛 전북도청 자리다. 전라감영 터 전체 규모는 약 1만6,150평에 이르며, 옛 도청사 자리와 맞은편 완산경찰서는 물론, 웨딩거리를 지나 객사까지라고 할 수 있다. 옛 도청 청사 건물 사이에는 동학농민혁명 당시부터 서 있던 회화나무(수령 150년)가 지금도 그 자리에 서 있으며, 전주시 보호수로 지정되어 관리되고 있다.(고유번호 9-1-1-1-1)

전라감영 복원 논의는 1951년 전라감영의 정청이었던 선화당이 화재로 소실된 지 40여 년 만인 1996년 처음으로 제기됐다. 또 전라감영 복원을 전제로 한 본격적으로 논의가 시작된 것은 2004년, 서부 신시가지로의 도청사 이전을 앞두고부터였다. 그에 따라 2004년 전문가와 공무원이 참여한 '전라감영 복원추진간담회'를 시작으로 전라감영 복원 의견을 수렴하는 간담회와 심포지엄, 토론회 등을 통해 감영의 복원 여부 등을 논의해 나가고 있으나, 아직까지 뚜렷한 결론을 못 내리고 있다. 전라북도와 전주시는 2009년 9월 전라감영 복원사업에 전주 4대문 복원사업을 더해 '전라감영 복원과 전주 4대문 복원사업 추진을 위한 통합추진위원회'를 구성했다.

전주 객사
전라북도 전주시 완산구 중앙동 3가 1-1

전주 객사 전경

객사는 고려·조선시대에 각 고을에 설치하였던 것으로 관사 또는 객관이라고도 한다. 객사는 고려 전기부터 있었으며 외국 사신이 방문했을 때 객사에 묵으면서 연회도 열었다. 조선시대에는 객사에 위패를 모시고, 초하루와 보름에 궁궐을 향해 예를 올리기도 하였으며 사신의 숙소로도 이용하였다.

전주객사는 전주서고를 지은 뒤 남은 재료로 조선시대 1471년에 서의헌을 고쳐지었다는 기록으로 보아 그 이전에 세웠음을 알 수 있다. 원래 주관(主館)과 그 좌우에 동익헌(東翼軒)·서익헌(西翼軒)·맹청(盲聽)·무신사(武神祠) 등의 건물이 있었으나, 1914년 북문(지금의 시청앞 팔달로변 5거리)에서 남문에 이르는 관통도로의 확장공사로 좌측의 동익이 철거되고 현재는 주관과 서익만 남게 되었다. 해방이 되면서 서쪽광장이 경찰학교로 쓰였으며 서익 건물 바짝 밑까지는 사유지로 매각되어 고층건물이 들어서는 촌극을 빚기도 하였다. 북쪽의 넓은 공터도 주관 처마밑까지 개인에게 매각되어 체신청 건물이 세워지는 등의 우여곡절을 겪기도 하였으며 이 통에 추녀끝을 잘라내야 하는 등 원형이 훼손되었다. 주관의 툇간(집채의 원칸살 밖에 붙여 다른 기둥을 세워 만든 칸살)에는 툇마루를 깔았으며, 칸마다 띠살문을 달았다. 천장은 연등 천장이며, 지붕은 주관은 맞배지붕, 서익헌은 팔작지붕이다.

전주객사는 풍남문에서와 마찬가지로 전라감영(현 도청)의 권위와 명예를 상징하는 매우 중요한 뜻을 지닌 문화재이다. 1975년 3월 31일 보물 제583호로 지정되었다. 정면 4칸, 측면 2칸의 맞배지붕 건물과 정면 4칸, 측면 2칸의 팔작지붕 건물이 붙어져 있다. 감실에는 궐패(闕牌)를 모시고 망궐례로써 임금에 대해 예를 올렸다.

주관 정면에는 '풍패지관(豊沛之館)'이라는 현판이 걸려 있는데 풍패란 한나라 고조(高祖)의 고향 지명으로 그후 왕조의 본향을 일컫는 말이 되었다. 전주가 조선왕조를 개창한 전주 이씨의 본향이기 때문에 이를 본떠 전주를 '풍패지향'이라고 부르는 데서 연유한 것이다.

객사가 동학농민혁명 관련 자료에 직접 명시된 사례는 거의 보이지 않지만 이곳 선화당(宣化堂)에 동학농민군 전라좌우도 대도소가 설치되었던 만큼 집강소 시기에는 이곳에도 농민군들이 수시로 드나들거나 행사가 치러졌을 것으로 보인다.

전주 경기전

전라북도 전주시 완산구 풍남동 3가 102번지 일대

경기전

　조선시대의 전각으로 태조 이성계의 어진(御眞, 초상화)을 모시고 제사를 지내는 곳으로 1410년(태종 11)에 전주·경주·평양에 이성계의 초상화를 모시기 위한 전각을 지었는데, 그 가운데 전주에 있는 것이 경기전이다. 처음엔 어용전(御容殿)이라 부르던 것을 1442년에 '경기전'이란 이름으로 바꿔 불렀다.

　일본이 침략한 정유재란 때 소실되어 1614년에 고쳐지었으며, 1771년에 전주이씨 시조인 이한(李翰) 부부의 위패를 모시는 조경묘(肇慶廟)를 경기전 북쪽에 세웠다. 1872년에 태조 이성계의 어진(御眞)을 새롭게 모사(模寫)해 봉안하면서 경기전을 전반적으로 보수하였다. 경기전의 건물구조는 이곳을 상세한 그림으로 남긴 '경기전 조경모 도형'에 의하면 현재 없어진 부속건물들과 별전, 서남쪽에 전사청, 동·서재, 수복방, 제기고 등을 두고, 동북쪽에는 별전과 조산(造山)을 두는 등 넓게 조성하였다고 한다. 그러나 일제강점기에 경기전의 정전을 제외한 별전과 부속사가 철거되었다. '조선왕조의 발상지'라는 상징성을 지닌 전주의 경기전을 훼손해 조선왕조의 맥을 끊으려는 의도였다. 건물이 사라진 자리에는 일본인 초등학교가 들어섰으며, 1995년이 되어서야 원래 부속채들이 있던 자리에 세워진 초등학교 교사를 철거했고, 2004년에 〈경기전의〉의 내용을 바탕으로 부속채들을 복원하였다.

이 경기전은 1894년 4월 27일 농민군이 전주성을 점령한 이후 뒤쫓아 온 초토사 홍계훈이 4월 28일 완산칠봉 쪽에 진을 치고 성중의 농민군에게 포격을 가하는 과정에서 훼손되기도 했다. 농민군이 전주성을 점령할 당시 전라감사 김문현은 이미 도주하고 없었으며, 남아 있던 판관(判官) 민영승(閔泳昇)이 조경묘(肇慶廟)의 위패와 경기전의 어진을 받들고 동문 밖으로 빠져나가 위봉사에 임시로 안치하였다.

경기전 훼손에 대해 홍계훈은 그 책임을 농민군에게 덮어씌우려 하였다. 그러나 전봉준은 5월 4일 홍계훈에게 보낸 〈소지(訴志)〉에서 홍계훈이 대포를 발사하여 경기전을 훼손한 사실을 질책하였고, 다음날 신임 전라감사 김학진에게 보낸 〈고급문장(告急文狀)〉에서도 초토사 진영에서 쏜 포에 의해 양전(兩殿)이 파괴된 사실을 알리고 있으며, 체포 후 〈공초〉에서도 이 사실을 다시 언급하는 것을 볼 때 홍계훈이 이끄는 관군이 쏜 대포에 파괴되었음을 알 수 있다.

전주성 서문지 안내 표지석

전주성 서문지는 조선시대 전라감영의 소재지였던 전주를 둘러싼 옛 읍성의 서쪽 출입문인 서문이 있던 자리이다. 전주성은 고려시대 말 전라도 관찰사 최 유경(崔有慶)이 창건하였으며, 정유재란 등으로 피해를 입자 1734년(영조 10) 관찰사 조현명(趙顯命)이 크게 수축하고 동서남북에 4대문을 설치하였다. 이때 남문은 명견루(明見樓)라 하여 3층의 누각을 올렸고, 동문은 판동문(判東門), 서문은 상서문(相西門), 북문은 중차문(中車門)이라 하여 2층의 초루를 세웠다. 그러나 1767년 큰 화재가 일어나 불탔으며, 이듬해 부임한 관찰사 홍낙인(洪樂仁)이 1768년 남문[豊南門]과 함께 다시 지으면서 패서문(沛西門)이라고 이름을 붙였다. 1775년에는 관찰사 서호수(徐浩修)가 동문[完東門]과 북문[供北門]을 재건하였다. 1907년 도시계획에 따라 신작로를 내면서 풍남문을 제외한 성곽과 성문이 철거되면서 서문도 철거되고 말았다.

이 서문은 동학농민혁명과 관련하여 중요한 의미가 있다. 동학농민군이 전주성을 점령할 당시 최초로 공략해 간 곳이 이곳이었으며, 농민군이 전주성을 점령할 당시 최초로 공략해 간 곳이 이곳이었으며, 농민군이 전주성을 점령해 있는 동안 농민군과 외곽을 포위해 있던 관군 사이에 치열한 접전이 벌어진 곳이기도 하다.

1894년 3월 20일 무장에서 일어난 농민군들은 오늘날 전라북도 일대를 석권한 뒤 전주성 함락을 위해 북상하였다. 4월 25일 원평에서 숙영을 한 뒤 4월 26일에는 두정 혹은 삼천 일대에서 하루를 숙영하였다. 다음날 용머리고개를 거쳐 전주성 공격에 나선 농민군들은 오전부터 서문, 북문, 남문을 공격하여 정오 무렵에는 전주성을 점령하였다. 이때 농민군의 수는 2~3만명에 달하였다.

부여 유생 이복영(李復榮)이 쓴 『남유수록(南遊隨錄)』에는 마침 그날이 서문 밖 장날이었던 점을 이용하여 수백명의 농민군을 상인으로 위장시킨 다음 성안에 투입시켰고, 위장해서 들어간 농민군, 그리고 농민군과 내통한 관속들에 의해 안에서 열렸다고 하였다.

농민군이 전주성을 점령한 다음날 정오 무렵 경군을 이끌고 전주성에 도착한 초토사 홍계훈은 전주성 남쪽 완산 일대에 진을 치고 전주성 안을 향해 대포를 쏘아댔다. 이에 대응하여 농민군 수천 명이 서문과 남문을 열고 돌진해 나왔다. 서문과 남문 밖에서 치열한 전투가 벌어졌으며, 이 과정에서 서문 밖에 있던 민가 수백 채가 불에 탔다. 이 전투에서 농민군은 30여 명의 전사자를 내고 성안으로 물러났다. 5월 2일에도 농민군은 서문을 열고 나가 용머리고개에 진을 치고 있던 관군을 공격하였다.

초록바위

전라북도 전주시 완산구 동완산동 산 1-4

초록바위 원경

초록바위는 완산칠봉에서 동북쪽으로 1km 정도 떨어진 전주천변에 자리 잡고 있다. 남부 시장에서 싸전다리를 건너 오른편이다. 1936년 홍수가 났을 때 제방공사를 하면서 상당한 부분이 깎여 나갔다. 기록에 따르면 초록바위는 깎아지른 절벽이었으며, 울창한 숲이 조성되어 있었고 빛깔이 푸르스름하여 초록바위라는 이름이 붙여졌다.

이곳은 조선시대에 죄인을 효수하던 곳으로 조선후기 천주교 신자들이 처형된 곳이었으며, 동학농민혁명의 최고 지도자 가운데 한 사람이었던 김개남 장군이 참형을 당한 곳이다. 전봉준이 이끄는 농민군이 공주 우금치에서 전투를 치를 무렵 김개남은 청주성 일대에서 관군 및 일본군과 맞서 싸웠으나, 패배한 뒤 충청도 연산 일대에서 전봉준 부대와 합류하여 함께 전라도 쪽으로 후퇴하였다.

김개남은 전주까지 전봉준과 동행했으나, 11월 23일 전주에서 남원 방면으로 퇴각하였다. 12월 1일 태인 산내면 종송리에서 11월 30일부터 추적해 온 강화병 병방 환헌주와 전초대관(前哨隊官) 박승규가 이끄는 관군 80명과 포교 3명에게 체포되었다. 일설에 의하면 김개남은 태인현 종송리의 매부 서영기의 집에 숨어 있다가 1894년 옛 친구인 임병찬의 밀고로 체포되었다. 그는 일단 전주감영으로 이송되었으나 전라감사 이도재가 김개남에 대한 두려움 때문에 서울로 압송하지 않고 이곳 초록바위에서 처형해 버렸다. 이는 서울로 압송하는 과정에서 김개남의 부하들이 탈취할 것을 두려워했기 때문이다. 이때가 1894년 12월 13일이었다. 그의 나이 42세였다. 그의 시신은 남원 일대에서 핍박받은 양반 토호들에 의해 짓밟혔고 그의 간을 꺼내 씹기도 했다고 한다. 그의 머리는 서울로 이송되어 서소문 밖에 3일간 효시되었다.

매천 황현은 『오하기문』에서 이렇게 말했다. "도재는 마침내 난을 불러오게 될까 두려워 감히 묶어서 서울로 보내지 못하고 즉시 목을 베어 죽이고 배를 갈라 내장을 끄집어냈는데 큰 동이에 가득하여 보통사람보다 훨씬 크고 많았다. 그에게 원한을 가지고 있는 자들이 다투어 내장을 씹었고, 그의 고기를 나누어 제상에 올려놓고 제사를 지냈으며, 그의 머리를 상자에 넣어서 대궐로 보냈다."

그가 잡혀갈 때 백성들은 "개남아 개남아 김개남아 그 많던 군대 어데 두고 짚둥우리가 웬말이냐"는 노랫가락으로 안타까움을 전했다고 한다.

초록바위 안내판

풍남문(豊南門)
전라북도 전주시 완산구 전동 83-4

풍남문

　풍남문은 조선시대 전라감영의 소재지였던 전주를 둘러싼 옛 읍성의 남쪽 출입문이다. 전주성은 조선 초기부터 있었으나 1597년 정유재란 때 파괴된 것을 1734년 성곽과 성문을 다시 지으면서 명견루(明見樓)라 불렀다. '풍남문'이라는 이름은 1767년 화재로 불탄 것을 관찰사 홍낙인(洪樂仁)이 1768년 다시 지으면서 붙인 것이다. 1907년 도시계획으로 성곽과 성문이 철거되면서 풍남문은 전주 사대 성문 가운데 유일하게 남겨진 성문이 되었지만, 많은 손상을 입었다. 지금 있는 문은 1978년부터 시작된 3년간의 보수공사로 옛 모습을 되찾은 것이다. 규모는 1층이 앞면 3칸·옆면 3칸, 2층이 앞면 3칸·옆면 1칸이며, 지붕은 옆면에서 볼 때 여덟 팔(八) 자 모양을 한 팔작지붕이다. 평면상에서 볼 때 1층 안쪽에 있는 기둥을 그대로 2층까지 올려 모서리기둥으로 사용하였기 때문이다. 이 같은 수법은 우리나라 문루(門樓) 건축에서는 보기 드문 방식이다. 부재에 사용된 조각 모양과 1층 가운데칸 기둥 위에 용머리를 조각해 놓은 점들은 장식과 기교를 많이 사용한 조선 후기 건축의 특징이라고 할 수 있다. 옛 문루건축 연구에 중요한 자료가 되는 문화재이다.

이 풍남문은 동학농민혁명과 관련하여 중요한 의미가 있다. 동학농민군이 전주성을 점령할 당시 이곳을 공략하여 진격해 들어갔고, 전주성을 점령하고 있던 농민군과 외곽을 포위하고 있던 관군 사이에 치열한 접전이 벌어진 곳이기도 하기 때문이다. 1894년 3월 20일 무장에서 일어난 농민군들은 오늘날 전라북도 일대를 석권한 뒤 전주성 함락을 위해 북상하였다. 4월 25일 원평에서 숙영을 한 뒤 4월 26일에는 두정 혹은 삼천 일대에서 하루를 숙영하였다. 다음날 용머리고개에 거쳐 전주성 공격에 나선 농민군들은 오전부터 서문, 북문, 남문을 공격하여 정오 무렵에는 전주성을 점령하엿다.

농민군이 전주성을 점령한 다음날 정오 무렵 경군을 이끌고 전주성에 도착한 초토사 홍계훈은 전주성 남쪽 완산 일대에 진을 치고 전주성 안을 향해 대포를 쏘아댔다. 이에 대응하여 농민군 수천 명이 서문과 남문을 열고 돌진해 나왔다. 이때 풍남문으로 나온 농민군은 흰 천으로 휘장을 만들어 앞을 가리면서 공격하였다. 성내의 농민군도 보루 위에 올라가 일제히 관군을 공격하다가 저녁 무렵 성안으로 물러났다. 5월 1일에도 풍남문 일대에서 전투가 벌어졌다. 농민군이 전주성 남문으로 몰려나오자 완산칠봉 일대에 진을 치고 있던 관군은 회선포를 발사하며 대응하였다. 치열한 접전이 펼쳐졌으나, 농민군 300여 명이 전사하는 큰 피해를 입고 퇴각하였다.

황학대 부근 모습. 왼쪽 건물이 신흥중학교이고, 오른쪽 산자락이 유연대이다

황학대는 현재 신흥중학교가 있는 자리이다. 이 자리에는 원래 희현당(希顯堂)이 있었다. 희현당은 1700년에 당시 관찰사로 재임한 김시걸(金時傑)이 지방 유지인 진사 오명기(吳命模)와 더불어 황학대 기슭인 옛 사마재(司馬齋) 터에 창건한 학당으로 30명의 학생에게 교육을 가르친 곳이다. 신흥학교는 1900년에 레이놀즈(William Davis Reynolds) 선교사가 한 소년에게 신식 교육을 시키면서 시작되어 이후 1909년에 조선시대의 교육기관인 옛 희현당 자리에 벽돌 2층 양옥 건물을 지어 본격적인 교육 사업을 시작하였다.

유연대는 신흥중학교와 기전대학교로부터 진북사(鎭北寺)로 이어지는 남북으로 뻗친 산줄기를 말한다. 이곳에서는 동학농민혁명 당시 농민군이 전주성을 점령해 있는 동안 외곽을 포위한 관군과 치열한 접전이 벌어졌다. 1894년 3월 20일 무장에서 일어난 농민군들은 오늘날 전라북도 일대를 석권한 뒤 전주성 함락을 위해 북상하였다. 4월 25일 원평에서 숙영을 한 뒤 4월 26일에는 두정 혹은 삼천 일대에서 하루를 숙영하였다. 다음날 용머리고개를 거쳐 전주성 공격에 나선 농민군들은 오전부터 서문, 북문, 남문을 공격하여 정오 무렵에는 전주성을 점령하였다.

농민군이 전주성을 점령한 다음날 정오 무렵 경군을 이끌고 전주성에 도착한 초토사 홍계훈은 전주성 남쪽 완산 일대와 서문 및 북문과 인접한 이곳 황학대 및 유연대에 진을 치고 전주성안의 농민군을 공격하였다. 4월 28일 홍계훈이 성안을 향해 대포를 쏘아대면서 치열한 공방전이 펼쳐졌다. 특히 황학대와 유연대에서는 5월 3일 대규모의 전투가 벌어졌다.

이날 오후 4시경 전봉준을 비롯하여 농민군 지도자 김순명(金順命)과 14세의 장사 이복용(李福用)이 이끄는 농민군 수천 명은 북문을 빠져나와 황학대와 유연대 일대에 포진해 있던 관군을 공격하기 시작했다. 황현의 표현에 의하면 당시 농민군의 모습은 "마치 굴비를 꿰듯 한 줄로 늘어서서 진격하였다"고 한다. 위기를 느낀 홍계훈은 칼을 빼들고 관군의 공격을 독려하였다. 치열한 전투가 끝나고 난 뒤 관군도 많은 피해를 입었겠지만, 농민군의 피해는 더 컸다. 농민군 지도자 김순명(金順命)과 14세의 장사 이복용(李福用)이 전사하였고, 전봉준도 왼쪽 다리에 부상을 입었으며, 농민군 500여 명이 희생되었다. 이 전투는 전주성을 점령하고 있던 농민군의 사기에도 커다란 영향을 미쳐 이후 관군에 대한 농민군의 공세는 수그러들었으며, 농민군 내부에서 도망하는 자들이 속출하였다 한다.

주석

전라북도와 전주 일대의 동학 포덕과정 / 임형진

* 이 글은 동학농민혁명 제124주년 기념 학술대회 "동학의 글로컬리제이션 1894년 동학농민혁명과 전라도 전주(2019년 5월 10일, 동학학회·전주시 공동 주최)"에 발표된 논문을 수정한 내용이다.

1) 이현희, 「19세기 한국사회와 교조신원운동」, 『동학학보』 제8호., 2004, 9-10쪽 참조.

2) 이현희, 앞의 논문 재인용, 임종철, 「동학혁명에 대한 경제사적 평가」, 앞의 『동학사상과 동학혁명』, 청아출판사, 1992, 403~419쪽.

3) 일본 화폐에 비하여 조선 화폐가 낮게 책정되어 일인들의 의한 곡물 사재기가 폭발하고 이는 곧 기존 상권을 형성하고 있던 미곡상들의 불만으로 이어졌다,

4) 이현희, 앞의 논문, 16-17쪽 참조.

5) 조광, "19세기 민란의 사회경제적 배경", 진덕규(외), 『19세기 한국전통사회의 변모와 민중의식』, 일지사, 1999, 185-189쪽.

6) 조광, 앞의 논문, 194-195쪽.

7) 이현희, 『동혁혁명사론』, 대광서림, 1988, 53-62쪽.

8) 배항섭, 「1880-90년대 동학의 확산과 동학에 대한 민중의 인식」, 역사문제연구소, 『1890년대 초반 조선사회와 민중 동향』, 2013, 동학농민혁명 119주년 기념학술대회 발표논문, 48쪽 참조.

9) 1862년 8월 교조 최제우가 최시형에게 도를 전수할 때도 가장 먼저 전한 것이 수심정기 4자였다. 「천도교회사초고」, 402쪽.

10) 「전봉준공초」 재초문목 『동학사상자료집』(1), 333쪽.

11) 개벽은 수운이 한 말로서 근원적인 혁명의 혁명을 의미한다. 따라서 천도교에서는 혁명보다 개벽을 사용한다. 임운길, "동학에 나타난 자연관과 세계관." 한국불교환경교육원 엮음, 『동양사상과 환경문제』모색, 1996, 191쪽.

12) 배항섭, 앞의 논문, 44쪽.

13) 김구는 "상놈된 원한이 골수에 사무친 나에게 동학에 입도만 하면 차별대우를 철폐한다는 말이나, 이조의 운수가 다하여 장래 신국가를 건설한다는 말을"듣고 입도하였다고 증언하고 있다. 『백범일지』, 34-35쪽.

14) 『南原郡東學史』, 19224년(布德65年) 10月 日刊.

15) 수운이 남원을 떠난 이유는 경제적인 어려움 때문이었다. 그는 고향에서 보내주는 돈으로 간간이 생활하고 있었는데 찾아오는 손님들이 늘어나자 그들을 대접할 길이 난감해 진 것이다. 당시 상황을 수운은 통유에 다음과 같이 기록해 놨다. "각처에서 많은 이가 일이 있어서 찾아오기도 하지만 일 없이 풍문에 따라 찾아오는 이도 반이나 된

다. 그 중 학을 논해보려고 머무는 이는 반이나 된다. 손님은 자기 혼자인줄 알지만 주인으로서는 수 없이 모여드는 이들을 어찌해야 할지 난감하다. 궁벽한 산골짜기에 대접할 수 있는 집은 불과 한 두 세집뿐이다. … 비록 배도(裴度, 당나라 사람)의 재물이라도 나로서는 이런 일을 감당치 못하리라. … 이로 말미암아 어떤 지경에 이를지 모른다. 고로 머지않아 떠나려 하니 어찌 민망치 않으랴."『東經大全』〈通論〉.(『東學農民戰爭史料叢書』26. 98쪽).

16) 『남원군동학사』.

17) 『남원군종리원사』.

18) 『천도교회월보서』 통권 제167호(1924년 8월호) 현파(박래홍)의 〈전라행〉에는 "양형숙이 16세에 용담에 가서…12일을 유하였다"고 하여 전라도 지역의 도인들이 경주로 수운을 찾아가 만나 직접적인 가르침을 받았음을 알 수 있다. 양형숙은 1924년 당시 77세였으므로 1848년생이 된다. 그리고 16세 때에 용담에 갔다 하였으므로 1863년(계해)에 해당되므로 이해 3월에 간 것으로 추측된다.

19) "갑신 3월에 해월은 수운의 조난(殉道)기념예식을 모시었다. 이때 참례한 도인이 많았다. 제일 먼저 찾아온 이는 청주 서인주(徐仁周, 字章玉)와 보은의 황하일(黃河一)이었다"『侍天教宗繹史』甲申年條. "甲申三月師另設 主之遭難紀念禮式 於是門徒之來參者甚衆 首先踵門者 如淸州徐仁周(字章玉) 報恩黃河一是已".

20) 『天道敎書』布德25年條. "同年 六月에 海月神師 指目의 嫌으로 益山郡 獅子庵으로 갔다."

21) 『天道敎會月報』通卷 第189號(1926年 9月號)〈益山宗理院沿革〉. "신사가 이곳으로 올 때 本郡 朴致(卿)京을 率하고 왔다".

22) 『天道敎書』甲申年 6月條. "六月에 神師 指目의 嫌으로 益山獅子庵에 隱居하실새 朴致京의 周旋으로써 凡 四朔 동안을 經過하시다."

23) 1926年 9月發行 天道敎會月報 通卷 第189號 益山宗理院沿革.

24) 『天道敎會月報』通卷第203號 1927年 11月號, 『勵山宗理院沿革』.

25) 『天道敎書』戊子年條. "戊子 1월에 신사 全州에서 기도식을 畢하시고 徒弟 10여 인으로 더불어 參禮里 李夢老 家에 往하시니."

26) 『海月文集』. "凡吾道之人 同愛淵源誼若兄弟 兄飢而弟飽可乎 弟煖而兄凍可乎".

27) 『天道敎會史草稿』布德32年(辛卯)條.

28) 표영삼, 『동학2』, 통나무, 2005, 166쪽.

29) 各接을 지도하고 조정하기 위해 전라도에 처음으로 좌우도(동서) 편의장제를 만들었다. 원래 편의장에 윤상오 그리고 편의사에 남계천을 임명하였다가 1891년에 좌우도의 편의장제로 확정된 것이었다. 동학혁명 이후에는 경상, 충청, 전라, 경기, 황해 등 도별로 편의장을 두었고 중앙에는 이를 총괄하는 오도편의장을 두었다.

30) 『通論』(扶安郡上東面(現東津面)半月里 辛鍾台가 필사한 辛卯八月日에 발송한 法軒의 通論). "該接主 各從首接主 首接主一從便義長 嚴密規模"

31) 扶安郡上東面(現東津面)半月里 辛鍾台가 필사한 北接道主에 보낸 글이 있다. 署名하기를 "己丑六月下澣 便義長尹相五 便義司南啓天書"라 하였다.

32) 갈등은 어이없게도 신분 차이로 발생하였다. 즉, 천민출신인 남계천을 인정할 수 없다는 윤상오측 도인들의 주장이었다.

33) 『海月先生文集』辛卯年條. "五月率德基 漢柱 張希用 往沃川金演局家 轉向湖南 南啓天家 逢金演局 同往扶安 新里尹相五小室家 是時尹相五 南啓天 相有岐貳之端 湖南左右道人 心由是不和 先生不勝慨然".

34) 『天道敎會史草稿』布德31年條. "시시에 김낙삼(金洛三)이 호남 좌우도 16포 도인 100여 명을 솔하고 신사 거소에 지(至)하여 왈 호남좌우도 편의장을 남계천으로 정하니 차인에게는 결코 응종(應從)치 못하겠나이다. 신사 효유하사 왈 오도는 5만년 개벽의 운을 승하야 무극대도를 승(乘)함이라. 문벌저앙(門閥低昂)과 노소등분(老少等分)은 국견(局見)의 미습(迷習)이니 하가(何可) 거론이리오. 비록 문벌이 천미한 자라도 두령의 자격이 유하야 두령의 임을 차출하면 기 지휘(指揮)를 일준(一遵)하야 도리를 천명함이 가하리라"

35) 『天道敎經典』. 해월신사법설편. " 自此以後 吾道之內 一切勿別班常 我國之內 有兩大弊風 一則 嫡庶之別 次則班常之別 嫡庶之別亡家之本 班常之別亡國之本 此是吾國內痼疾也 吾道頭目之下 必有百勝之大頭目 諸君愼之 相互以敬爲主 勿爲層節 此世之人 皆是天主生之 以使天民敬之以後 可謂太平也".

36) 김낙철, 『용암성도사역사』 "7월분(다른 기록에는 5월로 되어 있음)에 … 왕림 우 부안 신리(新里) 윤상오 소실가라. 교도 수백명이 다회(多會) 익일(그믐께) 왕림 우 옹정(瓮井=永元面 東丁里 花峰) 김윤석(金永祚=錫允)가 적천(適天이 대우(大雨)라. … 익일의 발행차 우 태인 동곡 金洛三家"

37) 『天道敎會史草稿』辛卯年條. "태인 김낙삼의 집에서 교임(敎任)을 차출하였다". 교임이란 접주와 육임을 아울러 칭하는 말이다. 표영삼은 이 당시 전봉준에게도 김덕명의 추천으로 고부접주의 인첩을 받았을 것으로 추정하고 있다. 표영삼, 위의 책, 170쪽.

38) 『海月先生文集』, "貫觀一氣正心處". 『侍天敎宗繹史』"貫通一氣正心處."

39) 『天道敎會月報』, 1924년 9월호(通卷 第168號 〈天道敎全州宗理院〉)

40) 『南原郡東學史』, 19224년(布德65年) 10月 日刊.

41) 여러 가지 상황상 신씨는 보부상보다는 양반계층일 가능성이 더 있다고 판단된다. 보부상은 여전히 동학에 우호적이지 않았지만 상대적으로 진보적인 지식인 또는 몰락한 양반층에서는 충분히 동학의 이상과 세계관에 동조했을 수 있기 때문이다.

42) 위의 글, 같은 쪽.

43) 『천도교창건사』, 39쪽, 『천도교서』에도 같은 내용이 나온다.

44) 『천도교창건사』, 43-44쪽: 『海月先生文集』: 『侍天敎宗繹史』.

45) 『천도교임실교사』에 의하면 최봉성의 입도는 해월이 장수 도인 김신종을 대동하고 1873년 3월에 새목터(청웅면 입석리) 허선의 집에 왔을 때라고 하였다.

46) 갈담마을은 역촌으로 시장이 있어 많은 장꾼들이 드나들며 역마교체와 파발꾼이 교체하는 곳으로서 각 지방 소식도 빨리 들을 수 있는 곳이기도 하다. 또는 전주군계가 30리 태인, 순창 군계가 각 20리 길이어서 이곳은 사통오달로 타 군의 많은 사람들과 연락을 통하기에 가장 좋은 장소라고 한다.

47) 그러나 최시형은 1971년 3월에 영해교조신원운동의 후유증으로 강원도 정성군 남면 유인상(劉寅常, 改名 劉時憲)의 집에 피신 중이었으므로 당시 상황으로는 임실로 오기는 어려웠을 것이라는 주장도 있다. 더욱이 청운면 새목터 허선의 집에 왔을 때 입도하였다 하나 연대가 맞지 않는다고도 한다. 운암면 선거리(仙居里)의 효암(孝菴) 김학원(金學遠)과 청웅면 새목터(鳥項里)의 허선(許善)이 입도한 날자는 1880년 3월 10일이기 때문이라는 것이다. 그러나 이필제의 거사로 궤멸의 수준에 이르른 영해에서 최시형의 피난처를 확인할 길은 없다. 유인상의 집으로 가서도 역시 먹을거리가 없어서 하루를 버티기 어려울 지경이었다고 한다. 충분히 관의 추적을 피해서 전라도 지역으로 넘어 올 수도 있었다고 볼 수 있다. 여하튼 영해교조신원운동 이후의 해월의 행적에는 보다 정확한 고증이 필요하다고 사료된다.

48) 전북역사문화학회, 『임실동학사』, 신아출판, 2006, 32쪽 참조.

49) 전북역사문화학회, 앞의 책, 52-53쪽. "同30年(1889) 己丑年에 金洪基씨가 敎의 大源을 往來하야 布德의 先驅가 된바 金榮基, 金種友, 李起冕, 李起東, 金種黃, 柳泰洪, 諸賢이 布德의 機軸을 잡고, 黃乃文, 李圭淳, 崔鑵岳, 邊洪斗, 鄭東勳 諸氏가 同情하야 布德이 數千에 達하였다." 『남원군동학사』. 김홍기의 본관은 순천으로 1856년 10월 9일 남원군 둔덕면 탑동(현 임실군 오수면 탑동)에서 태어났다. 1889년 10월 27일 장인인 최봉성으로부터 도를 받아 입교하여 임실·진안·장수·무주·용담·순창·남원·구례·곡성·옥과 등을 돌아다니며 포교활동을 전개하였는데, 입교한 호수가 5천에 이르렀다고도 한다. 1894년 동학혁명이 발생하자, 최시형으로부터 임실의 최승우에게 '척왜척양(斥倭斥洋)하고 포덕천하(布德天下), 광제창생(廣濟蒼生) 보국안민(輔國安民)'의 동원령이 전달되었는데, 최승우는 즉시 남원에 거주하고 있던 매부 김홍기에게 연락하여 임실과 남원이 합동하여 기포하였다. 포명은 신흥포였다. 김홍기는 동학혁명 당시 최승우와 함께 임실에 무혈입성하여 민정을 다스렸고, 남원 토박이 동학교도인 류태홍, 황내문, 이기동 등과 함께 남원에서 기포한 후, 곡성·순창·옥과·구례·장수·진안·용담 등을 석권하였다.

50) 전북역사문화학회, 『남원동학농민혁명 연구용역』, 2014, 2. 57쪽.

51) 『천도교서』제2편 해월신사 편, 171쪽.

52) 『천도교회월보서』통권 제167호(1924년 8월호),

53) 표영삼, 앞의 글(1999); 전북역사문화학회, 앞의 책, 64-65쪽 참조.

54) 임실지역이 특별히 동학 포덕이 많이 된 이유는 다음과 같다. 첫째, 이 지역에서 덕망과 학식이 있고 재력이 있는 최봉성이 그의 전 재산을 구국운동과 종교사업에 써 달라는 유지를 비롯하여 최씨 일가를 주축으로 결의형제의 맹약으로 비밀보호가 이루

어질 수 있었다. 둘째, 임실은 지리적 여건으로 동부 산악권과 서부 평야지역을 연결하는 중요한 위치에 있다. 섬진강의 상류로 교통의 요충지로 산간지역이면서도 비산비야로 인접 진안, 장수보다 경제상태가 비교적 좋아 외부의 지원이 없어도 독자적 운영을 할 수 있는 지역적 특성이 있다. 셋째, 타 지역과 달리 일찍부터 교육의 중요성을 인식하여 최봉성의 재정지원으로 청웅에 삼화학교와 전주에 창동학교를 신설하여 새로운 교육을 실시하며 인재를 양성하였기에 3·1독립선언서에 서명한 대표 33인 중 임실 출신의 '박준승'과 '양한묵(전남 화순)'이 학교의 출신이란 사실이 증명하듯 3·1만세운동과 항일운동 유공자가 전국에서 가장 많이 배출하는 원동력이 되고 있다. 넷째, 임실 지역은 타 지역보다 일찍 해월의 포교활동으로 이론에 밝은 많은 동학 간부들이 배출되어 탄탄한 조직력으로 도내에서 가장 많은 교인을 확보하고 있으며 타 지역과 달리 북접으로 분류되고 있으며, 또한 동학이 천도교로 개칭되면서 신·구파 갈등 속에 구파로 분류되고 있어 중앙 교단과 대립, 독자노선을 고수하여 구파의 간부들이 주로 임실 출신으로 한때는 구파의 천도교 중앙기관을 임시로 임실교회에 존치하기도 하였다. 전북역사문화학회,『임실동학사』, 59-61쪽 참조.

55) 이진영,「金開男과 동학농민전쟁」,『한국근현대사연구』제2집, 1995년.

56)『천도교서』

57) 전북역사문화학회,『남원동학농민혁명 연구용역』, 2014, 2.

58)「익산종원연혁」,『천도교회월보』제189호, 1926, 31쪽 참조.

59) 奎章閣圖書 東學書 文集 通章合部 朝家回通에는 "虐民奪財 各以萬數 蕩敗離散 亦各有餘 全羅則金堤 萬頃茂長 井邑 勵山 等邑"이라 했다.

60) 吳知泳 東學史 第2章 伸寃運動에는 "이해 7월에 徐仁周 徐丙鶴 二人이 先生께 고하여 曰 방금 우리 도의 급무가 先師의 伸寃 一事에 있나이다 한대 先生 曰 아직 隱忍自重하라 하였더니 이해 10월에 사방에 있는 도인들이 指目에 쫓기여 모여 온 者 많아야 伸寃할 일을 청하는 자 많은지라, 先生은 이여 여러 사람들의 뜻을 쫓아 허락하고 곧 立義文을 지어 효유하니…"라고 했다.

61) 東學亂記錄 上 聚語 癸巳 3月20日 探知 21日 發報에는 "人名數或二萬餘名 而城內之人不過萬名"이라 했다.

62) 東學亂記錄 上 東徒問辨에 "是時東徒雲集 金溝者殆萬餘"라 했다.

63) 오지영,『동학사』, 1939, 문의각, 162-163쪽.

64) 동학농민혁명에 참여한 전주 지역의 접주로는 徐永道·許乃元이다. 위의 책, 243~245쪽:『동학혁명백주년기념논총』(상), 동학혁명 100주년기념사업회, 549쪽.

65)『천도교전주종리원』"본원의 연혁",『천도교월보』, 제168호, 1924, 9월호, 30쪽.

66) 이하는 동학농민혁명참여자등록 현황과 천도교창건사 등을 참조함.

67) 이현희,『동학사상과 동학혁명』, 청아출판사, 1992. 45쪽.

* 이 글은 동학농민혁명 제124주년 기념 학술대회 "동학의 글로컬리제이션 1894년 동학농민혁명과 전라도 전주(2019년 5월 10일, 동학학회·전주시 공동 주최)"에 발표된 논문을 수정한 내용이다.

1) 한국민족운동사학회, 『동학농민혁명과 전주화약』, 선인, 2017; 최창묵, 『동학농민군의 전주성 점령에 관한 연구』. 원광대학교대학원 박사학위논문, 2009; 조경달, 『이단의 민중반란』(박맹수 역), 역사비평사, 2008; 박종근, 「甲午農民戰爭(東學亂)における'全州和約'と'弊政改革案'」, 『歷史評論』140, 歷史科學協議會, 1962; 유우상, 「동학난에 있어서의 전주화약」, 『역사학연구』2, 전남대학교 문리과대학 사학회, 1964; 신용하, 「甲午農民戰爭의 第1次 農民戰爭」, 『한국학보』11-3, 1985년 9월; 裵亢燮, 「제1차 농민전쟁시기 농민군의 행동양태와 지향」, 『한국근현대사연구』21, 한국근현대사학회, 2002년 6월; 金義煥, 「전주화약과 집강소」, 『한국사상』12, 한국사상연구회, 1974; 「갑오년 동학군의 전주점령과 민중의 동태」, 『한국사상』15, 한국사상연구회, 1977년 9월; 김양식 「1, 2차 全州和約과 執綱所 운영」, 『역사연구』2, 역사학연구소, 1993년 11월; 「1894년 농민군 도소의 설치와 그 이념-전주화약기 전라도 지역을 중심으로-」, 『한국근현대사연구』2, 한국근현대사학회, 1995; 張泳敏, 「東學農民軍의 全州和約에 관한 再檢討」, 『震山韓基斗博士華甲紀念 韓國宗敎思想의 再照明』하, 원광대학교 출판국, 1993년 8월; 정창렬, 「갑오농민전쟁의 전주화약과 집강소에 대한 연구사적 검토」, 『수촌박영석교수화갑기념 한국사학논총(하)』, 수촌방영석교수화갑기념논총간행위원회, 1992; 이이화, 「반봉건 변혁운동과 집강소」. 『역사비평』8, 역사문제연구소, 1990.

2) 정부측의 기록으로는 『兩湖招討謄錄』, 『兩湖電記』, 『東匪討錄』 등 동학농민혁명 진압기록과 『승정원일기』. 『일성록』 등을, 동학농민군측 자료는 『동학사』. 『천도교창건사』, 『김낙철역기』 등과 동학농민혁명 참가자의 기록 등을 대상으로 하였다. 또한 제3자의 기록으로는 『오하기문』, 『매천야록(梅泉野錄)』, 『석남역사(石南歷事)』 등을 대상으로 하였다.

3) 본 논문에서의 날짜는 모두 음력이다.

4) 오지영, 『동학사』, 영창서관, 1940, 107쪽. 오지영의 『동학사』는 기록의 신빙성 문제로 인해 사료로써의 가치를 인정하느냐의 문제는 남아 있다. 또 '초고본'(1929년)과 '간행본'(1940년)의 차이 등도 문제로 남아 있다. 그러나 동학농민혁명에 직접 가담한 인물의 저술이라는 점에는 사료로서의 가치는 충분하다고 할 수 있다. 이에 대해서는 노용필, 『『동학사』와 집강소 연구』, 국학자료원, 2001; 김양식, 「오지영 『동학사』의 집강소 오류와 기억의 진실」, 『한국학연구』170, 2015; 김태웅, 「1920, 30년대 오지영의 활동과 '동학사' 간행」, 『역사연구』2, 역사학연구소, 1993; 김정인, 「천도교 계파의 동학사 인식-오지영의 "동학사"와 이돈화의 "천도교창건사"를 중심으로-」, 『한국사상사

학』56, 2017; 왕현종,「해방 이후『동학사』의 비판적 수용과 농민전쟁 연구」,『역사교육』133, 2015; 이이화,「오지영『동학사』의 내용 분석」,『민족문화』12, 1989; 배항섭,「『동학사』의 제1차 동학농민전쟁 전개과정에 대한 서술 내용분석」,『한국사연구』170. 2015등의 논문이 있다. 필자는 오지영의『동학사』는 동학농민혁명의 역사적 사실에 대해 일부 오류가 있지만 동학농민혁명에 직접 참가한 인물의 저술로 사료로서의 가치를 인정한다는 입장이다.

5) 崔永年,「東道問辯」.『동학난기록』(상), 국사편찬위원회, 1959, 157쪽.

6) 오지영, 앞의 책, 106~7쪽. 이 기록에 따르면 동학도에 대한 이용태의 만행 원인과 함께 손화중포의 동학도들이 관리의 악행을 저지할 정도로 세력이 컸음을 알 수 있다.

7)『승정원일기』, 고종 31년 2월 26일 조.

8) 오지영, 앞의 책, 108~109쪽;「무장포고문」,『동학난기록』(상), 국사편찬위원회, 1959, 142~143쪽; 황현,「무장현포고」,『오하기문』, 52~53쪽. 오지영의『동학사』에는 "갑오 정월 초삼일 호남창의소 전봉준 손화중 김개남"이 수록되어 있지만 황현의『오하기문』에는 이 부분이 수록되어 있지 않다. 이에 대해서는 면밀한 검토가 필요하다.

9)『동경대전』,「수덕문」. "覺來夫子之道則 一理之所定也 論其惟我之道則 大同而小異也"

10) 오지영, 앞의 책, 113-114쪽.

11) 위의 책, 111-112쪽.

12) 위의 책, 112쪽.

13) 삼칠자 주문은 동학을 창도한 수운이 만든 "至氣今至願爲大降 侍天主造化定永世不忘萬事知"의 21자 주문을 의미한다.

14)『隨錄』,「24일 도부 흥덕현 공형문장」;『시천교종역사』,「第十一章 甲午敎厄」.

15)『兩湖招討謄錄』,「光緖二十年四月初九日 承政院 開拆」. "邑仁谷北村龍山移屯於古阜道橋山是如爲白乎旀初八日到付古阜郡守朴源明牒呈內昨日午時量泰仁扶安兩邑所聚之東徒移屯於本郡道橋山與營門發送之兵丁別抄軍裸商等互相接戰營門兵丁竟爲見敗士卒之死亡甚多是乎旀彼輩直向於井邑縣蓮池院是如爲白乎所當初新營兵丁及各邑砲軍使之分守各處隘口以竢京軍下來是白加尼兇徒兩黨同屯一處其聚焉雖似烏合其勢焉漸成蜂起昨日寅時量四圍突擊營軍之見敗潰散反被殺害益切憤歎是白乎"

16) 오지영, 앞의 책, 118-9쪽. 원문을 의미가 통하게 일부 현대어에 고쳤다.

17) 황현,「「梧下記聞」63쪽;「收錄」,『叢書』5, 172쪽, 175~176쪽;「兩湖招討謄錄」,『叢書』6, 9-10쪽;「兩湖電記」,『叢書』6, 89쪽;「東匪討錄」,『叢書』6, 162쪽.

18) 函南逸人 編,『甲午朝鮮內亂始末』,「東學黨の民望」. "古阜より全州に進行する折等には見物人群集し却て之を歡仰するものゝ如くまた雜沓のため田圃の踏み荒るゝを見て農作物を害することを戒しめ且つ如何なる雜品にても之を購ふときは必ず現金にて支拂ひなとするより地方民にとりては多少の利益ともなり上に少しも危害のかゝる患なければ一般頑民の間には頗る評判好しといふ"

19)『석남역사(石南歷事)』, 甲午年正月.

20) 조성운, 「황토현 전투의 전개와 역사적 의의」, 『한국민족운동사연구』 77, 2013, 99쪽.

21) 김창수, 「동학농민혁명과 외병차입문제」, 『동국사학』 15·16, 1981, 40쪽.

22) 『兩湖招討謄錄』, 「光緒二十年四月二十四日 親軍壯衛營正領官兩湖招討使臣洪啓薰 謹啓爲相考事」. "兵丁等慌忙來告而我軍纔抵於長城月坪彼徒適到於黃龍村稍稍相接一 場厮殺而克虜伯一放彼徒之中丸致斃者約可爲數百名則彼徒萬餘名肆惡燕燼忘生冒死 奔突趕前追逐三十餘里而彼衆我寡之致我軍困疲顛倒蒼黃還陣而方其被逐之時隊官李 學承挺身手提刀獨自後殿是白如可竝與兵丁五名竟被彼徒之戕害慘愕莫甚是白乎於克虜 伯一坐回旋砲一坐及彈丸幾許仍爲闕失亦甚憤惋"

23) 오지영, 앞의 책, 122-123쪽.

24) 오지영, 『동학사』(초고본), 127~128쪽.(동학농민혁명종합정보시스템). "義軍과 官兵 은 서로 만나 接戰이 되엿섯다 兩陣이 서로 만나 싸움이 뒤어우러지자 忽然 義陣 中으 로서 數十臺의 대장태가 西南 山■으로 실다■■■리 밀어 官兵의 턱멋까지 드러오 며 총알이 雨電 갓치 쏘다지는 바람에 先頭에 선 官兵 數十名이 씩구러지는지라 이것 을 본 官兵들은 크게 놀라 東南便 山谷으로 모다 逃亡하엿다 義軍은 勝勢를 엇어 數百 名의 官兵을 一時에 추살하야 洋銃 數百柄과 大砲 數柄을 것우워 가지고 바로 長城 갈 재(蘆嶺)를 넘어 不過 數日에 全州城에 到達하엿섯다(대장태라는 것은 靑竹으로써 얼 거 닭기장태와 갓치 만든것인데 그 장태 밋헤는 수레 박후를 만드러 붓친 것이오 장태 속에서는 고동을 트리가게 된 것이다 이것은 長興接主 李邦彦의 部下에서 어느 사람 이 만드러내 논 것이라 하야 別號를 李장태라고 하니라)"

25) 「兩湖招討謄錄」, 『叢』 6, 甲午四月三十日 甘結 井邑, "卽聞彼徒奔突攔入於本邑居 招討營運糧監官金平昌家戶廉[簾]器皿碎破無餘錢穀衣服沒數搜奪云亦豈不致憐乎"

26) 「兩湖電記」, 『叢書』 6, 113-114쪽.

27) 「兩湖招討謄錄」, 『叢書』 6, 17-18쪽; 「兩湖招討謄錄」, 『叢書』 6, 61쪽.

28) 「東匪討錄」, 完報, 甲午四月二十七日. "政府彼徒先驅方到豆亭距營三十里京軍消息一 絶不聞萬萬罔措 云云"

29) 『東匪討錄』, 「同日 完報」, 甲午四月二十七日. "政府彼徒先驅方到豆亭距營三十里京 軍消息一絶不聞萬萬罔措云云"

30) 「親軍壯衛營正領官兩湖招討使臣洪啓薰謹啓爲相考事」, 光緒二十年四月三十日. "更 爲多岐詳探則監司判官彼徒趕到急發軍卒與州民把守四門矣賊黨驀地四圍氣勢甚猛 則守城砲軍等纔放一砲警怯四散後賊黨衝突沒入於西門賊魁則據宣化堂徒黨則分守四 門而城中民人與吏校奴令男女老弱之未及避出陷於賊焰者不計其數而蓋此完城之霎時 致陷以其有營府官屬輩之爲內應者多故也而判官則奉 慶廟位牌基殿 影幀 出往東門外 是如爲白乎"

31) 오지영, 앞의 책, 123-124쪽.

32) 황현, 『오하기문(梧下記聞)』, 甲午四月, "文鉉閉四門命燒西門外民家數千區以絶攀攻 過"

33)『남유수록』, 甲午四月, "東徒入完城之日放炮破門云者不然初東徒混於市人而入者不知其幾百名人但疑其人衆越加於常市而不能卽辨也忽然一幟馳上龍峴城門自開長驅而進嚴飭部伍秋毫不犯安撫百姓各安其業當日午後市肆依舊互相往來初無間焉居人婦女或有跌仆於道路者不敢以手援之令兒童扶起使之歸家安居一城翕如也"

34) 최창묵,『동학농민군의 전주성 점령에 관한 연구』, 원광대학교 대학원 박사학위논문, 2008, 41쪽.

35)『주한일본공사관기록』1권 32쪽 참조.

36) 김창수,「동학농민혁명과 외병차입문제」,『동국사학』15 · 16, 동국대학교 사학회, 42~50쪽 참조.

37) 완산 전투의 횟수에 관해서『오하기문(梧下記聞)』에는 총 6차례(4월 28일, 29일, 30일, 5월 1일, 2일, 3일)의 전투가 전개되었다고 하였으나 4월 30일에는 홍계훈이 포만 쏘았을 뿐 전투는 진행되지 않았다고 하였다.『양호초토등록』에는 총 5차례(4월 28일, 29일, 5월 1일, 2일, 3일)로 기술되어 있다.『동학사』에는 전투 횟수가 기록되어 있지 않다. 후대에 간행된『전주부사』에는 총 3회(5월 1일, 2일, 3일),『전봉준실기』에서는 전투 횟수가 기록되어 있지 않다. 이 글에서는『오하기문』과『양호초토등록』의 기록을 바탕으로 전투 횟수를 5차례로 기술하였다.

38)『양호초토등록(兩湖剿討謄錄)』,「親軍壯衛營正領官兩湖招討使臣洪啓薰謹啓爲相考事」, 甲午四月三十日, "所臣仍爲結陣於州之南完山上試發大砲三放於城內賊徒開西南兩門數千名迸出飛奔前來而南出之賊用白布帳遮前從山南上來西出之賊踉蹡踴躍從山西上來在城內之賊列立壘上齊向我陣放砲不絶飛丸如雨而我軍之駐東岡者一齊發砲賊徒中被甲冑佩環刀持千步銃當前先來者三十餘名中丸立斃而今此致斃者彼黨中宼獷悍者云則可挫其銳氣是遣我軍之駐西岡者亦一齊迎擊而賊徒回走時仍爲追逐放砲殺了數百名餘黨則還入城中又復堅鎭城門後臣躬摠甲冑帶十數士卒直抵南城下連放大砲門堞甚固莫可破得只見賊黨伏在城上女墻內連發砲丸而于時日色向暮難以急攻不得已回身還陣是白加尼伊日戌時量賊徒縱火于城內城外延燒人家烟焰漲天慘不忍見"

39) 오지영, 앞의 책,

40) 황현,『오하기문』(김종익 역), 역사비평사, 1995, 95쪽.

41) 황현, 위의 책, 95쪽.

42) 황현, 위의 책, 96쪽.

43) 황현, 위의 책, 99쪽.

44)『양호초토등록(兩湖剿討謄錄)』,「親軍壯衛營正領官兩湖招討使臣洪啓薰謹啓爲相考事」, 光緒二十年五月初四日, "今初三日申時量賊徒數千名開北門迸出向龍頭峴西峯飛奔前來時我陣兵丁齊發火砲一場廝殺拔其所謂大將旗先獲渠魁金順明及童壯士李福用而竝斬之同黨五百餘名放砲殺之收得銃劍竝五百柄而其餘"

45) 황현, 위의 책, 100쪽.

46)『양호초토등록(兩湖招討謄錄)』,「曉諭文」, 甲午五月初一日, "咨嗟爾等皆以 國家赤子

爲全明叔詭誕險詖之所誣惑不知自陷於罔赦之科痛惜痛惜爾等之其間情形有不可勝誅
而甚至於 綸音齎持之官惟意戕害自作不道之辭賊興言此神人共憤爾等今幸悔而歸化
斥邪而衛正則是所謂人孰無過改之爲善也脅從罔治亦有■訓爾等有能亟出義氣所謂全
明叔縛致轅門俾正 王法隨常啓 聞施以上賞特示將功贖罪之意前已屢諭尙此無轉益憤
惋若一向自惑而不從則更有何所可惜乎殄殄滅之無遺育斷不可已我言不再言咸須知悉"

47) 『양호초토등록(兩湖招討謄錄)』,「傳令大小民人等處」, 甲午五月初二日. "所謂東學之
類必當入於彼徒中而其外則皆無辜平民也當此之時平民之疑懼復散其勢卽然是矣苟其
平民則雖畏怯之中亦當有痛憤之心各其居住姓名列錄成件記持是遣一齊來待于駐陣所
爲㫆雖以營府校吏奴令言之其或阿附於匪類者從當摘發正法是在果避禍而圖命者的是
無辜者也校則校吏則吏奴則奴令則令各書標現付於身上一一待令于陣前而以此曉諭次
營校一人別定出送咸須知悉宜當向事"

48) 황현, 위의 책, 100쪽. "며칠 지나자 적들이 봉준을 묶어서 계훈에게 바치고 대신 목숨
을 살려달라고 요청하자는 모의를 하였다. 봉준은 별다른 계책이 없었으므로 거짓으
로 손가락을 꼽으며 점괘를 헤아려 점을 치더니 "3일 후 언, 시간을 지나면 좋은 소식
이 있을 것이니, 여러분들은 동요하지 말라. 또한, 여러분들은 이미 내 말을 듣고 죽을
곳으로 들어왔는데 어찌 다시 한번 내 말을 듣고 조금 더 참지 못하는가"라고 말했다.
적들은 본래 봉준을 신봉하였으므로 좀 더 기다려보기로 하였다."

49) 『양호초토등록(兩湖剿討謄錄)』,「題」, 甲午五月初四日. "凡民有冤則訴訴則必伸而設
使所冤而有未伸之端哀辭若語呼號不已則庶可緣情參互不患無伸寬之道是去乙如之何
奪取軍器打破公廨燒毁人家劫探[掠]民産所過無不殘滅豈敢曰不罪乎且其間曉諭不啻縷
縷終不歸化況乎 綸音宣諭之官員惟意戕害合置何辟然而魁首全明 叔旣日徑斃則特庸
脅從罔治之義饒爾性命矣爾所取軍器及今來納從以開門迎師以服朝家好生之德則列
邑弊瘼之可存者存可革者革是去乙今此錄納諸條無非淆雜形不成"
理安有改過遷善之意乎此無乃誣惑愚氓漫漶樂禍之計極爲駭然向事

50) 『양호초토등록(兩湖剿討謄錄)』,「曉諭文」, 甲午五月初五日. "前後曉諭不啻縷縷而爾
等終不回惑置疑於無疑趑趄不遵何其蠢也何其愚也爾等甯圖逃命則速開城門而潰散則
決不追捕亦當申飭各邑勿使阻搪矣今旣承我誣言於爾等哉如是更諭而猶不回惑終
無革心我當更不顧惜立卽出來箇箇受戮可也若不然則破城直入無遺剿滅咸須知悉"

51) 『양호초토등록(兩湖剿討謄錄)』,「彼徒訴志」, 甲午五月初四日. "生等亦先王之遺民安
有不正犯上之心甯欲呼訴於覆載之間哉生等之此擧雖知駭然擧兵屠戮有誰先之不念舊
伯之殺戮許多良民反謂生等之罪戾宣化牧民之人多殺良民非罪而何假印揭榜指署爲印
乎奉 太公監 國理甚當何謂不軌殺害宣諭從事未見 綸音但見討捕募兵之文字若其眞
的豈有是理乎完營放砲之說反謂生等之罪使主之放砲倒乎可乎擧兵問罪無罪衆民殺
害可乎入城奪器不過防身逃命之故也睚眦必報掘塚討財生等之切憎所禁也貪官雖虐 朝
家未聞生民難保貪官則當一一誅除有何罪也完山爲 國家所重封山留陣穿鑿在法禁斷而
閣下之故犯何意感晤贖罪之方惟在閣下善處登 聞則庶冀生民一哉言止此而已"

52) 『兩湖電記』, 甲午五月初七日癸未. "公事廳日昨日未時賊類使二人有所來訴苦乞歸化
而縱欲退散慮爲街路所傷云云故良民之爲賊脅從者當以勿論之意曉諭以送新伯終不來
到今在參禮驛巡邊使姑未抵到砲與丸時急廉察使昨來還去參禮是白齊 自 內署下電日
雖哀乞求生賊情難以準信詳實圍禦妥淸兵昨先下陸前進觀勢爲之之意以通袁館 矣昨朝
電見否"

53) 『양호전기(兩湖電記)』甲午五月初五日辛巳, "自內署下電日歸化之說不可準信期圖剿
滅至於平民不可不審愼十分"

54) 최창묵, 앞의 논문, 131쪽.

55) 위의환 편저,『장흥동학농민혁명사료총서』Ⅰ, 천도교장흥교구·장흥군, 2009. 130
쪽.

56) 「전봉준판결문」.

57) 「전봉준판결문」.

58) 金允植,『續陰晴史』(상), 323-325쪽.

59) 『駐韓日本公使館記錄』(8), 50-51쪽.

60) 『兩湖電記』, 甲午五月初七日癸未. "錦營日日間賊情哀乞歸化夜間多逃是悶淸州下陸
則支供凡節極難矣來不來雖係 朝家處分第觀此處動靜發行似好雨勢連注一軍沾濕悶
畓"

61) 「曉諭文」, 開國五百三年甲午四月 甘結五十三州. "歸其家復其舊業인지愚民之被其誘
脅雖曾漸染旋卽悔悟收其兵仗還納于取來之各其邑歸於前業則是良民也必自州里倍加
撫慰視同無故之人使之安接無或以前過指目遏其自新之路이되"

62) 『양호전기(兩湖電記)』, 甲午五月初八日申申. "公事廳日賊徒自累敗後銳氣挫縮雖有呼
訴之狀而連乞歸化其情叵測不可準信且徒黨夥多城堞厚完不可輕敵另加商量之際聞賊
徒有從東北兩門流逃云故當日巳時量造得三百餘梯弔立城外令兵丁一齊越城洞開南門"

63) 오지영, 앞의 책, 125쪽.

64) 『양호전기(兩湖電記)』, 甲午五月初八日申申. "領軍入城一邊攻擊一邊逐北之際賊徒從
東北門抱頭四散皆是中丸被傷者也這這捉納之意另飭列邑又派送幾隊兵追躡剿滅計料
向失克虜伯一坐回旋砲一坐彈丸及各邑所奪軍器銃與槍千餘柄狒狼機大砲二十四鉛丸
十斗火藥千餘斤其餘弓箭甲胄刀斧竝皆收還"

동학농민혁명과 전쟁 사이, 집강소의 관민(官民) 협치(協治) / 안외순

* 이 글은 동학농민혁명 제124주년 기념 학술대회 "동학의 글로컬리제이션 1894년 동
학농민혁명과 전라도 전주(2019년 5월 10일, 동학학회·전주시 공동 주최)"에 발표
된 논문을 수정한 내용이다.

1) 瀨古邦子,「甲午農民戰爭期における執綱所について」『朝鮮史硏究會論集』16, 조선사

연구회, 1979 ; 홍성찬, 「1984년 執綱所期 設包下 鄕村事情」, 『동방학지』 39, 연세대
학교 국학연구원, 1983 ; 愼鏞廈, 『東學과 甲午農民戰爭硏究』, (서울: 一潮閣, 1993)
; 고석규, 「집강소기 농민군의 활동」, 『1894년 농민전쟁 연구』 4, (서울: 역사비평사,
1995) ; 김경순, 「1894년 집강소의 정치적 지향」, 『한국정치외교사논총』 17, 한국정치
외교사학회, 1997 ; 이희근, 「東學敎團과 甲午農民蜂起」, 단국대 박사학위 논문, 1997
; 김교빈, 「동아시아 근대 민중운동에 나타난 유토피아 사상: 갑오농민전쟁 과정에서
설치된 집강소를 중심으로」, 『시대와 철학』 10, 한국철학사상연구회, 1999 ; 정창렬,
「집강소의 설치와 폐정개혁」, 『한국사』 39, (과천: 국사편찬위원회, 1999) ; 崔孝軾,
「1894년 執綱所의 설치와 그 운영」, 『동학연구』 13, 한국동학학회, 2003 ; 김신재, 「집
강소의 역할과 성격」, 『동학연구』 18, 한국동학학회, 2005 ; 황묘희, 「집강소의 농민
사회 신질서 수립을 위한 개혁활동」, 『동학학보』 10/2, 동학학회, 2006 등 참조.
2) 노용필, 「동학군의 집강소 설치와 운영」, 『근현대사강좌』 5, 한국현대사연구회, 1994 ;
김양식, 『근대한국의 사회변동과 농민전쟁』, (서울: 신서원, 1996); 노용필, 『『東學史』
와 집강소 연구』, (서울: 국학자료원, 2001) 김양식, 「吳知泳 『東學史』의 집강소 오류
와 기억의 진실」, 『한국사연구』 170, 한국사연구회, 2015 등 참조.
3) 대표적으로 유영익, 「전봉준 의거론: 갑오농민봉기에 대한 통설 비판」, 『갑오농민봉
기』, 1998.
4) 山邊健太郎을 대표로 들 수 있는데, 그는 집강소만이 아니라 폐정개혁안 등 동학농민
혁명 전반적인 의의를 부정한다. 이에 대해서는 韓沽劤, 「東學軍의 弊政改革案 檢
討」, 『歷史學報』 23, 역사학회, 1964, 56쪽 참조.
5) 사실 이러한 갈래는 '동학농민혁명' 혹은 '동학농민전쟁'에 대한 전반적인 평가와도 시
각을 같이 하기도 한다. 2013년까지의 국내외 연구현황에 대해서는 조성운, 「동학농
민전쟁의 연구현황과 과제: 제2차 동학농민전쟁을 중심으로」, 『한일민족문제연구』
25, 한일민족문제학회, 2013 참조.
6) 이에 대해서는 대표적으로 신용하, 정창렬, 김양식이 대표적으로 입장이 나뉘며, 고석
규, 김신재 등은 이후 이들 연구성과를 종합하여 절충적 성격을 띤다. 위 각주 1번, 2
번 관련 학자 소개 연구성과 참조.
7) 이 글에서 취급하는 일시는 특별한 명기가 없는 한 음력이다.
8) 愼鏞廈, 『東學과 甲午農民戰爭硏究』, (서울: 一潮閣, 1993), 162쪽.
9) 정교 저, 조광 편, 이철성 역, 『대한계년사』 2, (서울: 소명, 2004), 26.
10) 정교 저, 조광 편, 이철성 역, 『대한계년사』 2, (서울: 소명, 2004), 28-33쪽 참조.
11) 『高宗實錄』 高宗 三十一年 甲午 四月 二十四日條 참조.
12) 『大韓季年史』 上卷, 國史編纂委員會, 74쪽. "不殺人 不殺物, 忠孝雙全 濟世安民, 逐滅
倭夷 澄淸聖道, 驅兵入京 盡滅權貴"
13) 愼鏞廈, 『東學과 甲午農民戰爭硏究』, (서울: 一潮閣, 1993), 162쪽.
14) 『東學亂記錄』 上卷, 「甲午略歷」, 國史編纂委員會, 檀紀 4292년, 64쪽.

15) 김양식, 『근대한국의 사회변동과 농민전쟁』, (서울: 신서원, 1996), 137쪽.

16) 『東學亂記錄』上卷, 「甲午略歷」, 國史編纂委員會, 檀紀 4292년, 68쪽.

17) 그러나 교정청 중심의 개혁안은 곧 이은 일본군의 경복궁 점령과 군국기무처 중심의 안으로 바뀌었다.

18) 김신재, 「동학농민혁명에 있어서 국가형태 지향」, 『동학연구』 17, 한국동학학회, 2004, 85쪽.

19) 『東學亂記錄』上卷, 「甲午略歷」, 64쪽.

20) 원문에는 '郡'이라고 되어 있지만 원래 '군'은 큰 고을이고 '縣'은 작은 고을로서 지금으로 치자면 기초지자체의 가장 작은 단위를 의미하는 것이기에 '郡縣'으로 번역하였다.

21) 『東學亂記錄』上卷, 「甲午略歷」, 국사편찬위원회, 단기 4292년, 65쪽.

22) 예컨대 종전까지 농민군의 집강소 설치를 반대하며 완강히 저항한 순창 군수 李聖烈은 감사 김학진으로부터 집강소 설치에 대한 허가문이 오자 집강소 설치를 허락하였던 것이다. 나주의 경우는 그래도 완강하여 전봉준은 8월 나주목사를 찾아가 설득한 후에야 가능했다. 愼鏞厦, 『東學과 甲午農民戰爭研究』, (서울: 일조각, 1993), 184-188쪽, 175 참조.

23) 도소와 집강소를 분리시키는 연구는 김양식(1996)으로, 그는 이 시기 도소와 집강소가 분리된 기구로서 동시에 존재했다는 시각이다.

24) 전주성에 설치된 집강소는 남원의 김개남의 집강소와 더불어 대도소로 불리면서 전라도 전체를, 남원대도소는 남도를 총괄 지휘하였다.

25) 하지만 집강소 권한이 강한 곳에서는 "읍재(邑宰: 중앙에서 파견한 수령)는 단지 이름만 유지할 뿐 행정은 할 수 없었으며, 심하면 읍재를 추방하기도 했다'라고 하듯이 관민상화라기 보다는 집강소 중심의 정치가 이루어졌다.(『東學亂記錄』上, 「甲午略歷」, 65쪽). 물론 지방관의 힘이 강한 곳에서는 역의 현상도 일어나기도 하였으나 원칙은 어디까지나 관민상화의 협치였다고 하겠다.

26) 『東學亂記錄』上, 「甲午略歷」, 65-68쪽 참조.

27) 吳知泳, 『東學史』, 이장희 역주, 박영사, 1974, 130쪽.

28) 吳知泳, 『東學史』, 앞책, 126쪽. 『東學史』의 진술의 신빙성 등 자료로서의 가치를 의심하는 연구들이 진행되기도 하였다. 이에 대해서는 노용필, 『『東學史』와 집강소 연구』, (서울: 국학자료원, 2001) 및 김양식, 「吳知泳 『東學史』의 집강소 오류와 기억의 진실」, 『한국사연구』 170, 한국사연구회, 2015 참조. 하지만 최근의 부여 대방면의 연구가 한 사례연구의 가치가 충분하듯이 과도한 일반화만 피한다면 『東學史』 역시 경험자의 사례로서의 진실성을 인정해야 한다고 본다.

29) 홍성찬, 「1984년 執綱所期 設包下 鄕村事情」, 『동방학지』 39, 연세대학교 국학연구원, 1983, 76, 104쪽 참조.

30) 물론 농민군 세력의 강도에 따라 각 지역의 집강소가 보이는 구체적인 양상은 전혀 다르기도 하였다. 기존의 경우 관의 자료를 들어 이를 부정한 경우도 있었지만 더 많은

다른 자료들은 반대해석의 여지가 있다. 이렇게 상이한 자료가 존재할 때, 자료해석의 문제는 매우 중요하다. 정부측 자료나 정부문서에 입각한 자료의 경우 일반적인 민간자료보다 현실성을 반영하는데 있어서 훨씬 떨어지는 경우도 적지 않다. 예컨대 청일전쟁 초기 일본에게 일방적으로 패하고서도 위안스카이는 본국의 리훙장에게 대승한 것처럼 보고하여 초기의 판단오류를 결과하였다. 전쟁 등 정치변동적인 상황을 진압해야 할 때 적지 않는 경우에서 자신의 책임회피를 위해 과장하거나 사실을 왜곡하는 사례를 쉽게 생각할 수 있다. 하지만 민간에서 작성된 견문록이나 포고문 등은 양적 과장이나 자신의 입장이 투영되는 것은 쉽게 목도되지만 성격이나 방향에 대한 왜곡은 가능성이 상대적으로 적은 것 같다.

31) 『東學亂記錄』上,「巡撫先鋒陣謄錄」, 625쪽.

32) 愼鏞廈, 앞의 책, 193-194쪽 참조.

33) 신용하,『東學과 甲午農民戰爭研究』, (서울: 일조각, 1993), 169-174쪽 참조.

34) 마치 '유(儒)'라는 말이 춘추전국시대까지만 하더라도 당대 중국지식인 일반을 의미하였으나 공자와 맹자 및 그 문도들의 등장 이후 그들의 것으로 독점되듯이 말이다.

35) 당시 전라관찰사의 군사마로써 현장을 목도했던 최영년(崔永年)도 자신의 상관인 김학진이 감사로서 임명장을 받을 적에는 동학농민군을 설득하여 굴복시키겠다고 해놓고 부임 후에는 도리어 자기 자신이 전봉준으로부터 설득 당해 정무 장소인 선화당(宣化堂)조차 전봉준에게 내주고 자기는 징청각(澄淸閣)에 거처하며 매사를 전봉준의 의사를 들어 행한다고 힐난하고 있다. "정부(政府)가 金鶴鎭을 감사에 특명하자 金鶴鎭이 말하기를 '제가 마땅히 청려각건(靑驢角巾)으로 도적(: 전봉준)에게 가서 조용히 이해를 의론함으로써 도적들로 하여금 스스로 굴복토록 만들겠습니다' 해놓고, 정작 부임 후에는 도적들에게 선화당(宣化堂)을 양보하고 자신은 징청각(澄淸閣)에 거처하면서 매사를 도적들의 의사를 거쳐 처리하였다."『東學亂記錄』上,「東徒問辨」, 160쪽.

36) 『梧下記聞』 2, 63쪽.

37) 『東學亂記錄』上卷,「甲午略歷」, 65쪽.

38) 『梧下記聞』, 183쪽.

39) 『한국민중사자료대계: 1894년 농민전쟁편』 상,1, (서울: 여강, 1986), 353-354쪽 ; 이광린, 신용하 편,『사료로 본 한국문화사: 근대편』, (서울: 일지사, 1984), 133-134쪽 등 참조.

40) 〈전봉준관결선고문〉, 이광린/신용하 편,『사료로 본 한국문화사: 근대편』, (서울: 일지사, 1984), 157-159쪽. 해당 판결문에 14개 조항이 남아 있다.

41) 김신재,「동학농민혁명에 있어서 국가형태 지향」,『동학연구』 17, 한국동학학회, 2004, 95쪽.

42) 김양식,「吳知泳『東學史』의 집강소 오류와 기억의 진실」,『한국사연구』 170, 한국사연구회, 2015. ; 노용필,『『東學史』와 집강소 연구』, (서울: 국학자료원, 2001) 참조.

43) 초고본의 내용은 ( )에 기재하였다.

44) 愼鏞廈, 앞 책, 266쪽.

45) 정치학적 개념상 '혁명'은 세 가지 조건을 갖출 때 가능하다. 즉 1) 일국가 내에서 아래로부터의 대규모의지지 동원 2) 폭력성 수반 3) 이후 정치사회체제 수준에서의 질적으로 근본적인 진보를 보일 때 이를 혁명이라고 한다. 반면 '전쟁'은 1) 일국과 다른 나라 사이에서 2) 물리적 폭력을 수반하여 3) 승패를 다투는 것으로 4) 패전국이 배상의 책임을 지는 것이다. 양자는 '대대적인 물리적 폭력을 수반'한다는 점에서는 같지만 전자는 내부적 대상과 구체제와 단절된 진보적 정치사회체의 출현을 요구하고, 후자는 국가차원의 외부를 대상으로 하면서 승패의 결과에 따라 이후의 책임과 사후처리도 달라진다.

46) 趙宰坤,「청일전쟁의 새로운 이해: 한국내에서 전개된 상황을 중심으로」,『한국근현대사연구』74, 한국근현대사학회, 2015, 57쪽 참조.

47)『東學亂記錄』下, 379쪽.

48) 이광린, 신용하 편,『사료로 본 한국문화사: 근대편』, (서울: 일지사, 1984), 151-152쪽.

49) 이광린, 신용하 편, 앞의 책, 156-157쪽.

50) 필자는 이 점에서 '청일전쟁' 역시 '한중일전쟁'이라고 명명하는 것이 옳다고 본다.

문학작품 속에 나타난 전주성 전투와 역사적 의미 / 채길순

* 이 글은 동학농민혁명 제124주년 기념 학술대회 "동학의 글로컬리제이션 1894년 동학농민혁명과 전라도 전주(2019년 5월 10일, 동학학회・전주시 공동 주최)"에 발표된 논문을 수정한 내용이다.

1) 이 용어는 농민군 동학군 동학농민군 등 여러 용어로 쓰이지만, 원칙적으로 작가의 의식의 존중하여 텍스트에서 쓰인 용어를 가능한 그대로 사용하도록 했다. 다만 본고에서는 동학농민군으로 통일했음을 밝혀둔다.

2) E.H.카아(길현모 역),『역사란 무엇인가』, 탐구당, 1988, 38쪽.

3) 모든 텍스트는 〈참고자료1 : 동학농민혁명 소재의 문학작품〉에 제시된 자료가 될 것이다.

4) G.루카치, 역사소설론, 이영욱 역, 서울 : 거름, 51쪽

5) 윤명구, 김동인의 역사소설 연구, 인하대인문학과학연구소논문집, 9, 인천 : 인하대출판부, 1983. 62쪽.

6) 이필제(李弼濟, 1825-1871)는 목천작변(1859, 木川作變), 진천작변(1869, 鎭川作變), 진주작변(1870, 晉州作變), 신미사변, 문경작변(聞慶作變, 1872) 등 여러 차례 작변을 도모해온 이였다. 당시 동학의 지도자 최시형과 손을 잡고 '동학교조 신원'의 명분과 '중원정벌'의 기치를 걸고 5백여 교도들을 이끌고 영해부로 쳐들어가 당시 부사를 살해한 사건으로, 최시형과의 관계가 거의 없는 사건으로 알려졌으나 최근 최시형이 직접 무기와 식량을 주선하는 등 적극적인 가담이 밝혀져서 최시형의 앞 뒤 행동을 짐작케

하는 매우 중요한 의미를 지닌다. 이때의 피해는 1860년대 후반부터 다져온 경상도 북부지방 동학 조직이 와해되는 결과와 교도 5백명 중 2백어 명이 죽거나 귀양을 가는 피해를 입었던 것이다.

7) 박경리의 『토지』는 1969년 현대문학을 통해 발표를 시작해서 25년 세월에 걸쳐 쓴 작품이다.

8) 이 책의 원본은 평양 문예출판사 간 『갑오농민전쟁』 제1부(1977), 제2부(1980), 제3부(1986)이다.

브랜드로서 전주동학농민혁명과 지속가능한 역사교훈여행의 과제 / 장세길

* 이 글은 동학농민혁명 제124주년 기념 학술대회 "동학의 글로컬리제이션 1894년 동학농민혁명과 전라도 전주(2019년 5월 10일, 동학학회·전주시 공동 주최)"에 발표된 논문을 수정한 내용이다.

1) 이 글에서는 전주권역에서 있었던 동학농민혁명 과정 전체를 '전주동학농민혁명'으로 부르겠다.

2) 인식 조사는 전북연구원이 주관하였고, 2015년 9월 11일(금)부터 18일(금)일까지 한옥마을 관광객 508명과 전주시민 492명(완산구 277명, 덕진구 215명)을 대상(소득이 있는 가구의 만 20세 이상, 65세 이하의 세대주 또는 배우자)으로 실시되었다.

3) 역사교훈여행은 다크투어리즘(Dark Tourism)을 우리말로 다듬은 말이다.

4) 지속가능한 관광은 "일반적인 관광개발과는 달리 물리적인 관광매체보다 관광자원의 성격과 가치, 주민들의 터전과 삶의 양식 등 사회문화적 진정성(Authenticity)을 보전하는 관광이다."(장성곤·김동진, 2017: 64)

5) 문화관광부, 2003, 『문화를 통한 국가브랜드가치 제고전략』 참조

'한'과 동학의 사상적 특성과 정치실천적 과제 / 최민자

* 이 논문은 『동학학보』 제48호, 동학학회, 2018, 265-302쪽에 게재된 것이다.

1) 宇宙曆 전반 6개월(春夏)의 先天 乾道시대는 생장·분열의 시기이며 天地否卦(▤▤)인 음양상극의 시대인 관계로 강자가 약자를 억누르고 民意가 제대로 반영되지 못하며 빈부 격차가 심하고 여성에 대한 남성의 지배와 자연에 대한 인간의 지배가 만연한 시대로 일관해 왔다. 하지만 우주력 후반 6개월(秋冬)의 後天 坤道시대는 수렴·통일의 시기이며 地天泰卦(▤▤)인 음양지합[正陰正陽]의 시대인 관계로 일체 대립물의 통합이 이루어지며 진리가 인간 사회 속에 구현되는 聖俗一如·靈肉雙全의 시대다.

2) Fritjof Capra, *The Tao of Physics*(Boston:Shambhala Publications, Inc., 1975), p.278.

3) 『천부경』의 전래에 대해서는 최민자, 『천부경·삼일신고·참전계경』, 31-42쪽 참조.

4) 기본수 三이 표징하는 천·지·인 삼재는 곧 사람과 우주만물을 나타내므로 三은 多와 그 의미가 같은 것이다. 따라서 一卽三·三卽一은 곧 一卽多·多卽一로서 생명의 본체와 작용의 전일적 관계를 나타낸다. 이는 곧 생명의 전일성을 의미하는 것으로 천인합일이란 이를 두고 하는 말이다. 천·지·인 삼신일체는 그 체가 일신[유일신]이며 작용으로만 삼신이다.

5) '생명의 3화음적 구조'란 용어는 최민자, 『천부경·삼일신고·참전계경』(서울: 모시는 사람들, 2006)에서 필자가 천부경 81자의 구조를 天·地·人[法身·化身·報身, 聖父·聖子·聖靈, 內有神靈·外有氣化·各知不移], 즉 생명의 본체-작용-본체와 작용의 합일이라는 세 구조로 나누면서 처음 사용한 新造語다. 여기서 報身, 聖靈, 各知不移를 '人'과 조응하는 것으로 본 것은 '人'의 실체가 물질적 형상이 아닌 참본성, 즉 一心이기 때문이다. 생명의 본체-작용-본체와 작용의 합일이라는 우주섭리를 도형화한 것이 圓方角의 三一圖 도형이다.

6) 최민자, 『천부경·삼일신고·참전계경』, 47쪽.

7) '不然'은 인간의 지식과 경험으로는 분명하게 인지할 수 없는 세상일을 말하고, '其然'은 상식적인 추론 범위 내의 사실을 말한다.

8) 元曉, 「金剛三昧經論」, 조명기 편, 『元曉大師全集』(서울: 보련각, 1978), 181쪽(이하 『金剛三昧經論』으로 약칭): "言無住菩薩者 此人雖達本覺 本無起動 而不住寂靜 恒起普化 依德立號 名曰無住." 『金剛三昧經論』 「本覺利品」의 장에 나오는 無住菩薩은 "本覺(一心의 본체)에 달하여 본래 기동함이 없지만 그렇다고 寂靜에 머무르지 않고 항상 두루 교화하는 일을 하기 때문에 그 덕에 의해 '무주'란 이름이 붙여진 것이다." 無住의 德은 태양이 四海를 두루 비추고 비가 대지를 고루 적시는 것과도 같이 평등무차별한 속성을 띤다. 神[自然]은 없는 곳이 없이 실재하지만(無所不在) 無住의 德을 지니는 까닭에 普遍者라고 명명하기도 한다.

9) 현대 물리학의 전일적 실재관은 이 우주가 부분들의 단순한 조합이 아니라 유기적 통일체이며 우주만물은 개별적 실체성을 갖지 않고 전일적인 흐름 속에서만 파악될 수 있다고 본다.

10) 『金剛三昧經論』, 185쪽 : "無住菩薩言 一切境空 一切身空 一切識空 覺亦應空 佛言可一覺者 不毁不壞 決定性 非空非不空 無空不空." "무주보살이 말하였다. 「일체 경계가 空하고 일체 몸이 '공'하고 일체 識이 '공'하니, 깨달음(覺) 또한 응당 '공'이겠습니다」. 붓다께서 말씀하셨다. 「모든 깨달음은 決定性을 훼손하지도 않고 파괴하지도 않으니, 공도 아니고 공 아닌 것도 아니어서 공함도 없고 공하지 않음도 없다」."

11) 이는 $E = mc^2$(질량 m, 에너지 E, 광속 c)이라는 질량-에너지 등가원리(principle of equivalence)를 밝힌 아인슈타인의 특수상대성이론(special theory of relativity)에서도 잘 나타나고 있다. 이 질량-에너지 등가(mass-energy equivalence) 관계식은 모든 질량이 그에 상응하는 에너지를 가지고 모든 에너지 또한 그에 상응하는 질량을 가지며, 에

너지가 질량으로 변환될 수 있고 질량 또한 에너지로 변환될 수 있다는 것이 핵심이다.

12) 『龍潭遺詞』, 「安心歌」. 다시개벽과 문명의 전환에 대해서는 조극훈, 「동학·천도교의 개벽사상과 인내천 정신」, 『동학학보』 제42호, 동학학회, 2017, 65-71쪽.

13) 신용하, 『고조선문명의 사회사』(파주: 지식산업사, 2018), 464쪽.

14) 『桓檀古記』 「三聖紀全」에서는 古記를 인용하여 아시아의 대제국 환국이 일곱 대를 전하여 시난 햇수가 모두 3,301년 혹은 63,182년이라고 하고 있다. 여기서 3,301년은 환인 7세의 역년만을 계산한 것이고, 63,182년은 前문화시대까지 합산한 전체 역년인 것으로 보인다. 또한 환국의 강역은 남북이 5만 리, 동서가 2만여 리로 나와 있다.

15) 『桓檀古記』, 「太白逸史」 蘇塗經典本訓. '하나를 잡아 셋을 포함하고 셋이 모여 하나로 돌아감'이란 뜻이다. 이는 곧 일즉삼·삼즉일의 뜻으로 천·지·인 삼신일체를 의미하며 작용과 본체라는 불가분의 관계로 분석될 수 있다.

16) 신용하, 앞의 책, 463쪽.

17) cf. 『中庸』 1章: "天命之謂性 率性之謂道."

18) 천부사상은 '한'사상의 맥이 이어져 桓檀시대에 이르러 핀 꽃으로, 주로 『天符經(造化經)』·『三一神誥(敎化經)』·『參佺戒經(治化經, 366事)』의 사상을 지칭한다.

19) 당시 교육의 원천이 되었던 우리 고유의 風流 속에는 유·불·선이 중국에서 전래되기 수천 년 전부터 3교를 포괄하는 내용이 담겨져 있어 그 사상적 깊이와 폭을 짐작케 한다. 孤雲 崔致遠의 〈鸞郎碑序〉에는 신시시대와 고조선 이래 우리의 고유한 전통사상의 뿌리에 대한 암시가 잘 나타나 있다. 그 내용인즉, "나라에 玄妙한 道가 있으니, 이를 風流라고 한다. 그 敎의 기원은 先史에 상세히 실려 있거니와, 실로 이는 3敎(儒·佛·仙)를 포함하며 중생을 교화한다…"(『三國史記』 新羅本紀 第4 眞興王 37년 봄 記事).

20) 『符都誌』 第1章; 『符都誌』 第10章; 『符都誌』 第33章.

21) 박창범 지음, 『하늘에 새긴 우리역사』(파주: 김영사, 2017), 27-32쪽. 이 책 28쪽에는 천체 역학적 계산이 가능한 단군조선 시대의 천문 현상 기록 일람표가 나와 있다.

22) 여기서 또 하나의 웃가야 왕조사란 기원전 3898년에 개창한 신시(神市)의 환웅 18대와 기원전 2333년에 창건한 고조선의 단군 47대와 기원 전후에 세운 부여와 고구려·백제·신라로 이어지는 위대한 혈맥을 지칭한다. 가시마는 『환단고기』를 사서로서 뿐만 아니라 문화서로서도 독자적 지위를 갖는 것으로 높이 평가하고 있다. 일본의 『桓檀古記』 연구에 대해서는 최태영, 『인간단군을 찾아서』(서울: 학고재, 2000), 269-274쪽.

23) 『澄心錄追記』 第8章; 『澄心錄追記』 第10章.

24) cf. 『三國遺事』 中宗壬申刊本, 紀異 第1 古朝鮮 王儉朝鮮條: "옛날에 桓國의 庶子 桓雄이 있어 인간 세상에 뜻을 품으매 桓因(또는 桓仁)이 그 뜻을 알고 三危太白을 내려다보니 홍익인간의 이념을 가히 실현할 만한지라 이에 天符印 세 개를 주어 인간세상을 다스리게 하였다(昔有桓國庶子桓雄 數意天下 貪求人世 父知子意 下視三危太伯可

以弘益人間 乃授天符印三箇)."

25) 『檀奇古史』, 「前檀君朝鮮」 檀典과 第2世 扶婁條.

26) 중요민속자료 [제218-10호] 致祭文.

27) 檀君八條에 대해서는 신용하, 앞의 책, 467-470쪽.

28) 『桓檀古記』, 「太白逸史」 蘇塗經典本訓. 고구려 安藏王 때 皀衣仙人의 애창곡이었던 '多勿興邦之歌'의 가사 내용에는 "사람 속에 천지가 하나됨이여, 마음은 신과 더불어 근본이 되도다(人中天地爲一兮 心與神卽本)"라고 나와 있다.

29) 표영삼 지음, 『동학 2: 해월의 고난 역정』(서울: 통나무, 2014), 193-198쪽. 공주 교조 신원운동 立義通文 전문에 대해서는 위의 책, 199-203쪽; 삼례 교조신원운동 敬通 전 문에 대해서는 위의 책, 221-222쪽 참조.

30) 위의 책, 280-299쪽. 광화문 伏閤上疏 전문에 대해서는 위의 책, 261-266쪽; 반외세 通諭文 전문에 대해서는 위의 책, 281-283쪽 참조.

31) 위의 책, 301-302, 308-310, 346쪽. 包라는 호칭은 1883년 경주판 『동경대전』을 간행할 때는 보이지 않았으나 1884년에 "10월 28일 대신사 탄신기념제례에 각 포 두령 82명 이 참석했다"는 기록이 처음 나타난다(위의 책, 301쪽).

32) 위의 책, 334, 366-367, 370-372쪽. * 包조직의 강화와 전국적 봉기로서의 동학농민운 동의 상관관계에 대해서는 표영삼, 「接包조직과 南北接」, 『동학연구』 4, 한국동학학 회, 1999 참조.

33) 표영삼 지음, 『동학 2: 해월의 고난 역정』, 374-390쪽. 『동학사』에서 최경선은 "고부 백성들과 합하여 민가에서 銃槍 수백 개를 거두어 무장했다"고 하였으며 "깃발도 만 들어 앞세우고 갔다"고 하였다(위의 책, 388-389쪽).

34) 위의 책, 406-410쪽.

35) 황선희, 『한국 근대사의 재조명』(서울: 국학자료원, 2003), 250쪽.

36) 삼전론에 대해서는 위의 책, 258-261쪽. 1900년 이후 3·1운동 시기까지 동학의 실천 적 전개에 대해서는 최민자, 「『화엄일승법계도』와 『무체법경』에 나타난 통일사상」, 『동학학보』 제26호, 동학학회 2012, 451-453쪽.

37) 임형진, 「동학에서 천도교로의 개편과 3·1독립혁명」, 『동학학보』 제45호, 동학학회, 2017, 87-117쪽; 최홍규, 『한국근대정신사의 탐구』(서울: 경인문화사), 331-342쪽.

38) 안보리 대북제재 결의 2397호의 핵심은 '유류제재 강화'와 '북한 해외노동자 송환' 조 치다. 유류제재와 관련해서는, 원유 공급 상한선을 연간 400만 배럴로 명시하고, 정제 유 공급량은 연간 200만 배럴(제재 결의 2375호를 통해 450만 배럴에서 200만 배럴로 감축)에서 50만 배럴로 감축하여 당초 공급량 450만 배럴 기준으로 환산시 90퍼센트 가량 차단하는 효과가 있다. 또한 UN회원국의 대북 원유 공급량 보고를 의무화하고, 북한의 추가 도발 시 사실상 유류 제한을 강화하는 조치를 명문화했다. 북한 해외노동 자 송환과 관련해서는, 러시아와 중국 등 40여 개국에 5만~10만 명 파견된 것으로 추 정되는 북한 해외 노동자들을 24개월 이내(2019년 말 이내)에 송환하는 조치도 명문

화했다.

39) 'PVID(permanent verifiable irreversible dismantlement)'는 2018년 5월 2일(현지시간) 마이크 폼페이오(Mike Pompeo) 미국 국무장관이 열린 취임식에서 북한 비핵화 원칙과 관련해 기존의 'CVID(complete, verifiable, irreversible dismantlement)' 대신 사용한 용어다. PVID는 '영구적이고 검증가능하며 불가역적인 핵폐기'를 의미한다. PVID는 CVID와 본질적으로 다르지 않지만 '핵 보유능력 불능화 검증'이라는 '미국이 지향하는 북한 비핵화의 방향'을 더 분명히 한 것으로 보인다. 또한 CVIID(complete, verifiable, irreversible instant dismantlement)는 '완전하고 검증가능하며 불가역적이고 신속한(즉각적인) 핵폐기'를 의미한다. 2018년 4월 남북정상회담을 앞두고 미국은 CVID가 이뤄지더라도 빠른 시일 내에 이뤄져야 한다며 CVIID라는 표현을 썼다. 한편 미 국무부는 2018년 7월 폼페이오 국무장관의 3차 방북을 앞두고 '비핵화를 철저하게 검증하겠다'는 의지를 담은 'FFVD(final, fully verified denuclearization)', 즉 '최종적이고 완전하게 검증된 비핵화'라는 새로운 용어를 사용했다. 이처럼 계속해서 새로운 용어를 사용한다는 것은 비핵화 협상이 그만큼 난항을 겪고 있음을 시사한다.

40) 오크리지 연구소는 2차 세계대전 당시 핵폭탄 제조를 주도한 곳으로, 카자흐스탄·리비아의 고농축우라늄과 핵개발 장비 등이 보관되어 있어 '핵무덤'으로 불리는 곳이다. 미국이 북한 핵무기 처리장소를 언급한 것은 2018년 5월 13일 인터뷰가 처음이다.

41) http://news.chosun.com/site/data/html_dir/2018/05/15/2018051500185.html (2018.5.15) 마이크 폼페이오 국무장관은 볼턴과 같은 날 폭스뉴스·CBS 방송에 연이어 출연한 자리에서 정부 예산 투입 가능성을 배제한 트럼프 행정부의 북한 비핵화 보상안에 대해 언급하며, '북한이 핵 프로그램을 완전히 폐기하면 안전보장을 제공하고 미국 민간투자를 허용해 에너지(전력)망 건설과 인프라 발전을 지원할 수 있다'고 밝혔다.

42) http://news.chosun.com/site/data/html_dir/2018/05/19/2018051900156.html (2018.5.19)

43) 평화와 통일사상의 실천적 논의에 대해서는 최민자, 「동학의 인식과 존재의 변증법 - 평화와 통일사상의 실천적 논의」, 『동학학보』 제20호, 동학학회, 2010, 28-38쪽.

44) 『三一哲學譯解倧經合編』, 「三一神誥序」: "群機有象 眞宰無形 藉其無而陶鈞亭毒 曰天神 假其有而生殀樂苦 曰人物 厥初神錫之性 元無眞妄 自是人受之品 乃有粹駁 譬如百川所涵 孤月同印 一雨所潤万卉-殊芳 嗟嗟有衆 漸紛邪愚 竟昧仁智 膏火相煎於世爐 腥塵交蔽於心竇 因之以方榮方枯 旋起旋滅 翻同帶晞之輩蜉 未免赴燭之屛蛾 不啻孺子之井淪 寧忍慈父之岸視 玆蓋大德大慧大力 天祖之所以化身降世 所以開敎建極也"(괄호 속 根本智, 分別智는 필자의 표기임). 분별지(分別智)에 빠져 참본성이 가려지면 있는 그대로의 세상을 볼 수가 없으므로 실효성 있는 해결책을 기대하기 어렵다. 근사한 옷을 입는다고 해서 몸의 질병이 치유되는 것이 아니듯, 근사한 제도를 만든다고 해서 세상의 질병이 치유되는 것은 아니기 때문이다.

45) 사람은 각성이 될수록 두뇌에 있는 뉴런(신경세포)과 뉴런을 연결하는 시냅스(신경
   세포 連接)가 확장되어 사고능력이 증폭되고 지성이 높아진다. 지성(intelligence)의
   어원은 라틴어 'intelliger'로서 그 뜻은 '사물을 연결하다'이다. 여기서 '연결하다'라는
   '-liger'는 뉴런과 뉴런을 연결하는 '시냅스의 연결'을 뜻한다. 말하자면 지성이 높다는
   것은 시냅스의 연결이 확장되는 것을 의미하며, 시냅스의 연결고리가 확장될수록 각
   성된 지성인이 되는 것이다.

동학의 '혁명'과 생태 리더십 / 임상욱

* 이 논문은 『동학학보』 제42호, 동학학회, 2017, 7-32쪽에 게재된 것이다.

1) 김교빈, 「동아시아 민중운동에 나타난 유토피아 사상: 갑오농민전쟁 과정에서 설치된
   집강소를 중심으로」, 『시대와 철학』 Vol.10, No.1, 1999, 23쪽.

2) 대한성서공회(편), 『공동번역 성서』, 창세기 1, (서울: 대한성서공회, 2001).

3) http://www.hani.co.kr/arti/economy/it/600190.html

4) http://www.hani.co.kr/arti/society/environment/755585.html

5) 『東經大全』, 「布德文」: "是故 我國惡疾滿世 民無四時之安 是亦傷害之數也 西洋戰勝
   功取 無事不成而 天下盡滅 亦不無脣亡之歎 輔國安民 計將安出"

6) 황선희, 『동학·천도교 역사의 재조명』, (서울: 모시는사람들, 2009), 37쪽.

7) 표영삼, 『동학 2. 해월의 고난 역정』 (서울: 통나무, 2005), 73쪽.

8) 『聖師法說』, 「人與物開闢說」: "此念을 一闢하면 於是乎 皚皚氷雪의 介潔 天晴日郞의
   光明山高水流의 方正 落落雲鶴의 高尙한 그 者가 卽眞個의 精神매니 是我는 天傾地
   坼이라도 長如是요 海枯石爛이라도 亦如是라 顧此蚩蚩의 世界를 開闢함에 何難이 有
   하리오 我大神師를 見하라 此人이 아니신가."

9) 『聖師法說』, 「大宗正義」: "大神師吾敎元祖 其思想 博從約至 其要旨 人乃天 人乃天敎
   客體成 人乃天認心 其主體位占 自心自拜敎體 天眞素의 極岸立 此人界初創大宗正義謂
   足"

10) 이돈화, 『新人哲學』 (서울: 천도교중앙총부, 1982, 3판), 52-53쪽.

11) Darwin, Ch, *The Descent of Man. And Selection in Relation to Sex* (New York: D.
    Appleton and company, 1899), p. 168.

12) 『神師法說』, 「誠·敬·信」, 「天語」, 「天地父母」

13) cf. 이정희, 「동학의 생명철학에 관한 연구」, 충남대학교(박사학위논문), 2008, 32-39
    쪽.

14) 『神師法說』, 「靈符呪文」: "天地萬物皆莫非侍天主也"

15) 『神師法說』, 「開闢運數」: "盛而久則衰 衰以久則盛 明而久則暗 暗而久則明 盛衰明暗
    是天道之運也 興而後亡 亡而後興 吉而後兇 兇而後吉 興亡吉兇 是人道之運也"

16) 『神師法說』,「其他」: "人이 蒼穹을 仰하고 天을 此에 拜하나니, 是 天의 尊함만 聞하고 天이 天된 所以를 不知함이로다. 我의 屈伸動靜이 是 鬼神이며 造化며 理氣니, 故로 人은 天의 靈이며 精이요 天은 萬物의 精이니, 萬物을 順함은 是 天道이며 天道를 體用함은 是 人道니, 天道 人道 其間에 一髮을 不容할 者니라."

17) 『神師法說』,「以天食天」: "物物天事事天"

18) 표영삼, 앞의 책, 409쪽.

19) 『神師法說』,「誠・敬・信」: "吾道只在 誠・敬・信 三字"

20) 최시형은 적과 마주한 상황에서조차 적을 상하게 하지 않도록 조심하고, 도망하는 적을 좇지 말라는 등의 12개조 전투 수칙을 내렸다고 한다(단, 연구자에 따라 아래 인용문의 '동도 대장'을 전봉준으로 해석하는 경우도 있으나, 동도가 東徒가 아닌 東道임을 감안할 때 이 인물을 전봉준이라기보다는 최시형으로 간주하는 것이 더욱 적절할 것으로 보인다. 1894년 봉기 당시 동학의 '대장'은 최시형이었기 때문이다.). 박맹수가 발굴한 다나카 쇼조(田中正造, 1841-1913)의 1896년 보고에 따르면, 동도(東道) 대장은 각 부대장에게 다음과 같은 명령을 내렸다: "매번 적을 상대할 때 우리 동학 농민군은 칼에 피를 묻히지 아니하고 이기는 것을 으뜸의 공으로 삼을 것이며, 어쩔 수 없이 싸울 때라도 간절히 그 목숨을 해치지 않는 것을 귀하게 여길 것이며, 매번 행진하며 지나갈 때에도 간절히 다른 사람의 재산이나 물건을 상하게 하지 말 것이며, 효제 충신(孝悌忠信)으로 이름난 사람이 사는 동네 10리 안으로는 주둔하지 말 것이다(東道大將下令於各部隊長約束曰 每於對敵之時 兵不血刃而勝者爲首功 雖 不得已戰 切勿傷命爲貴 每於行陣所過之時 孝悌忠信人所居村十里內 勿爲屯住)." ,「朝鮮國東學黨動靜ニ關スル帝國公使館報告一件』, 日本 外務省 外交史料館所藏, 文書番號 5門3類2項4號, 박맹수의 글 http://www.mosim.or.kr/bbs_shop/read.htm?board_code=sub3_2&idx=70786&cate_sub_idx=8649에서 재인용.

21) cf. 윤대원,「이필제난 연구」,『한국사론』Vol.16, 1987.

22) https://www.youtube.com/watch?v=lWb8V4w8xpo 마리앤느 티메에 따르면, 유럽 시민은 평생에 걸쳐 닭 900마리, 물고기 789마리, 칠면조 43마리, 돼지 42마리, 토끼 24마리, 양 7마리, 소 5마리, 그리고 말 ⅓마리를 먹는다. 우리 나라의 경우, 이에 해당하는 통계는 아직 없지만, 매일 밤 국민 야식으로 소비되는 치킨과 회식 때마다 등장하는 삼겹살, 그리고 거의 모든 국물 요리에 들어가는 수많은 멸치를 고려하면, 아마도 평생에 걸친 동물 소비량은 수만 마리에 이를지 모른다.

23) http://www.adaptt.org/killcounter.html

24) https://www.youtube.com/watch?v=lWb8V4w8xpo

25) 화석연료 사용으로부터 배출되는 이산화탄소보다 소의 대량 사육이 지구온난화를 21배나 더 가속시키는 메탄가스를 배출한다는 점은 이미 잘 알려진 사실이다.

26) http://news.sbs.co.kr/news/endPage.do?news_id=N1002873772 맛 칼럼리스트 황교익에 따르면, '영계'라는 말은 우리 나라의 대량 사육 환경에서 성체로 자라날 수 없는

폐사 직전의 병아리를 판매하기 위해 '어린 닭'이라고 포장한 마케팅 용어에 불과하다.

27) 소위 '펫'에 대한 왜곡된 사랑도 동물 학대와 관련된 주요 문제 중 하나이다. 예컨대 개는 인간과 함께 마치 인간처럼 생활하는 것이 아니라 '개와 함께 실제로 개 같이 지낼 때' 가장 행복하리라는 점은 쉽게 예상할 수 있다. 그렇지만 개에게는 전혀 필요 없는 옷을 입히거나, 신발을 신기고, 털을 깎아버리는 등의 '인간적 사랑'은 결코 적절한 것으로 보이지 않는다. 펫에게 제공되는 사료가 주로 소의 사체를 갈아 만든 것이라는 점 역시 이러한 왜곡된 사랑에 제기될 수 있는 가능한 문제들 중의 하나에 속한다.

28) https://www.youtube.com/watch?v=h4NWgq-ohwM

29) https://www.youtube.com/watch?v=6cS4YxEkmHw

30) 물론 동학의 정신과 직접적인 관련성은 없더라도, 지난 시간의 동학도들이 추진했던 여러 시도들을 현대적 의미로 되살려 낼 수도 있을 것이다. 이를 테면, 12개조 폐정개혁안을 현대적 의미로 재해석하려는 시도는 매우 의미 있는 작업일 수 있다. 예컨대 폐정개혁안의 내용 중 '탐관오리의 죄목을 조사하여 처벌하라'는 항목을 '공무원 비리의 척결'로, '횡포한 부호'를 '재벌의 비리'로, 또는 '외적과 내통하는 행위'를 '국내 자본의 해외 유출'과 같은 방식으로 번역해 내는 방식이다. cf. 한자경, 「동학의 이상사회론」, 『철학사상』 Vol.17, 2003, 40쪽.

31) https://www.youtube.com/watch?v=zheonUkV-Gc

32) https://www.youtube.com/watch?v=X5azW7ICSxM

참고문헌

전라도의 동학농민혁명 전개과정과 전주성의 역사적 위상 / 이윤영

오지영,「동학사」, 대광문화사, 1984.
최현식,「갑오동학혁명사」, 신아출판사, 1994.
신순철.이진영,「실록, 동학농민혁명사」, 서경문화사, 1998.
황현,「번역, 오하기문」, 김종익 옮김, 역사비평사, 1995.
표영삼,「표영삼의 동학이야기」, 도서출판 모시는사람들, 2014.
이윤영,「혁명」모시는사람들, 2018.
이윤영,「이야기 동학비사, 만고풍상 겪은 손」, 신인간사, 2015.
동학농민혁명기념재단,「갑오군정실기를 통해본 동학농민혁명의 재인식」, 그린칼
    라인쇄, 2016.

동학농민군의 전주성 점령과 전주화약에 관한 고찰 / 성강현

「曉諭文」
「親軍壯衛營正領官兩湖招討使臣洪啓薰謹啓爲相考事」
『東匪討錄』
『양호전기(兩湖電記)』
『양호초토등록(兩湖剿討謄錄)』
『甲午朝鮮內亂始末』
『주한일본공사관기록』
『남유수록』
한우근,『동학과 농민봉기』(개정판), 일조각, 1988.
노태구,『동학혁명의 연구』, 백산서당, 1982.
성주현,『동학과 동학혁명의 재인식』, 국학자료원, 2010.
박맹수,『동학과 동학농민혁명』, 모시는사람들, 2009.
신복룡,『동학사상과 갑오농민혁명』, 평민사, 1985.
표영삼,『표영삼의 동학혁명운동사』, 모시는사람들, 2018.
오지영,『동학사』(초고본), 1929.
위의환 편저,『장흥동학농민혁명자료총서』I, 천도교장흥교구·장흥군, 2009,
정창열,『갑오농민전쟁연구-전봉준의 사상과 행동을 중심으로』, 연세대학교 박사학위

　　논문, 1991.

황현,『오하기문』(김종익 역), 역사비평사, 1995.

김창수,「동학농민혁명과 외병차입문제」,『동국사학』15 · 16, 1981.

조성운,「황토현전투의 전개와 역사적 의의」,『한국민족운동사연구』77, 2013.

신용하,「甲午農民戰爭의 第1次 農民戰爭」,『한국학보』11-3, 1985년 9월.

裵亢燮,「제1차 농민전쟁시기 농민군의 행동양태와 지향」,『한국근현대사연구』21,
　　한국근현대사학회, 2002년 6월.

金義煥,「갑오년 동학군의 전주점령과 민중의 동태」,『한국사상』15, 한국사상연구
　　회, 1977년 9월.

김양식,「1, 2차 全州和約과 執綱所 운영」,『역사연구』2, 역사학연구소, 1993년 11월.

張泳敏,「東學農民軍의 全州和約에 관한 再檢討」,『震山韓基斗博士華甲紀念 韓國宗教
　　思想의 再照明』하, 원광대학교 출판국, 1993년 8월.

동학농민혁명과 전쟁 사이, 집강소의 관민(官民) 협치(協治) / 안외순

『東學亂記錄』上/下, 國史編纂委員會, 檀紀4292年

『東學史』(吳知泳, 이장희 역주, 박영사, 1974)

『續陰晴史』(金允植)

『梧下記聞』(黃玹)

『大韓季年史』(鄭喬)

『대한계년사』2, 정교 저, 조광 편, 이철성 역, 소명출판사, 2004

『謙山遺稿』(李丙壽)

『高宗實錄』卷31

『동학농민전쟁사료대계』6, 여강, 1994

『사료로 본 한국문화사: 근대편』, 이광린, 신용하 편, 일지사, 1984

『한국민중운동사자료대계: 1894년의 농민전쟁편』1

고석규,「집강소기 농민군의 활동」,『1894년 농민전쟁 연구』4, 서울: 역사비평사, 1995.

김경순,「1894년 집강소의 정치적 지향」,『한국정치외교사논총』17, 한국정치외교사
　　학회, 1997.

김교빈,「동아시아 근대 민중운동에 나타난 유토피아 사상: 갑오농민전쟁 과정에서
　　설치된 집강소를 중심으로」,『시대와 철학』10, 한국철학사상연구회, 1999.

김신재,「동학농민혁명에 있어서 국가형태 지향」,『동학연구』17, 한국동학학회, 2004.

_____, 「집강소의 역할과 성격」, 『동학연구』 18, 한국동학학회, 2005.

김양식, 『근대한국의 사회변동과 농민전쟁』, 서울: 신서원, 1996.

김양식, 「吳知泳『東學史』의 집강소 오류와 기억의 진실」, 『한국사연구』 170, 한국사연구회, 2015.

김운태, 「한국민주주의사에 있어서의 위상」, 한국정치외교사학회 편, 『갑오동학농민혁명의 쟁점』, 서울: 집문당, 1994.

노용필, 『『東學史』와 집강소 연구』, 서울: 국학자료원, 2001.

_____, 「동학군의 집강소 설치와 운영」, 『근현대사강좌』 5, 한국현대사연구회, 1994.

朴宗根, 『日淸戰爭と朝鮮』, 靑木書店, 東京: 靑木書店, 1982, (朴英宰 옮김, 『淸日戰爭과 朝鮮: 外侵과 抵抗』, 서울: 一潮閣, 1989).

신용하, 『東學과 甲午農民戰爭硏究』, 서울: 일조각, 1993.

유영익, 「전봉준 의거론: 갑오농민봉기에 대한 통설 비판」, 『갑오농민봉기』, 서울: 一潮閣, 1998.

이희근, 「東學敎團과 甲午農民蜂起」, 단국대 박사학위 논문, 1997.

정창렬, 「집강소의 설치와 폐정개혁」, 『한국사』 39, 과천: 국사편찬위원회, 1999.

조성운, 「동학농민전쟁의 연구현황과 과제: 제2차 동학농민전쟁을 중심으로」, 『한일민족문제연구』, 한일민족문제학회, 2013.

韓㳓劤, 「東學軍의 弊政改革案 檢討」, 『歷史學報』 23, 역사학회, 1964.

洪性讚, 「1984년 執綱所期 設包下 鄕村事情」, 『동방학지』 39, 1983.

황묘희, 「집강소의 농민사회 신질서 수립을 위한 개혁활동」, 『동학학보』 10/2, 동학학회, 2006.

瀨古邦子, 「甲午農民戰爭期における執綱所について」, 『朝鮮史硏究會論集』 16, 朝鮮史硏究會, 1979.

문학작품 속에 나타난 전주성 전투와 역사적 의미 / 채길순

(기초자료 및 관변자료)

「甲午略歷」

「甲午實記」

「嶺上日記」

「朴鳳陽經歷書」

「梧下記聞」

「全琫準供草」

김재덕, 「甲午東學亂:全琫準實記」, 경성서림, 1933.

장봉선, 「全琫準實記」, 신아출판사, 1933.

『古文書』

『대선생사적부해월선생문집(大先生事蹟附海月先生文集)』, 1906.

『동학사(東學史, 이돈화)』, 1938.

『동학사(東學史, 초고본)』, 1926.

『東學判決文集』, 1895-1900.

『兩湖右先鋒日記(東學亂記錄)』, 1894.

『본교역사(本教歷史)』1910-1914.

『司法稟報』, 1898~1907.

「討匪大略」

『수운재문집(水雲齋文集)』, 1898.

『수운행록(水雲行錄)』, 1865.

『巡撫先鋒陳謄錄(東學亂記錄)』, 1894

『시천교역사(侍天教歷史)』, 1920.

『시천교종역사(侍天教宗繹史)』, 1915.

『종리원사부동학사(宗理院史附東學史)』

『駐韓日本公使館記錄』

『천도교서(天道教書)』, 1920.

『천도교실사집편(天道教實事集編, 권병덕)』, 1922.

『천도교창건사(天道教創建史, 이돈화)』, 1933.

『천도교회사초고(天道教會史草稿)』, 1920.

『叢書』

『최선생문집도원기서(崔先生文集道源記書)』, 1879.

『聚語』, 1893.

『해월문집(海月文集)』, 1885-1892.

總務處政府記錄保存所 影印資料集1, 〈東學關聯判決文集〉

『承政院日記』(高宗 20-31)

『日省錄』(高宗)

『東學亂記錄』상/하(국사편찬위원회 刊) (1)「甲午實記」(2)「甲午略史」(3)「聚語」(4)「東徒問辯」(5)「兩湖招討使謄錄」(6)「先鋒陳日記」(7)「兩湖右先鋒日記」(8)「先鋒陳書目」(9)「巡撫先鋒陳謄錄」(10)「巡撫 使各陳傳令」(11)「巡撫使呈牒報」(12)「先鋒陳呈牒報」(13)「先鋒陳上巡撫使書」(14)「先鋒陳各邑了發關及甘結」(15)「宣諭榜文-東徒上書所志謄書」(16)「日本士官函謄」(日本士官函謄)(17)「李圭泰往復書(18)「朴鳳陽經歷書」(19)「錦山被禍錄」(各陳將卒成册)(20)「甲午軍功錄」

열린문화사 편, 東學思想研究資料集. 1-50, 열린문화사, 2002.

(기타 자료)

김양식, 「1894년 농민전쟁의 전개과정」, 『근현대사강좌』 5, 한울, 1994.

김창수, 「동학혁명군의 항일투쟁 : 2차기포」, 『동학혁명 백주년기념논총』 상, 1994.

＿＿＿, 「동학혁명의 배경」, 『동학혁명백주년기념논총』 상, 동학혁명 100주년기념사
업회, 1994.

김호성, 〈제2장 금개남의 재평가〉, 한국정치외교사논총12, 한국정치외교사학회, 1995.

이진영, 〈金開南과 동학농민전쟁〉, 한국근현대사연구2, 한국근현대사학회, 1995.

박맹수, 『사료로 보는 동학과 동학농민혁명』, 도서출판 모시는사람들, 2009.

＿＿＿, 동학과 동학농민혁명 연구에 대한 재검토: 동학의 남북접 문제를 중심으로,
한국동학학회, 2001.

＿＿＿, 동학농민혁명기 재조일본인의 전쟁협력 실태와 그 성격, 독립기념관, 2009.

＿＿＿, 최시형 연구, 한국정신문화연구원, 박사학위논문, 1996.

＿＿＿, 「동학혁명의 문화사적 의미」, 『문학과 사회』 25, 문학과지성사, 1994. 2.

신복용, 『동학사상과 갑오농민혁명』, 평민사, 1985.

신영우, 「1894년 남원 대도소의 9월 봉기론과 김개남군의 해산 배경」, 동학농민혁명
제120주년 기념 학술대회(2014년 11월 7일, 동학학회 · 남원시 공동 주최, 〈남원
동학농민혁명의 발자취와 과제〉, 2014.

신용하, 『동학과 갑오농민전쟁연구』, 일조각, 1993.

이돈화, 『신인철학』, 천도교중앙총부, 1982.

이병규, 「남원지역 토착 동학농민군의 조직과 활동」, 동학농민혁명 제120주년 기념학술
대회(2014년 11월 7일, 동학학회 남원시 공동 주최, 〈남원 동학농민혁명의 발자취
와 과제〉, 2014.

이상식 · 박맹수 · 홍영기 공저, 『全南地方 東學農民革命 資料集』, 전라남도, 1996.

이이화, 〈1894년 농민전쟁 지도부 연구-전봉준, 김개남, 손화중을 중심으로〉, 1894.

임형진, 「은적암과 초기 남원지역의 동학」, 동학농민혁명 제120주년 기념 학술대회(2014년
11월 7일, 동학학회 남원시 공동 주최, 〈남원 동학농민혁명의 발자취와 과제〉, 2014.

정창렬, 「갑오농민전쟁연구: 전봉준의 사상과 행동을 중심으로」, 박사학위논문, 1991.

조규태, 「동학농민혁명 이후 남원 출신 동학인의 동향」, 동학농민혁명 제120주년 기념
학술대회(2014년 11월 7일, 동학학회 남원시 공동 주최, 〈남원 동학농민혁명의 발
자취와 과제〉, 2014.

조극훈, 「동학 경전에 나타난 근대정신과 남원의 정체성」, 동학농민혁명 제120주년 기념
학술대회(2014년 11월 7일, 동학학회 남원시 공동 주최, 〈남원 동학농민혁명의 발
자취와 과제〉, 2014.

채길순, 『새로 쓰는 동학기행 1』, 도서출판 모시는사람들, 2012.

＿＿＿, 「남원지역 동학농민혁명사적 고찰과 미래적 과제」, 동학농민혁명 제120주년

기념 학술대회(2014년 11월 7일, 동학학회 · 남원시 공동 주최, 〈남원 동학농민혁명
　　　의 발자취와 과제〉, 2014.
_____, 「서울과 경기지역에도 동학혁명사가 있었다」, 『신인간』, 2009. 12.
천도교중앙총부, (주) 신인간사, 동학 천도교 문화유산 조사 연구 용역사업 보고서, 도서
　　　출판 모시는사람들, 2014.
최현식, 『갑오동학혁명사』, 신아출판사, 1994.
표영삼, 「광화문복소교조신원」, 『신인간』 499호, 1991. 10.
_____, 「해월신사연표」, 『신인간』 427, 1985. 3-4.
_____, 〈전라좌도 남원지역 동학혁명운동〉, 천도교중앙총부 교사교리연구 제2호, 1999.
_____, 성지순례, 『신인간』 352-357, 1977. 12-1978. 5.
_____, 해월신사발자취, 『신인간』 358-393, 1978. 6-1981. 11 · 12.
황현, 이민수 역, 『오하기문』, 을유문화사, 1985.

'한'과 동학의 사상적 특성과 정치실천적 과제 / 최민자

『金剛三昧經論』
『檀奇古史』
『東經大全』
『符都誌』
『三國史記』
『三國遺事』
『三一哲學譯解倧經合編』
『龍潭遺詞』
『義菴聖師法說』
『中庸』
『澄心錄追記』
『天符經』
『桓檀古記』
『海月神師法說』
김한식, 「고대한국정치사상연구의 제문제」, 『한국정치외교사논총』 20집, 한국정치
　　　외교사학회, 1998.
_____, 『한국인의 정치사상』, 서울: 백산서당, 2006.
박창범 지음, 『하늘에 새긴 우리역사』, 파주: 김영사, 2017.
신용하, 『고조선문명의 사회사』, 파주: 지식산업사, 2018.

참고문헌 | **311**

원효, 「금강삼매경론」, 조명기 편, 『원효대사전집』, 서울: 보련각, 1978.

임형진, 「동학에서 천도교로의 개편과 3·1독립혁명」, 『동학학보』 제45호, 동학학회, 2017.

정인보 지음, 박성수 편역, 『조선사 연구』, 서울: 서원, 2000.

조극훈, 「동학·천도교의 개벽사상과 인내천 정신」, 『동학학보』 제42호, 동학학회, 2017.

중요민속자료 [제218-10호] 致祭文.

최민자, 『천부경·삼일신고·참전계경』, 서울: 모시는사람들, 2006.

_____, 『동서양의 사상에 나타난 인식과 존재의 변증법』, 서울: 모시는사람들, 2011.

_____, 「『화엄일승법계도』와 『무체법경』에 나타난 통일사상」, 『동학학보』 제26호, 동학
학회, 2012.

_____, 「동학의 인식과 존재의 변증법-평화와 통일사상의 실천적 논의」, 『동학학보』
제20호, 동학학회, 2010.

최태영, 『인간단군을 찾아서』, 서울: 학고재, 2000.

_____, 『한국 고대사를 생각한다』, 서울: 눈빛, 2002.

최홍규, 『한국근대정신사의 탐구』, 서울: 경인문화사, 2005.

표영삼 지음, 『동학 2: 해월의 고난 역정』, 서울: 통나무, 2014.

_____, 「接包조직과 南北接」, 『동학연구』 4, 한국동학학회, 1999.

황선희, 『한국 근대사의 재조명』, 서울: 국학자료원, 2003.

Bohm, David, *Wholeness and the Implicate Order*, London and New York: Routledge &
Kegan Paul, 1980.

Capra, Fritjof, *The Web of Life*, New York: Anchor Books, 1996.

_____, *The Turning Point*, New York: Simon & Schuster, 1982.

_____, *The Tao of Physics*, Boston : Shambhala Publications, Inc., 1975.

Prigogine, Ilya, *From Being to Becoming*, San Francisco: Freeman, 1980.

Prigogine, Ilya and Isabelle Stengers, *Order out of Chaos: Man's New Dialogue with
Nature*, foreword by Alvin Toffler, Toronto, New York: Bantam Books, 1984.

http://news.chosun.com/site/data/html_dir/2018/05/15/2018051500185.html (2018.5.15)

http://news.chosun.com/site/data/html_dir/2018/05/19/2018051900156.html (2018.5.19)

동학의 '혁명'과 생태 리더십 / 임상욱

김교빈, 「동아시아 민중운동에 나타난 유토피아 사상: 갑오농민전쟁 과정에서 설치된
집강소를 중심으로」, 『시대와 철학』 Vol.10, No.1, 1999.

대한성서공회(편), 『공동번역 성서』, 서울: 대한성서공회, 2001.

신복룡, 『동학사상과 갑오농민혁명』, 선인, 2006.

윤대원,「이필제난 연구」,『한국사론』 Vol.16, 1987.

이돈화,『新人哲學』, 서울: 천도교중앙총부, 1982(3판).

이정희,『동학의 생명철학에 관한 연구』, 충남대학교(박사학위논문), 2008.

조경달 지음, 박맹수 옮김,『이단의 민중반란』, 서울: 역사비평사, 2008.

천도교중앙총부(편),『天道敎經典』, 서울: 천도교중앙총부출판부, 1997(3판).

친일인명사전편찬위원회 지음,『친일인명사전』, 서울: 민족문제연구소, 2009.

표영삼,『수운의 삶과 생각. 동학 1』, 서울: 통나무, 2004.

_____,『해월의 고난 역정. 동학 2』, 서울: 통나무, 2005.

_____,『표영삼의 동학 이야기』, 서울: 모시는사람들, 2014.

피터 싱어 · 헬가 커스(편), 변순용 외 옮김,『생명 윤리학 I』, 고양: 인간사랑, 2007.

피터 싱어 지음, 황경식 · 김성동 옮김,『실천윤리학』, 고양: 연암서가, 2016(3판).

한자경,「동학의 이상사회론」,『철학사상』 Vol.17, 2003.

황선희,『동학 · 천도교 역사의 재조명』, 서울: 모시는사람들, 2009.

Darwin, Ch, The Descent of Man. And Selection in Relation to Sex, New York: D. Appleton and company, 1899.

http://news.sbs.co.kr/news/endPage.do?news_id=N1002873772

http://www.adaptt.org/killcounter.html

http://www.hani.co.kr/arti/economy/it/600190.html

http://www.hani.co.kr/arti/society/environment/755585.html

http://www.mosim.or.kr/bbs_shop/read.htm?board_code=sub3_2&idx=70786&cate_sub_idx=8649

https://www.youtube.com/watch?v=h4NWgq-ohwM

https://www.youtube.com/watch?v=lWb8V4w8xpo

https://www.youtube.com/watch?v=mNED7GJLY7I

https://www.youtube.com/watch?v=6cS4YxEkmHw

https://www.youtube.com/watch?v=zheonUkV-Gc

https://www.youtube.com/watch?v=X5azW7ICSxM

동학총서 12

전라도 전주 동학농민혁명

등록 1994.7.1 제1-1071
1쇄 발행 2019년 8월 15일

엮은이 동학학회
지은이 이윤영 임형진 성강현 안외순 채길순 장세길 최민자 임상욱
펴낸이 박길수
편집인 소경희
편   집 조영준
관   리 위현정
디자인 이주향
펴낸곳 도서출판 모시는사람들
      03147 서울시 종로구 삼일대로 457(경운동 88번지) 수운회관 1207호
전 화 02-735-7173, 02-737-7173 / 팩스 02-730-7173
홈페이지 http://www.mosinsaram.com/

인 쇄 천일문화사(031-955-8100)
배 본 문화유통북스(031-937-6100)

값은 뒤표지에 있습니다.
ISBN 979-11-88765-53-9   94900
SET 979-89-97472-72-7   94900

이 도서의 국립중앙도서관 출판예정도서목록(CIP)은 서지정보유통지원시스템
홈페이지(http://seoji.nl.go.kr)와 국가자료공동목록시스템(http://www.nl.go.kr/
kolisnet)에서 이용하실 수 있습니다.(CIP제어번호: CIP2019028514)

* 이 책은 전주시의 지원으로 출간되었습니다.